CAPITALISME PATRIMONIAL
OU
NOUVEAU STATUT SALARIAL ?

Fonds de pension, Retraites,
Propriété des entreprises, Critères de gestion,
Épargne salariale, Actionnariat salarié,
Droits des travailleurs, Syndicalisme

Cet ouvrage inaugure la collection des publications

dc

l'Institut Syndical d'Etudes et de Recherches Economiques et Sociales

(ISERES)

Sous la direction de

Henri JACOT
Jean-Christophe LE DUIGOU

avec la collaboration de Fabrice PRUVOST

CAPITALISME PATRIMONIAL
OU
NOUVEAU STATUT SALARIAL ?

Fonds de pension, Retraites,
Propriété des entreprises, Critères de gestion,
Épargne salariale, Actionnariat salarié,
Droits des travailleurs, Syndicalisme

Bertrand BICKART, Lilian BRISSAUD, Guy CAIRE, Jean-Claude DELAUNAY, Jean-Marie GIANNO, Henri JACOT, Jean-Christophe LE DUIGOU, Rémy MÉNÉTRIER, Fabrice PRUVOST.

L'Harmattan
5-7, rue de l'École Polytechnique
75005 Paris - FRANCE

VO Éditions
263, rue de Paris
93516 Montreuil - FRANCE

ISBN : 2-7384-9357-2

L'Institut syndical d'études et de recherches économiques et sociales (ISERES) créé par la Confédération générale du travail, a pour but de réaliser des travaux de caractère scientifique visant à approfondir la connaissance des réalités économiques et sociales, nationales et internationales, et ce en référence aux préoccupations et intérêts des travailleurs. Son programme de travail est fixé chaque année par le conseil d'administration en lien avec le conseil scientifique et les chercheurs.

La spécificité de ses activités repose sur la recherche d'une collaboration étroite entre des scientifiques et des syndicalistes. Les méthodes d'investigation permettent progressivement de construire l'amorce d'un type nouveau de recherches, respectant les spécificités de chacun, tout en faisant progresser les savoirs communs. Un tel rapport actif constitue une des conditions de l'indépendance syndicale.

Les terrains sur lesquels se développent ces travaux portent aussi bien sur des questions théoriques – sur lesquelles l'approche syndicale peut apporter des éclairages nouveaux – que sur des aspects plus particuliers de l'économie et de la société.

ISERES
263, rue de Paris, 93 516 MONTREUIL Cedex
Tél. et fax : 01 48 18 84 37 ; 01 48 18 83 37
e-mail et site : info@iseres.org ; www.iseres.org
Contact : Serge LE ROUX, secrétaire général

L'ISERES a déjà publié sur le thème du présent ouvrage : GIOVANINI M., *Stratégies d'investissement du capital*, Etudes et recherches de l'ISERES, n° 52, 1986/04 ; BARTOLI Marc, *Les méthodes de direction patronales*, Etudes et recherches de l'ISERES, n° 10, 1983/01.

Présentation des auteurs

Bertrand BICKART, *consultant financier.*

Lilian BRISSAUD, *chargé de mission au Cabinet CIDECOS Conseil.*

Guy CAIRE, *professeur émérite de sciences économiques à l'Université Paris X-Nanterre.*

Jean-Claude DELAUNAY, *maître de conférences en sciences économiques à l'Université de Marne-la-Vallée et directeur de l'Atelier de recherches théoriques François Perroux (ISMEA).*

Jean-Marie GIANNO, *membre du bureau de la Fédération nationale des personnels des secteurs financiers CGT et du Conseil national du titre et du crédit (CNCT).*

Henri JACOT, *professeur de sciences économiques à l'Université Lumière-Lyon 2 et responsable du Rapport annuel de l'ISERES sur la situation économique et sociale.*

Jean-Christophe LE DUIGOU, *secrétaire confédéral de la CGT et membre de la Commission économique de la Nation.*

Rémy MÉNÉTRIER, *chargé de mission au Cabinet MÉRIC et Associés.*

Fabrice PRUVOST, *chercheur à l'ISERES.*

Sommaire

Introduction 11

Le double visage des fonds de pension :
Rapport salarial et accumulation du capital.
Par Henri JACOT 17

Fonds de pension :
Un débat technique inscrit dans une offensive idéologique.
Par Guy CAIRE 39

Retraites : une réflexion syndicale
et des contre-propositions constructives.
Par Guy CAIRE 59

La création de valeur pour l'actionnaire et ses effets
Sur la gestion des groupes français.
L'exemple de l'*Economic Value Added.*
Par Lilian BRISSAUD et Rémy MÉNÉTRIER 79

Les normes comptables internationales :
Vecteur du pouvoir actionnarial ?
Par Fabrice PRUVOST 99

La primauté de l'actionnaire à l'épreuve de la notation
et du *reporting* socio-éthiques.
Par Fabrice PRUVOST 125

Fonds de pension et mouvement syndical aux États-Unis :
Une expérience et ses enseignements.
Par Jean-Claude DELAUNAY 149

Fonds de pension. Modalités de collecte et d'allocation de l'épargne.
Une approche par les évolutions de financement.
Par Jean-Marie GIANNO 173

Améliorer la gestion de l'épargne en général
et de l'épargne salariale en particulier.
Par Bertrand BICKART 191

Faut-il patrimonialiser les droits sociaux ?
Par Jean-Christophe LE DUIGOU 205

Bibliographie 223

Avant-propos

Ce livre est le prolongement d'un séminaire qui s'est déroulé entre octobre 1998 et janvier 2000 à l'Institut syndical d'études et de recherches économiques et sociales (ISERES) sur le thème des « fonds de pension ».

Cette initiative visait à favoriser un échange entre chercheurs, experts et responsables syndicaux. Elle était placée sous la responsabilité scientifique de Henri JACOT, professeur à l'Université Lumière-Lyon 2, et la responsabilité syndicale de Jean-Christophe LE DUIGOU, secrétaire confédéral de la CGT.

Au-delà de ses auteurs, qui sont évidemment seuls responsables des contributions qu'ils signent, ce livre est aussi redevable aux autres participants à ce séminaire.

Nos remerciements vont donc à :

Giusto BARISI, Daniel BAUDRU, Pierre BERTHAUD, Suzanne de BRUNHOFF, Dominique CAMPAGNA, François CHARPENTIER, François CHESNAY, Jeanine COHEN, Daniel DESBIENDRAS, Guillaume DUVAL, Céline FACCHINETTI, Alain FERNEX, Bernard FRIOT, Bernard GERBIER, Michel GOGAIL, Hani GRESH, Roland GUYVARC'H, Jocelyne HACQUEMAND, Sonia HACQUEMAND, Michel HOGUIN, Pierre IVORRA, Joëlle LETORT, Serge Le ROUX, Jean MAGNIADAS, Pierre MASCOMÈRE, Nadège MIRAL, Sabine MONTAGNE, Jacques NIKONOFF, Pascal NONAT, Jean-Marie PERNOT, Patricia PILINSKI, Gilles PINCELOUP, Jean-Paul PRÉVOST, Jean-Louis REININGER, Chantal REY, Catherine SAUVIAT, Assen SLIM.

Introduction

En ce tournant de siècles, le capitalisme mondial connaît des mutations accélérées : ouverture des marchés, essor des nouvelles technologies de l'information et de la communication, méga fusions, pouvoir décuplé de la finance, privatisation des entreprises et des services publics, crise de l'État social, profonde transformation du salariat, etc. Tous ces aspects s'enchevêtrent et mettent définitivement à mal l'ensemble des caractéristiques qui avaient structuré le développement économique et social des pays capitalistes développés durant la période d'après-guerre que l'économiste Jean Fourastié a pu appeler les Trente glorieuses (1946-1975).

Avec ces bouleversements, se pose, ou plutôt se repose car le capitalisme a connu déjà d'autres périodes de ce genre, la question cruciale de la nature des rapports entre le capital et le travail, ou, si l'on préfère, celle de la recomposition d'un nouveau statut pour le travail salarié.

Alors même que le chômage et la précarité demeurent le quotidien d'un grand nombre de travailleurs, les enjeux portent sur les éléments les plus structurants pour le salariat, comme la protection sociale, la négociation collective, la rémunération des salariés, ou, de façon plus générale, sur les rôles respectifs des protagonistes sociaux dans l'entreprise et dans la société.

Il suffit de penser à l'agenda gouvernemental (retraites, épargne salariale, etc.) ou à l'initiative patronale dite de « refondation sociale », pour comprendre que les problèmes posés ne sont pas seulement théoriques.

Dans un tel contexte d'affrontement renouvelé entre le capital et le travail, une idée fait aujourd'hui son chemin : on assisterait désormais à une « salarisation patrimoniale », et ce sur fond de « mûrissement » de la société salariale (90 % de la population est salariée...), de « vieillissement » démographique généralisé (allongement indéniable de la durée de vie...) et de « globalisation » financière incontournable (dérégulation et ouverture mondiale des marchés...).

Cette « patrimonialisation » de la relation salariale aurait déjà commencé et devrait à l'avenir se traduire toujours plus, par l'intéressement aux résultats pour les rémunérations, par le développement de fonds de pension pour les retraites, par la promotion de l'actionnariat salarié pour les droits d'intervention sur le fonctionnement des entreprises ou encore par le rejet sur chaque travailleur de la responsabilité de son « employabilité ».

Bien sûr, il existe diverses versions de cette idée de « patrimonialisation salariale ». Certains, les plus libéraux, tentent de pousser les avantages déjà obtenus par le capital en proposant des mesures d'individualisation accentuée. D'autres, qui se réclament de la gauche, cherchent, au contraire, à redonner une certaine capacité de contre-pouvoir au travail en préconisant des régulations de nature plus collective. Mais, de fait, sont développés des éléments d'analyse communs, qui tournent tous autour de la notion d'une « nouvelle figure » du capitalisme, le « capitalisme patrimonial ».

Le point de vue défendu dans cet ouvrage est tout autre. Dans les mutations qui s'amorcent, il prend le parti du travail, en privilégiant la « logique salariale » par rapport à la « logique patrimoniale ». Il entend ainsi contribuer à redéfinir un « nouveau statut salarial », qui tienne certes compte des transformations en cours du capitalisme, mais sans les entériner pour autant comme représentant la seule voie possible.

Nous développerons une telle démarche exploratoire en trois temps.

1. Le premier sera consacré à une réflexion générale à partir des problèmes soulevés par « l'irruption des fonds de pension ». Cette catégorie particulière d'investisseurs sera analysée comme constituant la « pointe avancée » de cette « patrimonialisation », supposée nécessaire ou même parfois revendiquée, du salariat dans le capitalisme d'aujourd'hui.

Sera d'emblée mis au jour ce que l'on peut appeler « le double visage » des fonds de pension, à savoir, d'une part, leur lien avec les retraites et plus généralement le rapport salarial, et, d'autre part, leur lien avec l'accumulation du capital et par voie de conséquence la propriété des entreprises.

De fait, deux problèmes coexistent, celui de avenir des retraites et celui du financement de l'économie, dont l'articulation varie dans l'espace et dans le temps et qu'il serait abusif et dangereux de vouloir résoudre par une même et unique réponse (Henri JACOT).

Ainsi préalablement resitué dans une problématique plus large, le débat proprement dit sur les retraites en lien avec les fonds de pension pourra être alors abordé dans une perspective très explicite de relations professionnelles ; tout d'abord dans les éléments techniques de ce débat, même s'il est évidemment fortement marqué par l'idéologie, puis à partir des réflexions et analyses syndicales en vue de l'élaboration de contre-propositions constructives et comme autant d'options sociétales (Guy CAIRE).

2. Le second moment du présent ouvrage visera à analyser les comportements et les pratiques des fonds de pension dans leurs conséquences sur la stratégie, l'organisation et la gestion des entreprises, c'est-à-dire sous leur dimension « accumulation du capital », et non plus « reproduction de la force de travail » après retrait de « l'armée industrielle active ».

A partir d'exemples concrets (Rhône-Poulenc, Rhodia, Pechiney), il sera ainsi rendu compte de l'influence, notamment sur les structures productives ou les conditions d'emploi et de travail, de l'utilisation par les acteurs financiers de nouveaux critères d'évaluation de la performance des entreprises, et notamment de l'*Economic Value Added* (EVA) (Lilian BRISSAUD et Rémy MÉNÉTRIER).

La réflexion sera alors élargie à l'analyse du processus de normalisation comptable en cours depuis le milieu des années 1970 au plan international, processus animé par des instances comme le FASB ou l'IASC et qui lui aussi constitue un vecteur du pouvoir actionnarial. Un chapitre sera ensuite entièrement consacré à l'examen des fondements conceptuels des fameux critères « socio-éthiques », critères dont nous verrons qu'ils articulent deux concepts relativement récents porteurs d'une remise en cause de la primauté de l'actionnaire propriétaire, celui de développement durable et celui de parties prenantes à la vie de l'entreprise. Cet examen montrera néanmoins que de telles approches sont loin de reconnaître la centralité du travail comme source de la valeur, c'est-à-dire d'accorder aux salariés le premier rôle (Fabrice PRUVOST).

3. La troisième partie examinera de manière plus prospective les possibilités d'intervention et les stratégies à mettre en œuvre, notamment par les organisations syndicales, pour contribuer plus explicitement à un renouveau du statut salarial dans le contexte actuel d'un capitalisme toujours plus financier, plutôt que « patrimonial ».

À cet égard, l'expérience du mouvement syndical aux États-Unis en matière de fonds de pension, aussi limitée qu'elle puisse être, fournit d'utiles enseignements, ne serait-ce qu'en raison du rôle dominant de l'économie américaine dans le processus actuel de mondialisation et des éclairages ainsi apportés sur la nature du système économique désormais prévalant (Jean-Claude DELAUNAY).

En revenant au cas de la France, à partir des évolutions de financement caractérisées notamment par une désintermédiation bancaire et une montée des investisseurs institutionnels, il est plus que jamais nécessaire de s'interroger sur les modalités de collecte et d'allocation de l'épargne nationale, si l'on veut satisfaire les besoins de l'économie, en particulier pour les PME et entreprises innovantes (Jean-Marie GIANNO).

En complément, des propositions peuvent également être avancées en vue de rechercher des modalités de gestion pertinentes de l'épargne salariale, même s'il faut bien noter qu'elle ne représente encore en France qu'une faible part des actifs placés sur les marchés financiers (Bertrand BICKART).

Plus généralement, retrouvant ainsi le double problème posé initialement par l'irruption des fonds de pension, les syndicats sont aujourd'hui sommés de répondre à deux questions, l'une porte sur l'avenir des retraites, l'autre sur les modalités de contrôle et de financement des entreprises.

Ces deux interrogations sont légitimes, mais la réponse ne saurait en aucune façon être recherchée dans la « patrimonialisation » des droits sociaux. L'impulsion d'une nouvelle dynamique du travail apparaît au contraire indispensable.

La mise en œuvre d'une politique globale de développement, la consolidation structurelle des systèmes sociaux de solidarité, la mobilisation de l'épargne des salariés par la prévoyance collective en faveur du développement économique et de l'emploi, représentent, dans ce contexte, une vraie alternative (Jean-Christophe LE DUIGOU).

Toutes ces réflexions et propositions demeurent naturellement autant de pistes à discuter et à débattre. L'essentiel, à nos yeux, réside dans le choix d'une telle approche en termes de « nouveau statut salarial », certes encore à peine esquissée ici, mais à préférer à toute approche en termes de « capitalisme patrimonial », serait-elle bien intentionnée. En tout cas, c'est bien le sens, qui se voudrait le plus clairement affirmé, de cet ouvrage.

Henri JACOT et Jean-Christophe LE DUIGOU

Le double visage des fonds de pension : rapport salarial et accumulation du capital

Henri JACOT*

Le 17 septembre 1998, Serge Tchuruk, PDG d'Alcatel, quatrième groupe mondial d'équipements de télécommunications, annonce que « *la performance opérationnelle du groupe en 1998 n'atteindrait pas le niveau attendu* », du fait notamment du « *ralentissement brutal des commandes des opérateurs de télécommunications européens* ». Cette simple annonce suffit à déclencher un mini krach boursier. En cinq jours, l'action Alcatel chute de 55 %, de 927 francs à 514 francs ; dans la foulée, d'autres valeurs accusent un net recul à Paris (Schneider, Renault, France Télécom, etc.) ou sur d'autres places européennes (Amsterdam, Francfort, etc.). Cette « affaire » Alcatel s'explique par le dégagement du fonds américain Fidelity, dénommé un peu rapidement « fonds de pension » (*pension fund*) alors qu'il s'agit plutôt d'un gestionnaire d'actifs type SICAV (*mutual fund*), lequel a massivement vendu les titres qu'il détenait, suite aux déclarations de S. Tchuruk et déclenché ainsi une réaction en chaîne.

Un an après, le 8 septembre 1999, Édouard Michelin, qui n'avait succédé à son père que trois mois auparavant à la direction du groupe leader européen du pneumatique, par ailleurs l'une des dernières sociétés françaises en commandite, annonce à la fois aux actionnaires une croissance de 20 % du bénéfice semestriel et une réduction de 10 % des effectifs en Europe (soit 7 500 suppressions d'emplois). Le lendemain, l'action Michelin grimpe en Bourse de 12,5 %. S'ensuit une « affaire » Michelin dans l'opinion, les « fonds de pension » anglo-saxons étant à nouveau mis sur la sellette, même s'ils n'occupent dans l'actionnariat du groupe que 15 % environ et bien qu'il s'agisse là encore plus de gestionnaires d'actifs que de fonds de pension proprement dits.

Dans les deux cas, et au-delà des rapidités d'analyse concernant la nature des fonds concernés, est mis en avant le poids considérable des « investisseurs institutionnels » étrangers dans la capitalisation boursière en France, cette emprise étant passée d'à peine plus de 10 % en 1985 à près de 40 % sur la place de Paris, contre 7 % à New York, 12 % à Francfort et 25 % à Londres. Est aussi reposée du même coup la

* Professeur à l'Université Lumière-Lyon 2

question : « à quand des fonds de pension à la française ? », lesquels seraient susceptibles de suppléer à l'insuffisance supposée d'épargne longue des Français à destination des entreprises, tout en contribuant à résoudre la question « lancinante » du système des retraites par répartition, appelé à connaître des sérieuses difficultés à compter de 2005 du fait notamment de l'arrivée à l'âge de la retraite des générations du *baby boom* d'après-guerre.

Dans ce chapitre, nous voudrions démonter quelque peu ces fausses évidences, en analysant ce que l'on pourrait appeler le « double visage » des fonds de pension, à savoir leur rôle dans le financement des entreprises autant que dans celui des retraites. Car si système de retraite et processus d'accumulation du capital ne sont bien au fond que deux aspects complémentaires d'un même rapport salarial, leur articulation peut être très différente selon les économies et sociétés considérées.

La retraite comme élément du rapport salarial, et son couplage avec l'accumulation du capital

Affirmer que le système de retraite, au même titre que les autres dimensions de la protection sociale, est un élément du rapport salarial va de soi si l'on caractérise ce dernier comme « *l'ensemble des conditions juridiques et institutionnelles qui régissent l'usage du travail salarié ainsi que la reproduction de l'existence des travailleurs* »[1]; en soulignant, cependant, que l'essentiel réside dans l'écart qui existe entre ces deux aspects, usage et reproduction de la force de travail, et que cela définit précisément les conditions de valorisation du capital par ledit travail salarié et celles de son accumulation.

Autrement dit, tout se tient : protection sociale et salariat, retraites et financement de l'économie, comme autant d'attributs nécessairement articulés d'une même relation capital-travail, certes spécifiée dans chaque pays considéré.

Protection sociale et salariat

Ainsi, au-delà de la solidarité familiale ou ouvrière, la protection sociale d'essence publique est-elle pratiquée dans tous les pays capitalistes développés à des degrés divers, faible aux États-Unis ou au Japon, forte en Suède ou en Nouvelle-Zélande. On peut même sans doute dire que son existence est déjà en soi un signe de développement de l'économie concernée, tout en s'inscrivant pleinement dans une histoire et un

---

1. Selon la définition fournie, par exemple, par Robert Boyer *in La flexibilité du travail en Europe*, Paris, La Découverte, 1986, p. 18.

contexte politique et social propre à chaque pays. Déjà l'Assemblée constituante de 1789 affirmait que « *les secours publics sont une dette sacrée* ». Mais si les Français l'ont - sans doute les premiers - conceptualisée, les Allemands l'ont ensuite concrétisée avec Bismarck, puis les Anglais l'ont universalisée avec William H. Beveridge.

C'est, en effet à la fin du XIXe siècle, que Bismarck, « le Chancelier de fer », voulant intégrer le prolétariat dans l'empire allemand, enchaîna les lois fondatrices de l'État-providence : assurance maladie en 1883, assurance accident du travail en 1884, assurance invalidité-vieillesse en 1889. Il conduit préalablement pour ce faire un dialogue nourri avec le fondateur du parti des travailleurs allemands, Ferdinand Lassale, socialiste réformiste s'opposant notamment à Karl Marx par son nationalisme et à Pierre Joseph Proudhon par son réalisme. La logique mise en œuvre est celle de l'« assurance » sociale, dans laquelle les prestations sont la contrepartie des cotisations prélevées sur la rémunération du travail, le système étant fortement encadré par la régulation contractuelle des « partenaires » sociaux plutôt que par l'État lui-même. Ce modèle, relevant donc plutôt de la « co-gestion », inspire une bonne partie des législations introduites en Europe dans la première moitié du XXe siècle.

La formule britannique, forgée par W. H. Beveridge en 1942 dans son rapport fameux intitulé *Plein emploi dans une société libre*[2], est d'inspiration bien différente[3]. Voulant s'opposer autant au modèle soviétique qu'au modèle national-socialiste, elle avance trois principes nouveaux à l'encontre de la formule bismarckienne, les trois « U » : l'universalité (au-delà des travailleurs, pour toute la société), l'unicité (un seul gestionnaire) et l'uniformité (un montant d'aides qui ne dépend pas du niveau de revenus). Le système est financé par l'impôt, géré par l'État et contrôlé par le Parlement. On parle plutôt de « solidarité » sociale. Bien sûr, le risque est non négligeable dans ce modèle beveridgien, et sans doute plus fort que dans le modèle bismarckien, que la protection sociale ne se réduise à une « assistance » minimale, ainsi que l'a par exemple résolument mis en œuvre Margaret Thatcher en Grande-Bretagne. Le cas du Danemark ou d'autres pays scandinaves, relevant plutôt de cette conception de solidarité nationale, montre cependant que ce risque n'a rien d'inéluctable.

---

2. W. H. Beveridge, *Full Employment in a Free Society*, George Allen & Unwin, Londres, 1944.
3. On lira par exemple avec intérêt Nicolas Timmins, *The Five Giants. A Biography of the Welfare State*, Fontana Press, 1996.

Tirant les leçons de ces expériences et réflexions étrangères, mais aussi des régimes mutuels ou privés existant depuis longtemps dans notre pays[4], les ordonnances des 4 et 19 octobre 1945 instituent en France le régime général de la Sécurité sociale qui, comme son nom l'indique, était destiné à couvrir à terme l'ensemble de la population française, mais qui, dans un premier temps, voyait sa portée limitée aux seuls salariés de l'industrie et du commerce. Fondée au départ sur une gestion par les salariés eux-mêmes, Pierre Laroque parle de « démocratie sociale », elle s'ouvre au pouvoir patronal à partir des ordonnances de 1967 dans chacune de ses quatre « branches » (allocations familiales, maladie-maternité, accidents du travail, vieillesse). Depuis lors, la protection sociale, élargie en 1958 hors Sécurité sociale à l'assurance-chômage avec l'UNEDIC, est restée globalement dans le champ dit du « paritarisme », avec cependant une emprise croissante des pouvoirs politiques du fait notamment des implications financières mais aussi sous couvert d'universalisation de telles ou telles prestations (RMI, CMU, etc.). D'où les « menaces » patronales réitérées dans la dernière période de se retirer de cette gestion paritaire.

Quelle qu'en soit la formule, plutôt bismarckienne ou plutôt beveridgienne, la protection sociale représente toujours la reconnaissance d'une socialisation partielle de certains besoins qui vont s'affirmer avec le développement du capitalisme, profondément marquée par les rapports de force et les luttes des travailleurs pour faire reconnaître ces besoins : « *Ils cherchent dans le salaire « indirect » à élargir les conditions de reproduction de leur force de travail au-delà de la réponse aux besoins les plus immédiats, à travers le salaire direct. Ils essaient, ainsi, que la détermination du salaire direct soit disjointe de la quantité de travail fournie auquel le patronat cherche toujours à les assujettir à travers, notamment, l'augmentation de la durée et de l'intensité du travail. Ils cherchent encore à ce que le salaire indirect couvre le plus largement possible les risques et événements sociaux.* »[5]

S'agissant du « risque » vieillesse, il est ainsi particulièrement important de parler de salaire « indirect », ou si l'on préfère de salaire « socialisé » ou « mutualisé », et non de salaire « différé » qui donnerait l'illusion que les cotisations dans un système bismarckien (ou les impôts

4. Lire notamment Jean-Louis Escudier, « La dynamique de la protection sociale en France, de 1850 à 1940 » *in* Catherine Mills (dirigé par), *Protection sociale : quelle réforme ?, Sociétés et représentations*, n° hors série, septembre 1999, CREDHESS.

5. Jean Magniadas, « La Sécurité sociale, l'économie et la crise » *in Sécurité sociale : 40e anniversaire. Avenir et enjeux*, Études et documents économiques, CCEO-CGT, décembre 1985, p. 30.

dans un système beveridgien) seraient une forme d'épargne « forcée » que chaque salarié récupérerait en quelque sorte au moment de sa retraite ou de sa maladie...

Retraites et financement de l'économie

La différence fondamentale entre protection sociale, quelle qu'en soit la forme (bismarckienne ou beveridgienne)[6], et assurance privée, réside donc au fond dans la modalité du financement des prestations fournies : « répartition » directe des contributeurs (par cotisations ou impôts) aux bénéficiaires sans nécessité d'accumulation financière intermédiaire en cas de protection sociale ; au contraire, « capitalisation » obligatoire pour garantir des engagements à venir, de particulièrement long terme en matière de retraite, en cas d'assurance privée.

Il n'est dès lors pas étonnant que le régime de protection sociale et particulièrement de retraite en vigueur dans tel ou tel pays « fasse système » avec le régime d'accumulation du capital dans ce même pays. Ainsi, pourrait-on, en première analyse, opposer deux types de « couplages » entre régime de retraite et mouvement d'accumulation du capital :

- le cas « anglo-saxon », dans lequel le système de retraite faisant une place importante, quoique non exclusive[7], à la capitalisation va de pair avec un processus d'accumulation transitant à titre principal par les « marchés financiers » proprement dits. C'est évidemment la situation aux États-Unis et sans doute plus encore au Royaume-Uni, dans la mesure où le capitalisme anglais d'après Margaret Thatcher est nettement plus « financiarisé » encore que le capitalisme américain d'après Ronald Reagan[8] ;
- le cas « européen continental », dans lequel le système de retraite reposant fondamentalement sur la répartition est associé à un processus d'accumulation organisé, au moins jusqu'ici,

---

6. En ce sens, si nous souscrivons à certains aspects de l'analyse de Bernard Friot, nous ne le suivons pas dans sa volonté de fonder exclusivement la protection sociale sur la cotisation proportionnelle au salaire, au détriment de toute autre forme de contribution serait-elle progressive. B. Friot, *Puissances du salariat*, Paris, La Dispute, 1998 ; *Et la cotisation sociale créera l'emploi*, Paris, La Dispute, 1999.
7. Dans un ouvrage très exhaustif, François Charpentier souligne justement que dans tout pays, sauf au Chili mais y compris aux États-Unis, une part non négligeable du système de retraite est toujours fondée sur la répartition, précisément comme indicateur du degré d'appartenance à une même collectivité. F. Charpentier, *Retraites et fonds de pension. L'état de la question en France et à l'étranger*, Paris, Economica, 1997, 3e édition.
8. Sur la dimension désormais hautement financière du capitalisme anglais, on peut se référer notamment à Richard Farnetti, *Le Royaume désuni*, Paris, Syros, 1995.

principalement sur des « cœurs financiers », pour reprendre une distinction suggestive de François Morin[9]. Car, même s'il faut évidemment distinguer en Europe, par exemple, le modèle français de détention du capital par « participations croisées » du modèle rhénan dit de la « banque-industrie » qui prévalaient auparavant, il faut bien noter que l'un comme l'autre de ces deux modèles étaient jusqu'à ces dernières années à la fois relativement indépendants des marchés financiers et couplés à des systèmes de retraite fondés principalement sur la répartition.

Les différences essentielles tiennent au rôle respectif dans le financement de l'économie et des entreprises, ou plus précisément dans l'intermédiation financière, des banques d'une part et des investisseurs institutionnels (les « zinzins ») d'autre part. S'agissant de ces derniers, on y retrouve trois grandes catégories : les fonds de pension, les compagnies d'assurances et les sociétés d'investissement.

Le tableau suivant, tiré du 68e rapport annuel de la Banque des règlements internationaux (BRI)[10], montre bien la situation 1996 des actifs de ces « investisseurs institutionnels » dans les cinq pays les plus industrialisés.

Actifs détenus par les investisseurs institutionnels en 1996

En milliards de dollars / *en % du PIB*

	Fonds de pension		Compagnies d'assurances		Sociétés d'investisse.		Total	
États-Unis	4 752	*62*	3 052	*40*	3 539	*46*	11 343	*148*
Japon	442	*10*	1 957	*38*	420	*9*	2 819	*57*
Allemagne	65	*3*	692	*29*	134	*6*	891	*38*
France	86	*6*	582	*38*	529	*34*	1 197	*78*
Angleterre	897	*77*	792	*72*	188	*16*	1 877	*165*

Source : BRI, *op. cit.*, tableaux V.4, V.5, V.6, pp. 91-94.

On y voit de manière évidente l'existence des deux modèles dont nous avons fait état : les États-Unis et le Royaume-Uni voient les actifs totaux des investisseurs institutionnels dépasser largement leurs PNB respectifs

9. F. Morin, *Le modèle français de détention et de gestion du capital : analyses, prospective et comparaisons internationales*, Paris, Les Éditions de Bercy, septembre 1998 ; « La rupture du modèle français de détention et de gestion des capitaux », *Revue d'économie financière*, n° 50, novembre 1998, pp. 111-131.

10. BRI, *68e Rapport annuel*, Bâle, juin 1998.

du fait principalement du poids de leurs fonds de pension ; par contre, l'Allemagne et la France, mais aussi le Japon, témoignent d'une importance proportionnelle nettement moins grande de leurs investisseurs institutionnels par rapport à leur PNB. Au passage, on note cependant le montant élevé en France des actifs des sociétés d'investissement (SICAV, etc.), au deuxième rang mondial en chiffres absolus comme relatifs.

Mais cette disparité structurelle est profondément percutée par la libéralisation et la globalisation actuellement dominantes de l'économie, initiées précisément outre-Manche et outre-Atlantique, et poussant à l'universalisation du modèle libéral « anglo-saxon ». Il n'est dès lors pas étonnant que, notamment en Europe, mais plus généralement dans le monde[11], le débat sur les retraites prenne à un moment nécessairement, mais extrêmement confusément, la forme d'un débat sur les fonds de pension.

BREF PÉRIPLE DANS L'ESPACE ET DANS LE TEMPS

Précisons cependant quelque peu l'évolution qu'ont connue au cours des dernières décennies nos deux modèles, en quelque sorte « polaires » car en réalité toujours partiellement combinés, dans les différents pays occidentaux de ce qu'il est convenu d'appeler la Triade : États-Unis, Japon, Europe.

Aux USA : une financiarisation accélérée à partir des années 70

Le « modèle américain », tel qu'il se manifeste parfois brutalement par des « affaires » type Alcatel et tel qu'il marque plus profondément encore la gestion des grandes firmes par ce qui a pu être appelé jusque dans les milieux économiques patronaux la « dictature du court terme »[12], est désormais tellement prégnant en Europe et notamment en France, qu'il peut sembler avoir toujours existé sous sa forme actuelle aux États-Unis avant d'avoir été plus récemment « exporté » sur notre continent.

En réalité, il n'en est rien, car sa relativement nouvelle et forte internationalisation ne constitue que la dernière phase d'une évolution majeure enregistrée aux USA eux-mêmes depuis les années 1970 en direction d'une financiarisation accélérée. Et ce, évidemment, non sans lien avec la fin de l'inconvertibilité du dollar en or, décrétée par

---

11. On sait comment l'offensive en faveur des fonds de pension a été notamment relayée par la Banque mondiale dans un rapport sur les retraites intitulé *Averting the Old Age Crisis : Policies to Protect the Old and Promote Growth*, New York : Oxford University Press, 1994.
12. Cf. le dossier relatif à la valeur actionnariale ainsi titré dans *Enjeux-Les Échos*, n° 151, octobre 1999.

Richard Nixon en août 1971, pour conserver une « hégémonie » américaine indiscutable alors même qu'elle ne se justifiait plus au même degré à l'égard notamment des pays européens ou du Japon désormais très largement compétitifs. Cela dit, pour bien marquer que le débat sur les fonds de pension s'inscrit pleinement dans « *la guerre géoéconomique pour la suprématie industrielle* », selon l'expressive formulation de Edward N. Luttwack[13].

De fait, l'année 1974 vit s'opérer un tournant majeur dans le système de retraite aux États-Unis avec la loi dite ERISA (Employee Retirement Income Security Act). Avant, le « *vrai régime de base* »[14] pour la retraite mis en place au lendemain de la grande dépression, le système de l'OASDI (Old Age Survivors and Disability Insurance), financé par une cotisation de 12,4 % payée pour moitié par l'employeur et gérée en répartition, et assurant environ 30 à 40 % du dernier salaire, était, en effet, essentiellement complété par des « régimes de retraite d'entreprise » pour les salariés du secteur privé, puis du secteur public, reposant sur des fonds de pension à « prestations définies » (*defined benefits*, DB). Ces fonds financés par les seuls employeurs, du fait notamment d'une fiscalité favorable introduite dès 1942 leur permettant de déduire de l'impôt sur les sociétés les cotisations à un fonds distinct de l'entreprise, sont supposés garantir un montant de pension de retraite déterminé à l'avance. Tout en étant orientés sur les marchés financiers, ils n'en font cependant pas courir en principe les risques par les salariés. Ce n'était cependant pas toujours vrai, notamment en cas de faillite de l'entreprise. Et ce fut précisément l'objet de la loi ERISA que de consacrer ce droit, en rendant obligatoire le provisionnement des engagements et en organisant un fonds commun de garantie.

Cette amélioration de la sécurité dont pouvaient bénéficier les salariés eut cependant comme conséquence (paradoxale ou délibérée ?) le développement progressif de fonds de pension d'un type nouveau, fonds dits à « cotisations définies » (*defined contributions*, DC), dans lesquels le montant de la pension n'est plus garanti par l'employeur et/ou l'État mais dépend au contraire entièrement du rendement financier de la capitalisation opérée par le fonds qui recherche dès lors d'autant plus la « sur-performance » que la gestion des actifs est alors toujours déléguée à des tiers. En pratique, cela signifie que le risque est entièrement supporté dans ces fonds par les salariés. On voit donc que le renversement est total

13. Nous la reprenons ici telle que citée par Bernard Gerbier, *L'organisation mondiale du commerce et la théorie de l'économie mondiale*, GRREC, Université Pierre Mendès France de Grenoble, septembre 1996.

14. Selon l'expression de F. Charpentier, *op. cit.*, p. 96.

et que la distinction entre fonds DB (par exemple : CalPERS, le fonds de pension des fonctionnaires de Californie) et fonds DC (par exemple : ceux gérés par des gérants d'actifs comme Templeton ou Fidelity) est très importante à faire, tant du point de vue de la sécurité pour les salariés d'un système par capitalisation que du point de vue du type de gestion financière opérée par les fonds considérés[15]. Il est notamment indéniable que certains fonds de pension de type DB relevant d'organismes publics locaux (enseignants, personnel communal, pompiers, policiers, etc.) jouent un rôle non négligeable dans le financement des PME et du développement local en investissant « sous le marché »[16] ; ce qui n'est évidemment pas concevable pour des fonds de type DC.

Cette tendance à la financiarisation accentuée des fonds de pension est à mettre en parallèle avec la déréglementation intervenue dès 1975 au New York Stock Exchange. Elle s'accentue avec la création en 1978, par amendement à la loi ERISA, des fonds 401 k dans lesquels la contribution du salarié est déductible et qui laissent au contraire l'employeur libre de cotiser ou non. D'autres mesures se sont succédé depuis qui, « objectivement »[17], découragent les fonds à « prestations définies » (restriction à la mobilité des droits, etc.) et avantagent ceux à « cotisations définies » (autorisation d'investir plus de 10 % dans l'entreprise du salarié, etc.). Dès lors cependant, sont inévitablement favorisés les salariés à carrière stable et/ou à revenus élevés. Il n'est alors pas étonnant que si progressent considérablement le nombre des fonds (de 340 000 en 1975 à 900 000 actuellement) et le volume des actifs gérés (environ 6 800 milliards de dollars en 1999), baissent au contraire notablement la proportion des salariés couverts par des fonds de pension (de 53 % en 1987 à 40 % en 1995) et en particulier celle des salariés qui bénéficient de fonds de type DB (de 28 % en 1989 à 19 % en 1995)[18]. Au total, l'apport des fonds de pension aux revenus des retraités américains n'est que de 17 % en moyenne, soit moins de la moitié du régime de base par répartition, et avec évidemment de considérables inégalités. On voit que l'on est très loin, même aux États-Unis, d'une « solution miracle » par les fonds de pension aux indéniables problèmes posés aux systèmes de retraite par l'allongement de la vie.

15. On trouvera notamment un exposé particulièrement clair de la distinction des modes de gestion selon la nature des fonds DB ou DC chez Daniel Baudru et Med Kechidi, « Les investisseurs institutionnels étrangers : vers la fin du capitalisme à la française ? », *Revue d'économie financière*, n° 48, juillet 1998, pp. 93-105.

16. Ce point est à juste titre relevé pour les États-Unis par Jacques Nikonoff, *La Comédie des fonds de pension*, Paris, Arléa, 1999.

17. F. Charpentier, *op. cit.*, p. 105.

18. J. Nikonoff, *op. cit.*, pp. 214-215.

Par contre, le rôle désormais dominant de ces fonds sur les marchés financiers est avéré. Ceci se traduit par des pratiques de *corporate governance*, en réalité plutôt par les fonds de type DB, et de *shareholder value*, tout particulièrement par les fonds de type DC, qui vont tendre à se généraliser à l'échelle planétaire.

Car le dernier trait caractéristique de cette financiarisation croissante des fonds de pension américains est précisément qu'ils vont s'orienter massivement sur les places financières étrangères à partir de la fin des années 1980 et prétendre dès lors exporter leurs pratiques de « gouvernement d'entreprise » et de « valeur actionnariale »[19]. Leur importance est, en effet, désormais tellement massive aux États-Unis qu'ils tendent à « faire le marché », risquant de se pénaliser eux-mêmes lorsqu'ils se dégagent de telle ou telle entreprise pour investir dans telle ou telle autre. Dès lors investissent-ils à l'étranger (12 % de leurs actifs dès 1996)[20] ; et c'est tout particulièrement le cas en France, où le processus de privatisation et/ou le dénouement des « noyaux durs » leur ouvrent en grand les portes du capital des sociétés. Ce faisant, ils creusent encore le déficit déjà considérable de la balance des paiements américaine et témoignent ainsi qu'ils s'inscrivent pleinement dans la « guerre géoéconomique » mondiale pour l'accumulation du capital[21].

Au Japon : un système « néo-corporatif » mixte menacé

Nous évoquerons plus rapidement la situation dans ce pays, mais le mentionnerons néanmoins pour vérifier notre hypothèse que, dans toute économie et société, le régime de retraite et le système de financement des entreprises s'articulent nécessairement, comme deux aspects distincts mais complémentaires d'un même type de rapport salarial[22].

---

19. Une directive du Department of Labor les oblige même à veiller à la mise en place des mêmes organismes de contrôle des groupes étrangers dont ils acquièrent les titres que ceux dont la loi américaine du 29 juillet 1994 leur fait obligation.

20. Lire le dossier de *L'Expansion* (n° 608, 4-17 novembre 1999) qui donne le poids des actionnaires étrangers, notamment anglo-saxons, dans le CAC 40 et dans l'Euro Stoxx 50 ainsi que le classement des 30 premiers fonds de pension anglo-saxons en Europe.

21. Pour être complet, il faudrait en outre introduire le mode de financement des déficits publics aux États-Unis. Le « privilège » du dollar fait que la détention de Bons du Trésor américain est avant tout le fait de créditeurs étrangers. Dès lors, l'épargne nationale des USA peut-elle s'orienter de manière privilégiée vers le financement des entreprises privées à travers les marchés financiers, d'abord domestiques puis étrangers. En France, la situation est inverse : l'épargne des ménages placée massivement, directement ou indirectement, en titres publics laisse la place pour l'investissement étranger, notamment les fonds de pension, dans le financement de l'économie.

22. Dans ses écrits, Masahito Aoki a insisté plus largement sur la cohérence existant au Japon entre l'organisation du marché du travail (adhésion à l'entreprise, etc.) et celle

À la base, on trouve un régime universel obligatoire couvrant en principe tous les salariés japonais, alimenté par une cotisation dont un tiers est à la charge de l'employeur, un tiers à celle du salarié et un tiers à celle de l'État, mais dont la prestation de base est assez basse (environ 20 % du revenu moyen des retraités). S'y ajoute un régime complémentaire, obligatoire en principe pour les seuls salariés du secteur privé mais en réalité généralisé à la plupart des travailleurs, dont la cotisation est partagée entre employeur et salarié, et dont la prestation est le plus souvent supérieure à celle du régime de base. Ces deux premiers étages fonctionnent en principe pour les salariés en répartition, mais en pratique avec des fonds de réserve gérés de fait en capitalisation. La spécificité du Japon est, en effet, d'avoir pris très vite conscience des difficultés liées au « vieillissement » de sa population et d'avoir en conséquence constitué des réserves à partir d'augmentations non immédiatement nécessaires des cotisations dans ces deux régimes.

Au-delà de ces deux premiers niveaux, se sont créés des fonds de pension d'entreprise, alimentés par les seuls employeurs bénéficiant pour ce faire d'avantages fiscaux ou de réductions de cotisations, et soumis à des règles de placement stricts : 50 % en valeurs d'État, 30 % en actions et 20 % dans l'immobilier. Les fonds sont gérés par des *trustees* et les sommes déposées dans des sociétés d'assurances et des banques qui appartiennent aux mêmes groupes industriels et financiers (*keiretsu*) que les entreprises qui sont à l'initiative des fonds. Il y a donc de fait très largement « recyclage » de l'épargne des salariés dans le financement de leur propre entreprise ou en tout cas du groupe auquel celle-ci appartient. C'est pourquoi nous parlons de système « néo-corporatif ».

Les fonds accumulés ainsi commencent à être importants, puisqu'ils s'élevaient à 10 % environ du PNB en 1996. Ce qui est toutefois beaucoup plus proche des pourcentages existant en France (6 %) ou en Allemagne (3 %), qu'en Grande-Bretagne (77 %) ou aux États-Unis (62 %)[23]. Le modèle mixte japonais est donc plus proche du modèle « européen continental » que du modèle « anglo-saxon ». Mais il est surtout assez profondément menacé depuis l'explosion de la « bulle » immobilière et financière à Tokyo en 1990. Du fait des pertes considérables ainsi enregistrées, ou qui devraient l'être, les sommes engrangées par les fonds de pension japonais sont très loin de pouvoir couvrir les engagements futurs. On a déjà vu des faillites retentissantes,

des marchés du capital (financement par les banques, etc.) et des biens (hiérarchie des sous-traitants, etc.). M. Aoki, *L'économie japonaise. Information, motivations et marchandage*, Paris, Economica, 1991.

23. Cf. les chiffres donnés plus haut au texte et repris du 68e rapport annuel de la BRI.

comme celle des fonds de pension de l'industrie textile en 1995. On a beaucoup dit également que Renault risquait, après absorption de Nissan, de découvrir des pertes importantes et non encore provisionnées au bilan de cette entreprise du fait des pertes latentes de son fonds de pension ; des chiffres aussi importants que la valeur des actifs industriels repris (30 milliards de francs) ont même été parfois cités[24]. D'où la tentation d'introduire dans ce pays une législation de type « 401 » américaine, poussant à passer à un régime à cotisations définies.

La « mosaïque » européenne à l'épreuve de la convergence

L'opposition dont nous sommes partis entre les systèmes allemand et britannique en témoigne : l'Europe nous renvoie en matière de retraites l'image d'une véritable « auberge espagnole »[25]. Ce n'est d'ailleurs pas un hasard si toutes les questions relatives à la protection sociale, pourtant pièce constitutive évidente de tout « modèle social européen », ne sont susceptibles d'après le Traité d'Union que de décisions prises à l'unanimité du Conseil européen[26]. Mais tous les pays sont confrontés aux mêmes problèmes liés notamment au « vieillissement », certes à des rythmes différents, des populations. Au-delà de la similitude de constat, peut-on engager, et sur quelles bases, une convergence dans la recherche de solutions ? Telle est bien la question posée.

L'opposition en Europe entre un modèle plutôt beveridgien, au nord, et un modèle plutôt bismarckien, au sud, se traduit assez clairement lorsque l'on exprime les actifs des fonds de retraite en pourcentage du PIB des différents pays considérés. Ainsi, en 1993, autour d'une valeur moyenne de 20,3 % pour l'Union européenne, ces pourcentages s'étageaient-ils de 88,5 % aux Pays-Bas, 79,4 % au Royaume-Uni ou 40,1 % en Irlande à 5,8 % en Allemagne, 3,4 % en France, 2,2 % en Espagne et 1,2 % en Italie[27]. D'un côté, un simple « filet de sécurité » par répartition, le plus souvent forfaitaire, favorisant l'essor d'importants compléments par capitalisation ; de l'autre, un haut niveau de protection contre le risque vieillesse grâce à la répartition, ne laissant dès lors que peu de place à la capitalisation. Une observation plus détaillée fait toutefois apparaître d'importantes nuances dans une telle partition apparente.

---

24. Jean-François Estienne, « Retraites japonaises : la fin d'un modèle », *Le Monde*, 7 décembre 1999.
25. Selon l'expression utilisée par F. Charpentier, *op. cit.*, p. 179.
26. Selon l'article 118 § 3 du « protocole social » annexé au Traité de Maastricht, puis intégré au Traité d'Amsterdam.
27. Source : European Federation for Retirement Provision, repris par F. Charpentier, *op. cit.*, p. 199.

Ainsi, dans les pays qui ont fait le choix, dans l'après-guerre, du modèle beveridgien, les différences sont notables. Aux Pays-Bas, par exemple, contrairement à la Grande-Bretagne d'après Margaret Thatcher, la pension de base versée par l'État représente bien davantage qu'un minimum vital. De même, les fonds de pension néerlandais sont-ils créés et gérés paritairement au niveau des branches professionnelles, avec affiliation obligatoire et garantie d'un taux de remplacement d'environ 70 %, et non laissés aux seules capacités des individus et initiatives des entreprises comme c'est le cas au Royaume-Uni. Avec, notamment alors, les risques inhérents de type « affaire Maxwell » : on rappelle qu'en 1991 le magnat de la presse britannique a ainsi détourné l'équivalent de quelques 4 milliards de francs déposés sur le fonds de pension de son groupe pour renflouer plusieurs de ses sociétés, ruinant près de 35 000 personnes.

De même, tous les pays scandinaves pratiquent-ils les fonds de pension à prestations définies et gérés par les employeurs et les salariés au niveau des branches et/ou des entreprises, et donc le plus souvent consacrés à des placements peu risqués. Ajoutons qu'en Suède, l'idée a même été avancée au début des années 1970 de « rendre les travailleurs copropriétaires de leur entreprise » par le développement de « fonds salariaux », alimentés par une ponction sur les superbénéfices des entreprises les plus florissantes, et alimentant à leur tour par leurs résultats les « fonds de pension » existants ; mais cette proposition suscita d'importantes réactions et ne vit finalement le jour que sous une forme n'altérant pas notablement la répartition de la propriété en Suède[28].

Parmi les pays qui, à l'inverse de ceux évoqués ci-dessus, ont adopté le modèle bismarckien, il faut distinguer entre ceux qui, comme l'Espagne ou l'Italie, ont commencé à poser le principe d'une réforme des retraites introduisant les fonds de pension, mais sans réel décollage de ces derniers, et ceux qui, comme la France et l'Allemagne, à la tradition sociale plus ancienne, résistent jusqu'ici à la capitalisation.

C'est le cas en France, où le nouveau gouvernement de « gauche plurielle » de Lionel Jospin a mis à l'écart la loi Thomas votée en mars 1997 sous le précédent gouvernement de droite de Alain Juppé, sans pour autant adopter encore une position tout à fait claire pour l'avenir. Nous y reviendrons évidemment dans la suite de cet ouvrage.

Mais, c'est aussi le cas en Allemagne où l'on sait que la réforme envisagée par Helmut Kohl à la fin 1998 (taux de remplacement ramené de 70 % à 64 % du dernier salaire après 45 ans de cotisation d'ici 2010-

---

28. Jacques Arnault, *Le « modèle suédois » revisité*, Paris, L'Harmattan, 1991.

2030 pour le régime de base) n'a pas été sans influence sur son échec électoral et son remplacement par Gerhard Schröder. Ce dernier a dû renoncer à tout projet de retraite complémentaire obligatoire par capitalisation auprès de fonds privés, tel que le proposait son ministre des Affaires sociales, Walter Riestler, pourtant ancien numéro 2 d'IG-Metall, notamment devant l'hostilité très vive exprimée par ce syndicat et plus généralement le DGB. La décision a été prise dans un contexte marqué par les difficultés rencontrées par les régimes complémentaires d'entreprise, figurant en provisions au bilan de celles-ci mais le plus souvent non capitalisés ; ce qui les distingue donc nettement des fonds de pension, contrairement à ce qui est parfois affirmé.

Ces différences, voire divergences, rendent plus que jamais nécessaire une coordination, et même une convergence des régimes de retraite européens. Le risque serait, sinon, majeur que s'amplifient du même pas la mise en concurrence financière et la pression au dumping social, dans une stratégie de pure compétition à court terme entre pays de l'Union. Pour combattre cela, il ne s'agit évidemment pas de créer « un système de retraite européen », vu les disparités que nous avons relevées. Mais on ne peut pas non plus se contenter de limiter la concurrence sur les régimes de base, en prétendant organiser une compétition acharnée sur toutes les autres dimensions du système, comme semble vouloir le proposer la Commission dans un projet de directive concernant les retraites complémentaires[29]. La « cannibalisation » des régimes de base par répartition par les systèmes complémentaires par capitalisation serait inévitable.

La voie est sans doute à rechercher dans des « objectifs partagés » à définir, de type : taux de remplacement assuré par les prestations sociales et part de PIB consacrée à la protection sociale, le choix des moyens étant laissé à l'initiative des différents pays. En toute hypothèse, le partage avec les salariés et leurs représentants, des pouvoirs d'orientation et de contrôle des gestions des fonds de réserve ou de retraite, existants ou à créer, est une question d'intérêt général qui devrait être posée à l'échelle communautaire. Car c'est au fond un aspect de la question plus fondamentale de l'implication des salariés dans la « gouvernance économique », tant au niveau micro-économique (cf. le débat sur la « société anonyme européenne ») que macro-économique (cf. le débat sur la « stratégie européenne de l'emploi »).

---

29. Projet déjà plusieurs fois remis sur le métier, depuis notamment le *Livre vert sur les retraites complémentaires dans le marché unique* de juin 1997 qui pousse dans le sens de la capitalisation pour des raisons discutables de rendement financier et de libre circulation.

RETRAITES, PROPRIÉTÉ DES ENTREPRISES ET ÉPARGNE DES SALARIÉS : UN DÉBAT PEUT EN CACHER UN AUTRE

Ainsi semble-t-il bien établi, tant sur le plan de l'analyse théorique (cf. première section) que sur celui de la pratique comparative (cf. deuxième section), que la question du financement des retraites est à nettement distinguer de celle du financement de l'économie, même si - ou plutôt précisément parce que - ces deux problèmes sont toujours nécessairement dans la réalité très étroitement reliés.

Et, pour revenir au cas de la France, c'est à l'évidence l'un des aspects les plus contestables du rapport de Jean-Michel Charpin sur les retraites[30] que d'avoir entretenu une confusion non vraiment explicitée entre ces deux thèmes. En sens inverse, tant le rapport de René Teulade sur les retraites[31] que le rapport de Jean-Pierre Balligand et Jean-Baptiste de Foucauld sur l'épargne salariale[32], au-delà des réserves qu'ils peuvent susciter sur tel ou tel point évoqué, ont comme principal mérite à nos yeux de ne pas trop mélanger dans leurs analyses l'une et l'autre de ces deux approches, en s'en tenant assez strictement à leur objet spécifique.

Mais, le débat doit alors d'autant plus se poursuivre sur chacune des facettes du rapport salarial ainsi à juste titre dissociées, avant de pouvoir tenter de les articuler à nouveau[33].

L'illusion des fonds de pension pour les retraites

S'agissant du problème proprement dit des retraites, beaucoup a déjà été dit ou écrit à propos des variables démographiques (taux de fécondité, taux d'immigration, etc.), sociales (taux d'activité, taux de dépendance, etc.) et économiques (taux de chômage, taux de croissance, taux de productivité, etc.) qui conditionnent les projections faites jusqu'à environ le milieu du prochain millénaire dans les réflexions habituellement

30. J.-M. Charpin (rapport au Premier ministre de), *L'avenir de nos retraites*, Paris, La Documentation française, avril 1999.

31. R. Teulade (avis présenté par), *L'avenir des systèmes de retraite*, *Journal officiel de la République française*, Avis et rapports du CES, n° 1, 17 janvier 2000, Les éditions des Journaux officiels.

32. J.-P. Balligand et J.-B. de Foucauld (rapport au Premier ministre de), *L'épargne salariale au cœur du contrat social*, Paris, La Documentation française, janvier 2000.

33. Nous développons là certains éléments déjà avancés dans notre article : « Capitalisme gris », « nouveau collectivisme » et fonds de pension : un commentaire sur la contribution de Robin Blackburn », *Mouvements*, n° 5, septembre-octobre 1999, pp. 102-107. La contribution mentionnée de R. Blackburn, figure dans le même numéro de *Mouvements :* « Le retour du collectivisme : la nouvelle économie des fonds de pension », pp. 90-101 (cf. également du même auteur : « The New Collectivism », *New Left Review*, n° 233, janvier-février 1999, pp. 3-65).

conduites en matière de retraites (2040 dans les études du Commissariat au Plan, ce qui correspond globalement à la succession de deux générations, l'une qui cotise et l'autre qui reçoit...). Et l'on conçoit aisément que sur la base d'une combinatoire d'hypothèses soigneusement choisies, le régime actuel des retraites puisse sembler nécessairement buter sur ce que Denis Kessler, président de la Fédération française des sociétés d'assurances (FFSA) et vice-président du MEDEF, en chantre intéressé qu'il est de la capitalisation, a cru devoir appeler un jour le « triangle maudit des systèmes de répartition » ; à savoir : hausse de cotisations et/ou baisse des pensions et/ou recul de l'âge de la retraite. Faute de pouvoir aller assez loin dans l'une et/ou l'autre de ces mesures, les fonds de pension sont alors présentés comme inéluctables, et même bénéfiques à maints égards.

Nous ne reviendrons pas ici sur l'ensemble des arguments échangés sur le fond même du problème du financement des retraites, lesquels seront notamment repris dans la suite de cet ouvrage[34], pour nous concentrer sur cette seule « solution » des fonds de pension mise en avant pour prétendument contribuer à le résoudre.

Ainsi, faut-il d'emblée souligner que, dans un système de capitalisation comme dans un système de répartition, ce sont toujours les actifs d'une génération qui financent les retraités de la même génération. Autrement dit, la capitalisation n'est pas un système qui permettrait miraculeusement de faire face au « choc démographique » lié au départ en retraite des générations d'après-guerre (*baby boom*) - « choc » dont l'ampleur réelle doit d'ailleurs être clairement identifiée au-delà de projections délibérément alarmistes - ou plus généralement à un quelconque « vieillissement démographique », dénomination connotée péjorativement et qui cache en réalité un « rajeunissement biologique » considérable et à maints égards positif des personnes âgées.

Quant à supposer qu'un système de capitalisation soit susceptible de générer durablement un meilleur rendement qu'un système de répartition, il est aussi facile de comprendre que cela est impossible à long terme au plan macro-économique, sauf à ce que les revenus du capital (dont ceux des fonds de pension) finissent par absorber la totalité du revenu national aux dépens des revenus du travail (dont les cotisations finançant la répartition)[35].

---

34. Cf. aussi Arnaud Lechevalier, « Les retraites : idées fausses et vrais enjeux », *Mouvements*, n° 3, mars-avril 1999, pp. 84-91 ; « Retraites. Les enjeux de l'emploi et de la solidarité », *Analyse et documents économiques*, n° 79, CCEES-CGT, mai 1999.

35. On sait depuis John Von Neumann (1932) que l'égalité du taux de croissance et du taux d'intérêt est une condition *sine qua non* d'une croissance équilibrée durable. Et on sait

Bien plus, sans même parler des risques de *krach* boursier, on a même pu soutenir le point de vue exactement inverse, puisque précisément les marchés des titres capitalisés par les futurs retraités auront une forte probabilité de devenir des marchés de vendeurs, donc nécessairement « baissiers », au moment où ces valeurs accumulées par les fonds de pension devront être réalisées pour financer les retraites qu'elles sont censées garantir[36].

Une version amoindrie de cette supposée « supériorité » de la capitalisation sur la répartition postule que le développement de l'épargne qui en résulterait aurait un effet indirect positif sur le problème du financement des retraites à travers l'accélération de la croissance qu'elle permettrait. Mais, outre qu'une économie comme celle de la France souffre plutôt d'un excès que d'une insuffisance d'épargne, certains théoriciens de la croissance endogène ont pu avancer que la répartition, en favorisant sous certaines conditions le capital humain, avait, au contraire, toute chance d'être plus favorable à la croissance que la capitalisation[37].

En soulignant, enfin, l'impossible problème de « transition » à résoudre entre système par répartition et système par capitalisation, qui nécessiterait donc pour une génération de payer deux fois, une fois pour assumer les retraites de la génération précédente et une fois pour préparer la sienne propre, on voit bien que l'argumentation en faveur de la capitalisation plutôt que la répartition pour financer les retraites n'a pas de réels fondements économiques.

La différence, plus essentielle, relève du choix de société, puisqu'elle porte sur la nature des droits à redistribution d'une partie du revenu national pour les retraités : droits nés du travail et logique de solidarité dans le cas de la répartition ; ou droits de propriété et logique des marchés dans le cas de la capitalisation. Selon nous, la cause est donc entendue : il n'y a pas d'avenir des retraites en dehors de la consolidation, voire la refondation, du système actuel de la répartition. Dans cette perspective, la « pierre de touche » est bien le maintien d'un taux de remplacement élevé (environ 75 %) des retraites versées par rapport aux derniers salaires[38].

---

aussi, depuis Paul A. Samuelson (1958), qu'il y a alors nécessairement « équivalence » entre répartition et capitalisation pour une population à structure par âges stable.

36. Il est particulièrement piquant de noter qu'un tel argument est avancé par l'OCDE, *Maintening Prosperity in a Ageing Society*, 1998.

37. Florence Legros, *Les retraites. Genèse, acteurs, enjeux*, Paris, Armand Colin, 1995, pp. 155-163.

38. Par-delà les différences, c'est bien, à nos yeux, le point d'accord principal qui ressort de l'ouvrage de Jean-Christophe Le Duigou (CGT) et Jean-Marie Toulisse (CFDT) intitulé *L'avenir des retraites*, Paris, Editions de l'Atelier, 1999.

La question de la capitalisation des entreprises en France

Pourtant, on le sait, un argument supplémentaire en faveur de fonds de pension « à la française » est aussi parfois avancé en s'appuyant sur la fragilité du capitalisme français du point de vue même de sa structure de capitalisation : faute d'investisseurs institutionnels puissants susceptibles d'intervenir sur le marché des actions, la France serait en passe de perdre le contrôle de ses entreprises, des fonds de pension anglo-saxons se substituant aux anciens « noyaux durs » progressivement démantelés.

A la fin du deuxième trimestre 1999, les non-résidents (dont les différents fonds anglo-saxons...) détenaient ainsi près de 36,3 % des actifs cotés en France, équivalant à 2 407 milliards de francs, à comparer aux 24,4 % pour les investisseurs institutionnels français (assurances, OPCVM, etc.), 20,1 % pour les entreprises françaises, 10,6 % pour les ménages résidents et 8,1 % pour les autres agents financiers[39]. Pour les seules sociétés cotées au CAC 40, le pourcentage, constamment croissant, varie en moyenne de 40 à 50 %, avec des chiffres allant jusqu'à 77 % pour TotalFina, 66,8 % pour le CCF et 59,6 % pour Rhône-Poulenc.[40]

On ne souligne sans doute pas assez que cette situation doit beaucoup au fait que la France, ainsi que l'a relevé le dernier rapport du Conseil national des impôts (CNI), est le seul pays européen à faire bénéficier les non-résidents du remboursement de l'avoir fiscal. Ce régime de faveur, décidé en 1993 par Nicolas Sarkozy, outre son coût budgétaire chiffré à 23,5 milliards de francs sur huit ans par le CNI, a comme effet pervers indéniable de créer un différentiel de rendement dont la conséquence logique est le rachat progressif des titres des sociétés françaises par les investisseurs étrangers.

Quoi qu'il en soit, et même s'il faudrait pouvoir nettement distinguer, dans cette détention du capital des entreprises françaises par les non-résidents, la nature de ces détenteurs non-résidents (fonds de pension, fonds mutuels, fonds spéculatifs, etc.) ainsi que leur nationalité (européenne ou autre), cet argument de l'insuffisance d'assise domestique du capital national (« le capitalisme français est un capitalisme sans capital ») ne peut pas être rejeté d'un revers de mains si l'on croit que la propriété du capital a tout de même encore une quelconque importance[41].

---

39. Selon le rapport Balligand-de Foucauld, *op. cit.*, p. 40.
40. Cf. le tableau établi par *L'Expansion* (*op. cit.*, p. 46) qui note que « *le processus s'est considérablement accéléré et amplifié depuis notre précédent classement de 1998* ».
41. C'est ce qui est trop rapidement fait à nos yeux - contrairement à d'autres aspects bien traités - dans l'ouvrage de Pierre Khalfa et Pierre-Yves Chanu (coordonné par), *Les retraites au péril du libéralisme*, Éditions Syllepse, 1999.

Certes, la voie ne nous semble être en aucune façon de vouloir substituer aux fonds de pension anglo-saxons qui recherchent la « sur-performance » (taux de rentabilité de 15 %...) des fonds de pension « à la française » qui seraient, de fait, pris dans les mêmes critères, la logique de l'enrichissement individuel des patrimoines financiers entrant alors nécessairement en contradiction avec celle de la solidarité sociale des revenus salariaux. Toute introduction même partielle d'un prétendu « troisième » pilier des retraites par fonds de pension, en complément des retraites de base et complémentaires actuelles, ouvrirait la brèche d'une telle « cannibalisation » de la répartition par la capitalisation. Mais tout n'est pas réglé pour autant.

L'enjeu de l'orientation et du contrôle de l'épargne des salariés

Car un autre problème doit être frontalement abordé dans les sociétés capitalistes contemporaines, salariées à plus de 90 % : celui précisément de l'affectation et de la gestion de l'« épargne salariée » disponible. Hier, dans la phase keynésiano-fordiste du capitaliste, l'épargne était l'apanage des couches non salariées. « *Les salariés consommaient ce qu'ils gagnaient, et les capitalistes gagnaient ce qu'ils investissaient* », selon la sentence - à mettre désormais au passé - de Michaël Kalecki. Ce n'est plus du tout le cas dans le capitalisme actuel.

Ainsi, pour la première fois depuis que l'on dispose de données fiables, les ménages français détenaient-ils fin 1997 plus d'actifs financiers sous diverses formes (liquidités, valeurs financières, etc.) que d'actifs non financiers (essentiellement immobiliers) : 15 898 milliards de francs contre 14 790 milliards, sur un total donc de 30 688 milliards représentant environ quatre années de PNB et, compte tenu des 3 943 milliards de passifs financiers, 84 % de la totalité du patrimoine national net[42]. Parmi ces actifs financiers détenus par les ménages, près de 5 200 milliards l'étaient sous forme d'actions et autres participations, 3 100 milliards sous forme d'encours d'assurance-vie, 1 600 milliards sous forme d'épargne contractuelle (plans d'épargne-logement, etc.), 800 milliards sous forme de livrets A ou assimilés, et 260 milliards environ sous forme d'« épargne salariale » proprement dite (intéressement, participation, plan d'épargne entreprise, etc.)[43].

---

42. « Le patrimoine national », *INSEE Première*, n° 595, juillet 1998 ; INSEE, « Revenus et patrimoines des ménages. Edition 1998 », *Synthèses*, n° 19, octobre 1998.

43. Pour éviter toute équivoque, il y a donc lieu de distinguer soigneusement ce qu'on pourrait appeler « épargne salariée » (*i.e.* épargne totale des salariés) de ce qui est appelé habituellement « épargne salariale » (*i.e.* épargne dans l'entreprise, substitutive du salaire). En anglais, on parlerait, plus explicitement, dans le premier cas de *Savings*

Naturellement cette distribution des patrimoines est encore plus inégalitaire que celle des revenus ; ce qui appelle notamment à de fortes réformes fiscales.

Il n'empêche qu'au-delà même des formulations discutables de Michel Aglietta, parlant par exemple de « *capitalisme patrimonial* »[44], la question de la nature de la société et du capitalisme d'aujourd'hui est pleinement posée. Quelles formes d'épargne salariée mettre en avant, qui préserveraient et même développeraient les droits de ces salariés à participer, en tant qu'épargnants, à la gestion de leurs actifs financiers et d'exercer le pouvoir de contrôle dans l'entreprise et dans la société que de tels fonds collectifs salariaux d'investissement leur conféreraient ?

On est ici bien au-delà d'une simple incitation à développer l'épargne salariale et l'actionnariat salarié, au sens restreint et risqué[45] d'un « bouclage » de cette épargne et de cet actionnariat dans l'entreprise même des salariés considérés[46]. On pense plutôt à la nécessité d'une véritable « mutualisation » de l'épargne des ménages au service du développement local ou des PME, mais aussi de l'économie sociale et des entreprises de service public dont une partie du capital a été privatisée. N'y-a-t-il pas là des occasions d'expérimenter des critères nouveaux de gestion, à l'opposé de la seule rentabilité financière ?

Mais, on le voit bien, cette question de la mobilisation et de la maîtrise collective de l'épargne salariée n'a pas de rapport direct avec la question de savoir si le système de retraite est par capitalisation comme aux États-Unis ou par répartition comme en France.

*

* *

Deux problèmes donc existent, qu'il est abusif et dangereux de vouloir résoudre par une seule et même réponse, à savoir les fonds de pension : d'une part le problème du financement des retraites et de la nature de ce

---

from Salary et dans le second de *Savings as Salary*, selon la traduction suggestive retenue pour la version parue dans la *New Left Review* (n° 1, janvier-février 2000) de notre article cité en note 33.

44. Cf. la postface de M. Aglietta à *Régulation et crises du capitalisme*, Paris, Éditions Odile Jacob, 1997 (déjà publié en 1976 chez Calmann-Lévy) ; M. Aglietta, « Le capitalisme de demain », *Notes de la Fondation Saint-Simon*, n° 101, novembre 1998.
45. Ce point a notamment été abordé lors du colloque sur l'actionnariat salarié organisé les 2 et 3 juin 1999, à Paris, par le groupe Altédia, sous le patronage de la COB.
46. De ce point de vue, le titre du rapport Balligand-de Foucauld plaçant « *l'épargne salariale au cœur du contrat social* » paraît ambigu, alors même que son contenu a, au contraire, le mérite de plutôt remettre globalement à sa juste place l'épargne salariale et l'actionnariat salarié.

droit à retraite (par répartition ou par capitalisation) ; d'autre part le problème du financement de l'économie et de la structure de la propriété des entreprises (dont découle en grande partie la gestion).

On peut même à bon droit soutenir que le second problème, celui de la propriété du capital et du contrôle de l'investissement qui en découle, est d'autant plus sinon facile du moins possible à aborder d'un point de vue favorable aux salariés, que le premier, celui des retraites et de leur financement durable, est précédemment réglé dans une optique de répartition et non de capitalisation, en assurant notamment un taux de remplacement par rapport au dernier salaire au moins équivalent à celui atteint aujourd'hui dans un pays comme la France (75 % environ). Et il y a effectivement déjà beaucoup à faire pour aller dans ce sens, à rebours des décisions antérieures prises ou de celles préconisées à nouveau dans le rapport Charpin.

De même, les droits des salariés à orienter et contrôler l'utilisation de leur épargne, que ce soit dans l'entreprise ou plus généralement dans l'économie, ne peuvent-ils pas se concevoir comme substitutifs à leurs droits à intervenir en tant que tels, c'est-à-dire indépendamment de toute détention de capital, dans la gestion des entreprises, lesquels doivent préalablement à l'évidence être sérieusement renforcés. Car, dans ce domaine aussi, le principal ne doit pas être occulté par l'accessoire, ou en tout cas le complémentaire.

Bref, si la question des retraites doit donc bien, à nos yeux, être résolue dans une optique privilégiant la solidarité et l'unité des salariés, cela ne signifie en aucune façon que l'on pourrait s'en tenir à une définition étroite et immuable d'un salariat en quelque sorte « cantonné » dans une position défensive. Ainsi faut-il autant s'intéresser au côté « création et accumulation de la valeur » qu'au côté « usage et reproduction de la force de travail » du rapport salarial, ce qui implique en particulier une intervention résolue sur la question de la détention et de la gestion du capital, au même titre que sur les conditions d'utilisation et de rémunération du travail.

Plus largement, c'est donc la question d'un nouveau statut du travail salarié, sous cette double dimension, qui nous semble se poser avec les mutations du capitalisme contemporain. C'était précisément l'objectif de ce premier chapitre que de l'expliciter.

Fonds de pension : un débat technique inscrit dans une offensive idéologique

Guy CAIRE*

Est-il urgent d'attendre ou le moment est-il au contraire venu d'ouvrir le dossier explosif des retraites en engageant le débat social qu'il requiert pour enfin prendre les mesures qui s'imposent ? Épargne salariale, fonds de pension, stock-options, « *il est urgent de légiférer* » a déclaré Dominique Strauss-Kahn le 28 septembre 1999 à Strasbourg aux journées parlementaires du Parti socialiste. Mais, en même temps, force est de constater que depuis le retour de la gauche au pouvoir, se souvenant sans doute du conflit social qu'avaient pu provoquer en leur temps les propositions d'Alain Juppé, hésitations, silences, petites phrases savamment dosées, déclarations contradictoires, atermoiements, renvois à des rapports complémentaires ou missions officieuses confiées à des parlementaires, traduisent un réel embarras gouvernemental à opérer ce qui a pu être qualifié de « *virage risqué des fonds de pension* »[1]. Autrement dit, « *souvent annoncés, mais jamais votés, les fonds de pension font figure d'Arlésienne* »[2].

Comprendre les raisons de cette valse-hésitation implique une démarche à la fois diachronique et synchronique tant les considérations d'hier interfèrent avec les propositions du présent, requiert aussi la prise en considération contradictoire d'éléments techniques et politiques en raison des aspects complexes que comporte la question, nécessite enfin l'examen du point de vue des experts mais aussi celui des acteurs sociaux car la technologie des fonds de pension et de nos régimes de retraite est aussi liée à des options sociétales. C'est là le prix à payer pour bien comprendre la nature des enjeux de société que le débat recouvre.

Même si les différentes propositions de réforme de notre système de retraite par création d'un troisième pilier de capitalisation sont, pour plusieurs d'entre elles, antérieures à la publication, par la Banque mondiale, de son rapport de 1994[3], c'est à la lumière de celui-ci qu'il convient de les examiner. Se réclamant ouvertement de cette analyse

* Université Paris X-Nanterre

1. Frédéric Lemaître, *Le Monde*, 30 novembre 1998.
2. F. Lemaître, *Le Monde*, 7 octobre 1999.
3. World Bank, *Averting the Old Age Crisis : Policies to Protect the Old and Promote Growth*, New York : Oxford University Press, 1994.

ou prenant, ainsi que nous le verrons, des formes plus dissimulées, nombre de propositions de réforme de nos régimes de retraite gravitent autour de la mise en place de fonds de pension.

S'efforçant de distinguer les différentes fonctions qu'ont à remplir des systèmes de retraite, la Banque mondiale propose un dispositif à trois piliers. Un premier pilier, sous gestion publique, assurerait les fonctions de redistribution et d'assurance. Il garantirait à tous une pension minimum permettant de lutter contre la pauvreté et qui pourrait être soit forfaitaire, soit sous condition de ressources, ou proportionnelle à la durée d'affiliation des intéressés. Ce « filet de sécurité » serait financé par l'impôt dans une logique beveridgienne. Un deuxième pilier, lui aussi obligatoire, serait sous gestion privée, jouant un rôle d'épargne et de co-assurance. La gestion privée devrait permettre, selon la Banque mondiale, une affectation optimale du capital et un meilleur rendement de l'épargne. Le plan d'épargne qui en résulterait pourrait être professionnel ou, encore mieux, individuel car, dans ce dernier cas, non lié à l'emploi, plus aisément portable et contribuant à renforcer la responsabilité des individus. Réglementé par les pouvoirs publics, il fonctionnerait selon une capitalisation intégrale ce qui : contribuerait à décourager les fraudes et les distorsions du marché du travail ; rendrait transparents les coûts ; empêcherait les transferts massifs d'une génération à l'autre. Le troisième pilier serait quant à lui volontaire jouant un rôle complémentaire d'épargne et d'assurance. Il s'agirait de plans d'épargne privés mais avec encouragements éventuels de l'État, par le biais de la fiscalisation, et organisés suivant le principe de la capitalisation intégrale.

Transposons à notre pays cette architecture du projet des « trois piliers »[4] de la Banque mondiale, constitutif, suivant la formule utilisée par Jacques Nikonoff, de la « *révolution blanche des ultralibéraux* »[5], projet relayé par l'OCDE[6] et qui a reçu, avec il est vrai quelque prudence, l'appui de l'Union européenne[7]. On aurait d'abord un système public

4. Le terme peut prêter à confusion dans la mesure où, en France, on a aussi une structure ternaire avec un régime de base obligatoire, des régimes complémentaires (AGIRC et ARRCO), eux-mêmes obligatoires depuis la loi du 29 décembre 1972, et enfin des régimes supplémentaires facultatifs.
5. J. Nikonoff, *La Comédie des fonds de pension*, Paris, Arléa 1999, p. 19.
6. « *Les retraites devraient être assurées à la fois par des transferts financés par l'impôt, des régimes de retraite par capitalisation, l'épargne privée et l'exercice d'une activité* », OCDE, « Préserver la prospérité dans une société vieillissante », *Synthèses de l'OCDE*, n° 5, 1998.
7. « *Les régimes de capitalisation peuvent faciliter la réforme des systèmes par répartition* », Commission européenne, *Les retraites complémentaires dans le marché unique*, COM(97)283, 10 juin 1997.

minimal ayant pour objectif de réduire la pauvreté des personnes âgées, système obligatoire géré par l'État et financé par l'impôt, très proche par conséquent des caractéristiques de notre Fonds de solidarité vieillesse. On aurait ensuite, venant au secours de notre système de retraite par répartition menacé, dit-on, par les évolutions « démo-économiques » prévisibles, un système d'épargne obligatoire, préfinancé et géré de façon privée - ce qui devrait encourager l'accumulation du capital et le développement des marchés financiers - et qui pourrait être organisé sur la base de régimes professionnels ou de produits individuels, cette seconde possibilité étant privilégiée par la Banque mondiale car reposant sur des actifs « portables » et donc non liés à l'emploi occupé. On trouve déjà en France les prémisses de ce régime dans le fonds de réserve créé en 1998 à l'intérieur de la Sécurité sociale et dans les propositions de « répartition provisionnée » préconisées par Olivier Davanne au Conseil d'analyse économique (CAE)[8] ou celles d'introduction d'un troisième étage de régime de retraite obligatoire suggérées devant la même instance par Jean-Hervé Lorenzi[9]. On aurait enfin un système d'épargne privée facultatif dans le cadre, comme le précédent, de régimes professionnels ou individuels et dont on trouve en France, depuis longtemps déjà, des dispositifs voisins.

Gardant présent à l'esprit ce cadre d'analyse, nous procéderons en deux temps en présentant tout d'abord un « état des lieux » de la question des fonds de pension, en examinant ensuite, si ces fonds de pension devaient voir le jour, quelles pourraient être les modalités de leur mise en œuvre les moins dangereuses pour les travailleurs.

« CONJECTURES » FRANÇAISES

Trois éléments ont inspiré hier les propositions de loi de Philippe Marini (1993), de Jean-Claude Million/Jean-Pierre Thomas (1993) et de Jacques Barrot (1994), et se retrouvent aujourd'hui au centre des discussions du Commissariat général au Plan (CGP) ou du CAE : la crise des systèmes de retraite, la faiblesse de l'épargne longue et la structure de bilan déficiente des entreprises françaises.

Nous les présenterons brièvement tour à tour et, en voyant comment les reçoivent les travailleurs, en discuterons ensuite le bien-fondé.

---

8. O. Davanne, « Éléments d'analyse sur le système de retraite français » *in* CAE, *Retraites et épargne*, Paris, La Documentation française, 1998, pp. 9-30.
9. J.-H. Lorenzi, « Consolider la retraite en respectant un nouvel équilibre : rendement-efficacité économique-mutualisation des risques-équité sociale » *in* CAE, *op. cit.*, pp. 31-66.

Nos systèmes de retraite, basés sur la répartition, seraient menacés par : le prochain départ en retraite des générations « pleines » du *baby boom ;* le fait que ces systèmes arrivent à maturité avec des accédants, y compris les femmes, ayant désormais des carrières complètes ; un allongement continu de la durée de vie, de l'ordre d'un trimestre par an. À ces menaces qui pèsent sur les dépenses, s'ajoutent aussi l'ampleur du chômage et l'utilisation massive par les entreprises des préretraites ou formules similaires, et par les pouvoirs publics de l'allégement des charges sociales dans le cadre d'un certain nombre de dispositifs visant à promouvoir l'emploi et qui privent les régimes de retraite de ressources. Dès lors, aussi bien le rapport démographique (plus de 60 ans/moins de 60 ans) que le rapport de dépendance (retraités/actifs) se trouvent dégradés, les dépenses de retraite qui représentaient 5 % du PIB en 1950 atteindront 18 % en 2010 et on se trouve confronté au « triangle maudit » d'une hausse des cotisations qui devraient passer de 16 à 40 % en 2040, ou d'une baisse des pensions estimée entre 10 et 30 %, ou encore d'une augmentation de la durée d'activité, alors que nombre de Français réclament la retraite à 55 ans. Le remède proposé est alors de compléter les systèmes de retraite par répartition par un appel à la capitalisation.

Par ailleurs, se manifeste le souci de créer une épargne longue. En effet, dans leur structure patrimoniale, les Français privilégient les titres courts, en particulier les SICAV monétaires, d'où l'étroitesse du marché financier. En même temps, la capitalisation boursière est en France plus faible (35 % contre 85 % aux États-Unis et 110 % au Royaume-Uni). Aussi nos marchés financiers sont-ils dominés par les fonds de pension anglo-saxons qui effectuent la moitié des transactions sur le « flottant » et détiennent le tiers de la capitalisation, avec tous les risques d'OPA que cela comporte pour nos entreprises. Les fonds de pension « à la française » devraient remédier à cette situation en étant obligés par le législateur à investir une part significative de leurs avoirs en actions.

Enfin, on constaterait que les entreprises françaises sont sous-capitalisées, le ratio fonds propres/passif étant de 27 % en France contre 41 % en Allemagne. À cet égard, les PME se trouvent particulièrement pénalisées, la difficulté qu'elles ont d'accéder au marché financier les poussant à recourir au crédit bancaire beaucoup plus coûteux, ce qui limite leurs possibilités d'investissement. Le développement des fonds de pension pourrait permettre de réaliser un équilibre plus satisfaisant, avec une meilleure structure de bilan qui aurait l'avantage de permettre une transformation réduite, une liquidité accrue, un moindre financement par le crédit et donc l'obtention de ressources à taux réduits, alimentant ainsi l'investissement et donc la croissance.

La question démographique

Au commencement est donc la démographie. En effet, dans les discours prononcés ici et là, revient une série d'expressions : choc démographique, vieillissement de la population, etc. Attirant l'attention du public en dramatisant la situation actuelle et plus encore celle à venir, vécues comme une menace, générant une véritable « pédagogie de l'inquiétude »[10], ces expressions qui comportent souvent une forte charge idéologique[11], ne sont pourtant pas équivalentes. La première, de nature quantitative, évoque une brusque rupture de tendance. La seconde, plus qualitative, tend à accréditer l'idée d'une charge insupportable, les personnes âgées étant, chacun le sait, un poids financier par les retraites qu'il faut leur verser, ceci sans même évoquer les problèmes de la dépendance du quatrième âge qui en prendront ensuite le relais[12].

À l'appui de ces formules linguistiques est construite une série de ratios dont il importe bien de comprendre la signification[13]. On peut d'abord calculer un rapport de dépendance vieillesse (+ 65 ans/15-64 ans)

---

10. Patrice Bourdelais, *L'âge de la vieillesse*, Paris, Odile Jacob, 1993. C'est bien ainsi que la plupart des organisations ouvrières ont interprété les travaux du CGP : la CFTC dénonce « *l'inutile dramatisation* » de la méthode choisie ; la CGT reproche aux travaux du Plan de se «*focaliser sur des hypothèses catastrophiques* » ; la FSU «*conteste radicalement les hypothèses catastrophistes sur lesquelles sont basés les scénarios proposés* » ; FO estime que « *la nature des perspectives, donc de la politique retenue, est inacceptable* » ; la CGC considère qu'« *il est nécessaire d'apprendre à chacun à regarder son régime dans une optique de pérennisation et non pas de catastrophisme* » ; le Comité national des retraités et des personnes âgées (CNRPA) dénonce de son côté « *la façon apocalyptique* » dont a été présenté l'avenir de tous les régimes de retraite.
11. Pierre-Yves Chanu, « Le vieillissement démographique, une notion critiquable ? », *Analyses et documents économiques*, n° 79, mai 1999, pp. 16-19.
12. Dans ce domaine de la démographie, même les nuances du discours ont leur importance. Ainsi dans le débat amical qui les a réunis, le leader de la CFDT et celui de la CGT ne tenaient pas tout à fait le même langage, leur vocabulaire traduisant des différences d'analyse, tant au niveau de l'interprétation des faits qu'à celui des moyens à mettre en œuvre pour faire face à la situation. Là où l'un, dans le déséquilibre entre le nombre d'actifs et celui des retraités, voit un « *choc démographique inéluctable* », l'autre entrevoit dans les évolutions devant se produire « *une dynamique de rajeunissement* », et ce parce que, grâce au progrès, on reste jeune plus longtemps d'une part, et parce que le départ à la retraite de classes d'âge nombreuses va contribuer à rajeunir considérablement la population active d'autre part. Jean-Christophe Le Duigou et Jean-Marie Toulisse avec la collaboration de Michel Gairaud, *L'avenir des retraites*, Paris, Editions de l'Atelier, 1999.
13. Pierre Concialdi, « Démographie, marché du travail et compétitivité » *in* Emmanuel Reynaud (coordonné par), *Les retraites dans l'Union européenne. Adaptations aux évolutions économiques et sociales*, Paris, L'Harmattan, 1998, pp. 41-79 ; Pierre Khalfa et P.-Y. Chanu (coordonné par), *Les retraites au péril du libéralisme*, Éditions Syllepse, 1999, pp. 13-36.

qui passerait de 0,36 en 1990 à 0,72 en 2040 ; ensuite un rapport de dépendance démographique (+ 65 ans et - 15 ans/15-64 ans), enfin un rapport de dépendance économique (inactifs et chômeurs/actifs ou encore inoccupés/occupés). On voit ainsi qu'interfèrent dans ces ratios une composante démographique stricte, dépendante des taux de fécondité et de mortalité, une composante sociologique liée aux taux d'activité et une composante économique liée à l'emploi et donc aux perspectives macro-économiques. Certes, la proportion de personnes âgées de plus de 60 ans devrait passer de 18,1 % en 1985 à 29,9 % en 2040, mais le rythme d'accroissement régulier qui en découle ne constitue pas une rupture de tendance, ôtant ainsi au premier ratio une partie de son caractère dramatique. Par ailleurs, si le coût d'entretien des personnes âgées va croître, celui des jeunes va diminuer de sorte que les transferts financiers en résultant et que sous-entend le second ratio, pourraient s'égaliser, avec il est vrai un caractère socialisé pour les premiers et plutôt privatisé, car à la charge des familles, pour les seconds. Si l'indicateur de dépendance vieillesse a moins de signification que l'indicateur de dépendance démographique, la réflexion ne peut pourtant pas en rester là. En effet, « *définir la vieillesse ne relève pas de la statistique mais de la représentation et de la construction sociales* »[14], car la vieillesse n'est plus ce qu'elle était, qu'il s'agisse de l'état de santé[15], des revenus, du mode de vie ou du statut social des personnes âgées, de sorte qu'on ne peut plus confondre retraite et vieillesse et, pour montrer l'intérêt qu'il peut y avoir pour éclairer la politique économique, on peut construire un indicateur d'âge de la vieillesse qui stabilise la proportion de personnes âgées évoquée par le premier ratio ci-dessus, et qui serait de 63 ans en 2005 et de 71,5 ans en 2040[16]. Mais c'est surtout le troisième ratio qui présente le plus d'intérêt dans la mesure où il suggère des modalités d'action en offrant des possibilités aux inactifs ou aux chômeurs de trouver ou de retrouver du travail, dégonflant ainsi le numérateur et augmentant le dénominateur de l'indicateur en question. Mais ce faisant, on passe nécessairement de projections démographiques à des projections économiques.

---

14. J. Nikonoff, *op. cit.*, p. 68.
15. L'âge moyen de début des incapacités est de 73 ans pour les hommes et de 75 ans et demi pour les femmes.
16. Autrement dit, « *l'extension de la période d'activité de 60 à 65 ans contrebalancerait les effets du vieillissement démographique sur les grands régimes de retraite français* ». E. Reynaud, *op. cit.*, p. 23. Elle permettrait aussi de retrouver un ratio voisin de celui observé dans le passé, avec 13 % de plus de 65 ans actuellement et 12 % de plus de 60 ans en 1870.

Les retraites, à la fois par leur nécessaire financement et par la distribution des ressources qu'elles procurent, dépendent de l'activité économique. Celle-ci est à son tour déterminée par les facteurs de production dont l'économie dispose et par leur productivité. Les perspectives concernant le marché du travail sont bien sûr beaucoup plus aléatoires que celles concernant la démographie[17], d'autant plus qu'aux changements quantitatifs s'ajoutent des modifications qualitatives du marché du travail avec, en particulier, la croissance des emplois précaires.

Compte tenu des perspectives démographiques, en adoptant un certain nombre d'hypothèses relatives aux comportements économiques, il devient possible d'effectuer des simulations financières. Ce à quoi s'est essayée, depuis la parution du célèbre *Livre blanc sur les retraites*, toute une série de travaux montrant qu'à législation inchangée (c'est-à-dire à paramètres de calculs de droits à la retraite - âge, durée d'activité, avantages accessoires - constants) et quels que soient par ailleurs les scénarios macro-économiques retenus, l'équilibre financier des régimes de retraite est impossible. Ces projections financières débouchent sur des propositions d'action dont on se doute bien qu'elles sont loin d'être acceptées par les organisations ouvrières et qui gravitent toutes autour du « triangle maudit » : repousser l'âge de départ à la retraite ; laisser se dégrader le niveau de vie relatif des retraités ; accroître les cotisations.

Repousser l'âge de la retraite accroîtrait le nombre d'actifs et diminuerait la charge des retraites, mais, alors qu'on constate que les entreprises procèdent massivement à l'éviction de leurs travailleurs âgés, c'est une solution bien difficile à envisager et qui n'aurait vraisemblablement comme effet pour la collectivité que d'opérer un transfert de charges de la retraite vers le chômage. Réduire le niveau de vie des retraités peut s'obtenir par une baisse du taux de remplacement et une sous-indexation des retraites[18], ce qui a déjà été amorcé par la

---

17. Encore que pour celle-ci il convienne de souligner le caractère aléatoire des projections allant au-delà d'une génération en raison des hypothèses que l'on est amené à faire sur la fécondité de personnes non encore nées. Ainsi le *Livre blanc* avait bâti ses projections sur un taux de fécondité central de 1,8 et une variante haute de 2,1, ce qui, à échéance 2040 conduisait à un écart de 4 millions d'actifs, tandis que le rapport Briet repose sur un taux de fécondité de 1,8 envisageant même une hypothèse basse de 1,5. De même, en matière de mortalité, le *Livre blanc* se bornait à projeter une évolution tendancielle des taux tandis que le rapport Briet envisage une nouvelle baisse de ces taux. Inversement, mais il s'agit là davantage de projections économiques que démographiques, le premier envisageait un solde migratoire nul, le second un solde migratoire positif de 50 000 personnes. Raoul Briet (groupe de travail présidé par), *Perspectives à long terme des retraites*, Paris, La Documentation française, octobre 1995.
18. Il est à remarquer que, s'ils devaient être maintenus en l'état, les accords AGIRC-ARRCO du 25 avril 1996, qui ont recouru à cette technique et que la CGT a été seule à

réforme d'Édouard Balladur en 1993, laquelle a porté de 150 à 160 trimestres en 2003 la durée de cotisation nécessaire pour bénéficier d'une retraite à taux plein[19], a aussi conduit à effectuer le calcul des retraites sur les 25 meilleures années au lieu des 10 meilleures, et a indexé les pensions sur le niveau des prix et non sur celui du salaire net. Mais si tout l'effort d'ajustement devait s'effectuer par cette seconde modalité, le niveau de vie des retraités serait divisé par deux en 40 ans. Quant à l'augmentation des cotisations nécessaire pour obtenir l'équilibre des régimes de retraite, on devrait avoir un taux de prélèvement multiplié par 1,6 à l'horizon 2040 ce qui, compte tenu de la hausse du coût salarial en résultant, aurait des répercussions sur l'emploi[20], soit par une substitution renforcée du capital au travail, soit par des délocalisations vers des pays à coût salarial moindre.

La question de l'épargne longue

Venons en à la question de l'épargne longue, laquelle conditionnerait la croissance, et qui constitue, après le devenir de nos systèmes de retraite, l'autre volet du débat en cours sur les fonds de pension.

Ce thème peut être abordé sous deux angles complémentaires : celui des méfaits que présenteraient de ce point de vue les régimes de retraite par répartition et, inversement, celui des vertus qui caractériseraient les régimes de retraite par capitalisation.

---

ne pas signer, conduiraient à une baisse du taux de remplacement d'un quart d'ici 2020 et d'un tiers d'ici 2040.

19. Jean-Michel Charpin considérant que l'espérance de vie a progressé de dix à douze ans à la naissance et de plus de cinq ans à 60 ans et que, par ailleurs, l'âge d'entrée dans la vie active a reculé de cinq ans environ, suggère d'augmenter progressivement cette durée de cotisation à 39 ans et quart pour la génération 1940 qui partira à la retraite en 2000 et à 42 ans et demi pour la génération 1975 qui partira en retraite en 2039. Son rapport ne manque toutefois pas de préciser qu'« *utiliser ce levier n'a toutefois de sens que si le contexte le permet. Deux conditions sont nécessaires :*
 - *il ne faut pas que le maintien dans l'emploi des seniors empêche l'entrée des jeunes sur le marché du travail, ce qui reviendrait à accroître le taux de chômage et à reporter la charge des retraites sur les comptes du chômage ;*
 - *il ne faut pas que l'âge de cessation d'activité reste de plusieurs années inférieur à l'âge de départ à la retraite. Cela suppose que les entreprises modifient leur politique de gestion de carrière en limitant notamment leur recours aux dispositifs de préretraite* ». J.-M. Charpin (rapport au Premier ministre de), *L'avenir de nos retraites*, Paris, La Documentation française, avril 1999, p. 146.

20. A supposer une élasticité à long terme de l'emploi au coût salarial que, pour la France, la plupart des modèles macro-économiques ne parviennent pas à mettre en évidence de façon significative. Jérôme Gautié, *Coût du travail et emploi*, Paris, La Découverte, coll. « Repères », n° 241, 1998, pp. 28-29.

Les méfaits supposés de la répartition

À en croire ses détracteurs, la répartition rendrait les gens moins prévoyants et plus proches de la cigale de la fable que de la fourmi. À cet égard, le FMI n'hésite pas à écrire qu'« *un système de répartition peut déprimer l'épargne nationale parce qu'il crée de la sécurité dans le corps social* »[21]. À supposer fondée une telle relation - ce qui est loin d'être prouvé - faudrait-il en conclure que, pour développer l'épargne, il conviendrait d'introduire dans le corps social une dose accrue d'insécurité ? Mais comment, dans ce cas, concilier ceci avec l'idée généralement soutenue que l'essor croissant de la précarité a accentué les difficultés de financement des systèmes de retraite ?

Au-delà d'une argumentation polémique, la question du lien entre financement des retraites et épargne nationale est une question dont l'étude a été initiée en 1974 par Martin Feldstein[22] qui, pour représenter la valeur des droits acquis auprès d'un régime de retraite public, intégrant dans une fonction de consommation sur le cycle de vie, une variable « patrimoine de sécurité sociale », concluait qu'« *un système de rentes viagères par répartition réduirait l'épargne* ». Ces conclusions ont été remises par la suite en question par d'autres travaux. Dans les études de séries temporelles qu'il recense, Gerard Hugues montre ainsi que si six d'entre elles concluent par un oui à la question de savoir s'il existe une preuve que la sécurité sociale fasse baisser l'épargne des ménages, huit autres concluent au contraire par un non (les études concernant les États-Unis se partageant quant à elles par moitié avec trois oui et trois non). Les études transversales sont tout aussi peu probantes avec quatre oui et quatre non. Il en est de même pour l'étude des plans individuels de retraite avec un oui et un non. La Banque mondiale et le FMI reconnaissent d'ailleurs que les preuves empiriques demeurent contrastées... On peut donc conclure sur ce point que « *si l'on tient compte des résultats des études des séries temporelles, des études transversales et des études portant sur les plans de retraite individuels, l'équilibre des données relatives à l'effet des différentes méthodes de financement des retraites sur le taux d'épargne nationale ne montre pas que les retraites publiques fondées sur le principe de la répartition réduisent l'épargne de façon significative, ni que les régimes professionnels ou les plans individuels par capitalisation l'augmentent de*

21. George A. Mackenzie, Philip Gerson et Alfredo Cuevas, « Pension Regimes and Savings », *IMF Occasional Paper*, n° 153, 1997.
22. M. Feldstein, « Social Security, Induced Retirement and Aggregate Capital Accumulation », *Journal of Political Economy*, vol. 82, n° 5, pp. 905-926.

façon significative »[23]. On peut même aller plus loin dans la défense de la répartition en soutenant que « *les régimes de retraite publics par répartition étant généralement obligatoires, ils sont plus à même d'encourager l'épargne que ne le font les régimes privés financés par la capitalisation. Ces derniers peuvent certes accroître la propension à épargner pendant la période de transition entre le moment où le régime est mis en place et où il devient pleinement opérationnel, mais ce stimulus est en partie annulé par l'impact négatif d'une réduction, intervenant simultanément (à la mise en place du régime), des transferts intergénérationnels qui, de toute façon, auraient normalement lieu dans les deux sens, entre la population jeune et la population âgée, même en l'absence d'un régime de retraite* »[24]. On peut d'ailleurs noter que des théoriciens de la croissance endogène ont pu, à partir des incidences en résultant sur la constitution du capital humain, avancer l'idée que la répartition pouvait être plus favorable à la croissance que la capitalisation[25]. Il conviendrait aussi d'ajouter, en faveur de la répartition, que la nouvelle micro-économie appliquée au marché des assurances montre que les systèmes sur base obligatoire peuvent être plus efficaces que les systèmes sur base volontaire et, à l'encontre des régimes par capitalisation, qu'il convient, dans une analyse coûts-avantages de la privatisation des retraites, de tenir compte des manques à gagner constitués par les avantages fiscaux dont l'État assortit les plans de retraite professionnels ou individuels.

Les vertus supposées de la capitalisation

Examinons maintenant les vertus que présenterait un régime de capitalisation. La présentation qu'en donnent leurs partisans fait appel à deux séries d'arguments complémentaires. L'insuffisance d'épargne, sous la forme généralement de la faiblesse des fonds propres des entreprises[26],

23. G. Hugues, « Financement de l'économie par les retraites : financement des retraites, effet de substitution et épargne nationale » *in* E. Reynaud, *op cit.*, pp. 91-111, p. 102. De plus, comme le note André Babeau dans une section prudemment intitulée « *quelques réflexions à défaut de conclusion* », il existe d'autres motifs à l'épargne que la retraite (achat de logement, transmission intergénérationnelle, etc.), ce qui fait que la relation capitalisation-épargne-croissance est plus une pétition de principe qu'une réalité empirique, d'autant qu'il semble bien que l'investissement soit moins lié à des capacités d'autofinancement, maintenant restaurées, qu'aux incertitudes qui continuent de peser sur le niveau de la demande. A. Babeau, *La fin des retraites ?*, Paris, Hachette, 1985.

24. Felice Roberto Pizzuti, « Les techniques de financement des retraites : note sur une approche fondée sur l'économie politique » *in* E. Reynaud, *op. cit.*, pp. 145-166.

25. Florence Legros, *Les retraites. Genèse, acteurs, enjeux*, Paris, Armand Colin, 1995.

26. Si l'insuffisance des fonds propres des entreprises était une réalité, alors que pourtant les entreprises françaises s'autofinancent en moyenne à près de 120 %, on peut considérer que le mécanisme des provisions au bilan de l'entreprise qu'on rencontre en

est une justification souvent invoquée pour justifier l'instauration de fonds de pension. Faisant écho à la Banque mondiale[27], « *la capitalisation permet d'encourager l'épargne longue favorable au développement des entreprises* », peut-on ainsi lire dans les travaux du CAE[28]. Or, à supposer qu'on admette la séquence épargne → investissement alors que c'était la séquence inverse que justifiait John Maynard Keynes, on constate que les pays où les fonds de pension sont particulièrement développés (États-Unis, Royaume-Uni, Chili), n'ont pas pour autant des taux d'épargne plus élevés que ceux où les fonds de pension n'existent pas ou ont une plus faible importance[29]. En Irlande, au Royaume-Uni et aux États-Unis, on a pu noter, entre 1985 et 1989, une hausse du taux d'épargne des fonds de pension au moment même où le taux d'épargne nationale baissait. Il est donc probable que l'instauration de fonds de pension se traduirait plus par un déplacement et donc un bouleversement de la structure de l'épargne (aux dépens par exemple de l'assurance-vie ou des PEP), que par une création nette[30]. On peut ajouter que « *si des incitations fiscales sont accordées pour favoriser leur développement, il s'ensuit une désépargne publique susceptible d'annuler un accroissement net de l'épargne privée* »[31].

Allemagne assurerait mieux l'allocation des ressources à travers l'autofinancement que ne le font les fonds de pension par la médiation des marchés financiers.

27. Laquelle écrit qu'« *un régime de retraite financé par capitalisation, s'il est correctement géré, possède un avantage considérable sur le système par répartition, du point de vue de l'épargne et des marchés financiers* ». World Bank, *op. cit.*
28. O. Davanne, *op. cit.*, p. 15.
29. « *Dans les pays de l'OCDE ayant des régimes professionnels à financement privé largement développés, le taux moyen de l'épargne brute en pourcentage du PNB pour la période 1990-92 était de 19,4 % contre 20,1 % dans les pays ne disposant pas de tels régimes. Par conséquent, on ne constate pas de différence majeure au niveau du taux d'épargne entre les pays possédant des régimes professionnels en capitalisation et les autres.* » G. Hugues, *op. cit.*, p. 91.
30. Le système de capitalisation créera-t-il une épargne nouvelle ou induira-t-il de simples transferts d'épargne ? Trois arguments peuvent ici être mobilisés. Tout d'abord on observe qu'en France où les codes des assurances, des impôts, de la sécurité sociale, de la mutualité, offrent diverses possibilités, les fonds de pension déjà existants (PREFON 1967 pour les fonctionnaires, CREF 1954 pour les enseignants, FONPEL et CAREL 1993 pour les élus locaux, loi Madelin 1994 pour les indépendants, etc.) ne semblent pas avoir mobilisé des masses importantes et, par là même, avoir été véritablement créateurs d'épargne. Par ailleurs, nombre de mécanismes existants sont d'ores et déjà susceptibles de répondre aux préoccupations d'épargne de la population (stocks-options de 1970, participation de 1959, intéressement de 1986, plan d'épargne d'entreprise de 1986) ou aux besoins assurantiels des individus (contrats articles 82, 83 et 39). Il est probable, pour des considérations de taux, qu'une certaine concurrence s'exercera avec l'assurance-vie, même si celle-ci offre une série d'avantages spécifiques (souplesse des conditions d'épargne, exonération des droits de succession, etc.).
31. E. Reynaud, *op. cit.*, p. 27.

Accessoirement les partisans des fonds de pension utilisent un argument à relent nationaliste, en invoquant la nécessité pour les entrepreneurs de faire face au danger représenté par la détention d'une part importante de leur capital par les investisseurs anglo-saxons. Mais on ne voit pas en quoi des fonds de pension « à la française » pourraient se comporter différemment de leurs homologues anglo-saxons en ne diversifiant pas leurs placements et en les réservant au territoire national, alors que l'investissement à l'étranger permettrait une rentabilité immédiate et de niveau plus élevé[32]. En matière financière, l'adoption d'un comportement « citoyen » est difficile. Les fonds de pension n'échappent pas à la logique des marchés[33]. Il est donc légitime de s'interroger ici sur l'utilité de la création de fonds de pension. Les défenseurs des fonds de pension soutiennent par ailleurs que ceux-ci ont un rendement supérieur à la répartition[34]. Ceci est sans doute exact dans la

---

32. J. Nikonoff, « Des fonds de pension sous habillage tricolore », *Le Monde diplomatique*, février 2000.
33. Peut-on concevoir une gestion « sociale » des entreprises que favoriseraient les fonds de pension ? On peut certes trouver des exemples qui montrent que de telles interventions sont possibles : les Teamsters américains réorientant leur action syndicale en direction des actionnaires pour obliger les PDG récalcitrants à prêter attention à leurs revendications, Sarah Teslik, directeur général du Council of Institutionnal Investors, traquant les multinationales américaines pour les plier à plus de transparence, en sont des exemples. Mais Philippe Manière qui les cite parmi d'autres dans son ouvrage, se transformant en laudateur du système en considérant que les fonds de pension peuvent être le vecteur de la collectivisation des moyens de production, a tort de ne pas voir que la société actionnariale ne touche qu'une minorité de salariés et que, le plus souvent l'exigence de rentabilité va à l'encontre des intérêts des travailleurs comme le montre l'analyse prudente que fait le directeur des études économiques et financières du Crédit lyonnais, J.-P. Betbèze, des implications du *return on equity* de 15 %, exigé par de nombreux fonds de pension. Il est certes vrai que le mouvement syndical et religieux américain a pu mettre en œuvre, dans le cadre des fonds de pension, une stratégie d'intervention axée sur cinq domaines (rationaliser les coûts de fonctionnement des fonds , rendre les votes dans les assemblées d'actionnaires conformes aux intérêts des salariés, remettre en cause l'efficience supposée des marchés financiers, adjoindre des valeurs « éthiques » aux critères retenus par le marché, prendre en compte l'intérêt direct des salariés actifs). Mais Jean-Claude Delaunay qui s'y est intéressé n'en conclut pas moins qu'en définitive « *le pouvoir du capitalisme américain n'est pas remis en cause par l'actionnariat issu des fonds de pension* ». P. Manière, *Marx à la corbeille. Quand les actionnaires font la révolution*, Paris, Stock, 1999 ; J.-P. Betbèze, *Le Monde Initiatives*, 7 décembre 1999 ; J.-C. Delaunay, « Actionnariat et fonds de pension : le cas des États-Unis », *La Pensée*, n° 319, juillet-aout-septembre 1999, pp. 33-48.
34. On peut remarquer incidemment que s'il y avait un tel avantage lié à la capitalisation, ainsi que le disent à l'envi ses partisans (avantage qui démentirait le principe d'équivalence établi par Paul A. Samuelson, nous entraînant hors de la règle d'or des modèles de croissance de long terme qui veulent qu'il y ait égalité entre le taux de croissance de l'économie et le taux d'intérêt réel), ce différentiel ne pourrait être que l'indice d'une déformation dans la répartition des revenus à l'avantage des revenus

période de leur constitution, l'épargne en résultant s'investissant massivement en titres faisant monter la valeur de ceux-ci. Mais la désépargne qui intervient au moment où les *baby boomers* prennent leur retraite, transformant actions ou obligations en rente ou en sortie en capital, a l'effet inverse sur la valeur de ces titres, la baisse étant alors d'autant plus sensible qu'il y aura moins d'actifs qu'auparavant pour investir en Bourse[35]. Si, par ailleurs, comme l'ont fait les assurances en 1993 en mettant leurs tables de mortalité en conformité avec l'allongement de l'espérance de vie, les gestionnaires des fonds de pension envisageaient une semblable adaptation, ils provoqueraient, pour un même montant de cotisations, une baisse brutale du rendement nominal des retraites en capitalisation.

À ces considérations quelque peu théoriques, s'ajoute en second lieu l'examen des données statistiques disponibles. Si c'est le rendement nominal des titres qui est généralement avancé par les organismes financiers pour justifier l'efficacité de la capitalisation et des fonds de pension, c'est cependant le rendement net qui seul importe aux personnes concernées, c'est-à-dire celui obtenu après déduction de l'inflation, des frais administratifs (rémunérations des membres du Board, des gérants financiers, courtiers, agents de transferts, administrateurs, dépositaires, avocats, actuaires, publicitaires, etc.). En effet, même si la capitalisation était plus efficace à long terme que la répartition, elle comporte à court et moyen termes un coût dont l'analyse doit tenir compte. Or la performance des marchés financiers qui est invoquée (quand ce n'est pas la seule référence aux indices boursiers qui est privilégiée, lesquels fournissent un reflet déformé des marchés financiers en surévaluant toujours les cours réels de la Bourse, ce qu'on qualifie d'effet « S et P ») et à laquelle, dans une présentation tronquée, est abusivement assimilé le rendement des

---

financiers et au détriment des salaires. Il y a donc implicitement, dans les projections effectuées en ce domaine, la perpétuation d'une inéquité intergénérationnelle qui a conduit la part salariale à baisser à 60 % alors qu'elle était de 70 % il y a une dizaine d'années. P. A. Samuelson, « An Exact Consumption-Loan Model of Interest With or Without the Social Contrivance of Money », *Journal of Political Economy*, 1958.

35. L'OCDE explique ce mécanisme ainsi : « *À mesure que les membres des générations du baby boom partiront à la retraite, ils auront probablement un comportement de vendeurs nets au moins pour une partie des titres acquis durant leur vie de travail. La génération suivante est de moindre taille, et il existe une possibilité de baisse du prix des titres. De plus, et en raison également de la taille réduite de cette génération, le stock de capital augmentera plus vite que la force de travail, et ceci tendra également à faire baisser les rendements sur les actifs réels ; il existe donc une possibilité qu'au moment de la retraite, la génération du baby boom découvre que le revenu tiré des fonds de pension est inférieur à ce qui avait été prévu par simple extrapolation des tendances actuelles.* » OCDE, *Maintening Prosperity in an Ageing Society*, 1998.

systèmes de retraite en capitalisation, ne doit pas faire illusion. Certes, dans la dernière période, le rendement des actions a été relativement élevé (estimé dans les travaux du CAE à 6,5 % par O. Davanne et à 5,8 % par J.-H. Lorenzi). Mais, en raison de la forte volatilité des rendements, les estimations diffèrent suivant la période de référence choisie[36]. C'est dire les difficultés qu'il peut y avoir à déterminer les rendements passés et, *a fortiori*, les projections des rendements futurs des actifs financiers[37] et, en conséquence, à ne pas prendre pour argent comptant les chiffres avancés.

À ce débat central peuvent se joindre deux autres séries de considérations.

Soit tout d'abord l'argument des inégalités. Certes, la répartition, malgré les redistributions qu'elle opère, laisse subsister bien des inégalités : inégalités juridiques entre régimes[38], inégalités de fait liées aux espérances de durée de vie différentes au moment de la retraite entre par exemple cadres et manœuvres, et qui génèrent des taux de remplacement beaucoup plus favorables pour les premiers, etc. Du moins une partie de ces inégalités fait-elle l'objet de mesures de correction spécifiques, par exemple avec les compensations démographiques entre régimes. Mais la soumission aux marchés et l'absence de solidarité interdisant toute redistribution, les inégalités qui résulteraient de la capitalisation risquent d'être plus considérables. On aurait d'abord les inégalités entre fonds de pension en raison de leurs performances différentes. Si les systèmes sont facultatifs les catégories populaires risquent d'en être écartées pour des raisons financières et culturelles tandis que les incitations fiscales qui accompagnent généralement la mise en place des fonds de pension constituent un privilège pour les catégories aisées. Par ailleurs, on constate partout la volonté de remplacer les

---

36. On peut voir ainsi dans le tableau présenté par J. Nikokoff de son ouvrage (*op. cit.*, p. 192) et à partir des données de l'US Department of Labor que le rendement réel des fonds de pension américains a pu varier entre 13 % en 1991, 11,8 % en 1985 et 1986 et - 0,8 % en 1994 et - 7,1 % en 1990. O. Davanne (*op. cit.*, p. 12) observe de son côté que le rendement des actions a été en France de - 3 % en moyenne sur la période 1910-1938.

37. Car comme le note J.-M. Charpin devant le CAE, après avoir observé que les rapports présentés « *parlent trop de finance et pas assez d'économie réelle, trop de risque boursier et pas assez de risque inflationniste* », « *la finance sait transférer dans le temps des créances nominales... Mais la finance ne sait pas transférer dans le temps des créances réelles* ». En effet, que ce soit en répartition ou en capitalisation, la retraite est toujours payée à partir d'un droit de tirage sur les biens et services produits au moment de son versement. J.-M. Charpin, « Commentaire » *in* CAE, *op. cit.*, pp. 77-80.

38. Par exemple durée de cotisations nécessaire pour bénéficier d'une retraite à taux plein de 37ans et demi dans le public et de 40 ans, depuis la dernière réforme, dans le privé ; calcul de la retraite sur les 25 meilleures années dans le privé et sur le dernier traitement dans le public, etc.

régimes à prestations définies, considérés comme un handicap pour les entreprises, par des régimes à cotisations définies qui reportent les risques financiers sur les salariés[39]. Or, si les premiers accordent des droits dérivés aux conjoints, dans les seconds c'est le cotisant qui prend en charge ou non, selon son choix, la couverture viagère de sa famille.

Soient ensuite les risques présentés par la spéculation. Les investisseurs institutionnels[40] qui collectent l'épargne auprès des ménages représentent des concentrations de capitaux considérables[41]. Ce « triangle de la spéculation » dont les pratiques se diffusent à l'ensemble des économies, notamment du fait des comportements mimétiques ou moutonniers des acteurs, génère et peut susciter toute une série de troubles : instabilité accrue des marchés financiers en amplifiant à la hausse ou à la baisse la volatilité du prix des actifs et en créant des bulles financières comme on a pu le constater en 1992-1993 avec la crise du SME, en 1994 avec la crise mexicaine, en 1997 avec la crise asiatique ; modification du type de croissance en tendant à supprimer les différences entre opérations courantes d'investissement et opérations spéculatives, en privilégiant une vision court-termiste avec multiplication des OPA, fusions-acquisitions, *reengineering*, *outsourcing*, *downsizing*, constitutifs de dégraissages ; financiarisation de la grande entreprise dans laquelle le *corporate governance* vise en priorité à maximiser la valeur boursière des titres (*shareholder value*) très souvent au détriment de l'emploi ; satellisation renforcée des PME ; fragilisation du rôle des banques et aggravation des risques qu'elles supportent ; flexibilité généralisée de l'emploi, des revenus, de la protection sociale.

Il est vrai que des dispositifs réglementaires ont partout tenté de limiter les risques d'insolvabilité des fonds de pension (en 1974, association de garantie des fonds de pension en Allemagne et Caisse de garantie de la loi ERISA aux États-Unis, en 1996, OPRA en Grande-Bretagne, comités de surveillance maintenant en France) mais la volatilité des marchés n'est pas exclue avec la recherche par les fonds de pension de rendements intéressants sur les marchés émergents.

---

39. Aux États-Unis, les fonds de pension à prestations définies ont régressé de 300 000 à 84 000 entre 1975 et 1993 et, devant le CAE, O. Davanne (*op. cit.*, p. 17) peut estimer que « *la remise en cause du fonctionnement des fonds à prestations définies est probablement inéluctable. Ces fonds vont en effet probablement aujourd'hui trop loin dans le transfert de risque (hors marchés financiers) des salariés-épargnants vers les actionnaires* ».

40. Les fonds de performance ou *hedge funds*, les fonds mutuels ou *mutual funds*, l'équivalent de nos SICAV, et surtout les fonds de pension ou *pension funds*.

41. Leurs actifs représenteraient en 1996 quelques 36 % du PIB des pays de l'OCDE.

QUESTIONS À RÉSOUDRE POUR UN FONDS DE PENSION

Si des fonds de pension « à la française » devaient voir le jour, venant compléter notre régime de sécurité sociale et nos systèmes complémentaires gérés par l'ARRCO ou l'AGIRC, les législateurs, soucieux de prendre en considération les intérêts des salariés, auraient à résoudre trois séries de problèmes techniques[42].

La question de l'organisation du système

Concernant tout d'abord l'organisation même du système, quatre séries de questions doivent être abordées.

Aussi bien du côté des entreprises que des travailleurs, il s'agit de choisir entre des fonds obligatoires ou facultatifs, soulevant dans ce dernier cas la question du *free rider*, imprévoyant et qui, dans ses derniers jours, ne manquerait pas de mettre à contribution l'assistance de la collectivité. Se plaçant dans une logique du « facultatif », le projet de l'organisation patronale prévoyait que l'adhésion puisse être rendue obligatoire par un accord d'entreprise lorsque cette dernière finançait le fonds de retraite.

Se pose ensuite, avec les implications que cela peut éventuellement comporter pour l'utilisation des fonds, le choix entre une gestion interne ou externe. À la différence de l'Allemagne qui a longtemps privilégié une gestion interne, lorsqu'il en avait débattu le législateur français avait retenu une gestion externe, rejetant la proposition du Sénat de sociétés spécialisées, et permettant aux banques, aux assurances, aux mutuelles et aux caisses de prévoyance d'intervenir sur ce nouveau marché.

Il faut en troisième lieu résoudre la question de la gestion des transferts. Si à l'origine, lorsque les premiers fonds de pension ont vu le jour, il s'agissait pour les employeurs qui en étaient les initiateurs, de fidéliser leurs salariés, il n'était alors pas question de transferts, le salarié perdant, s'il quittait l'entreprise, tout ce que celle-ci avait consacré pour lui à sa retraite. Aujourd'hui, avec l'ampleur du chômage, la mobilité accrue, etc., il convient au contraire d'aménager la portabilité des fonds accumulés, dont des interventions réglementaires devraient préciser les modalités, soit par transfert de la provision mathématique, soit par maintien des droits acquis dans le plan d'entreprise.

---

42. Pour ne pas multiplier les références, bornons-nous à renvoyer, pour ce qui suit, à deux publications où ces divers aspects sont développés : François Charpentier, *Retraites et fonds de pension. L'état de la question en France et à l'étranger*, Paris, Economica, 1997 ; G. Caire, « Fonds de pension, enjeux et débats », *Économie appliquée*, n° 1, 1996, pp. 171-203.

Enfin la question qui a le plus soulevé de débats, a été celle de la sortie en rente ou en capital. La première solution, que défendaient à l'origine les sociétés d'assurances, aurait dû s'imposer dans une logique de retraite, mais la pression exercée par les banques autant que le désir manifesté par de nombreux Français, désir dont Nicole Notat a pu se faire l'écho, ont pu conduire à admettre une sortie en capital dans une limite de 20 % et sous des conditions à préciser, ceci avec toutes les conséquences d'antisélection, de limitation de la mutualisation du risque de durée de vie qui peuvent en résulter.

La question des modalités de financement

Pour ce qui est ensuite des modalités de financement, trois séries de problèmes doivent être abordées.

L'approvisionnement des fonds doit-il être le fait du seul salarié, du seul employeur ou d'une intervention conjointe des deux partenaires ?

Faut-il opter pour un système à prestations définies ou un système à cotisations définies ? Dans le premier cas, le système peut se présenter sous la forme d'un régime additif (retraite additionnelle en pourcentage du dernier salaire) ou sous celle d'un régime « chapeau » (garantie d'un pourcentage donné du dernier salaire, déduction faite de tous les autres régimes), l'employeur effectuant les versements nécessaires au fur et à mesure (*Pay As You Go*), ou bien provisionnant ses engagements, ou encore souscrivant un contrat auprès de compagnies d'assurances, régime permettant éventuellement, dans le cas d'une gestion efficace, des « vacances de cotisations » pour l'employeur. Les régimes à cotisations définies qui sont en plein développement sont beaucoup plus simples à gérer mais laissent planer une incertitude sur le montant de la retraite à percevoir et reportent en définitive les risques sur le seul salarié.

Se pose enfin la question du régime fiscal dont la logique, dans une perspective de retraite, voudrait qu'on opte pour une déductibilité à l'entrée (puisque se constitue alors une épargne qu'on entend encourager) et une imposition à la sortie (puisque la retraite constitue alors un revenu comme n'importe quel autre).

La question du placement des fonds collectés

Le troisième problème technique est celui du placement des fonds collectés. De même que la sagesse populaire recommande de « ne pas mettre tous ses œufs dans le même panier », une diversification du portefeuille s'impose. Sans doute, les actions sont-elles *a priori* plus rentables que les produits de taux, ne serait ce qu'en raison de la prime de risques qu'elles comportent. Leur rendement s'est ainsi élevé à 4,1 % sur la période 1918-1993 et à 8,1 % sur la période 1950-1993. Mais la structure du « triangle de gestion » voudrait que celui-ci se déforme au moment du passage à la retraite, les motifs de sécurité et de liquidité l'emportant alors sur le motif de rentabilité. Le choix qu'avait finalement retenu le législateur était d'investir en actions dans une proportion de 35 à 65 % mais avec pas plus de 5 % du portefeuille dans une société cotée et de 0,5 % dans une société non cotée (le montant global investi dans des sociétés non cotées ne devant pas, au surplus, représenter plus de 10 % du portefeuille).

Au-delà de ces règles prudentielles, se pose aussi la question du contrôle de la gestion qui est à la fois de nature technique et confié, en tant que tel, à la Commission de contrôle des assurances et à celle de la sécurité sociale, et « sociologique » (intéressant directement ceux à qui les fonds appartiennent, c'est-à-dire les travailleurs) lequel pourrait être exercé par un comité de surveillance et assuré aussi grâce à une information périodique des souscripteurs.

*

* *

Les considérations dont nous venons de faire état représentent pour l'essentiel l'état de la réflexion telle qu'on pouvait en débattre chez les partenaires sociaux au moment du vote, en février 1997, de la loi Thomas. Mais on sait que cette loi est restée lettre morte, les décrets d'application n'ayant jamais vu le jour. Le gouvernement s'est par la suite engagé à abroger cette loi pour lui substituer un autre dispositif qui, en conformité avec la déclaration de Lionel Jospin, avant les élections, ne fragilise pas la retraite par répartition. Depuis, partageant sans doute l'opinion du député socialiste Jean-Claude Boulard, telle qu'elle s'exprime dans le titre de l'un de ses articles « *Réflexion faite, oui aux fonds de pension* »[43], le député du même groupe, Jérôme Cahuzac, a remis une note au ministre des finances concernant un futur système d'épargne retraite et qui devrait venir un jour en discussion devant le Parlement. Il semble aujourd'hui, si on en croit le Secrétaire général du Parti socialiste et après le patient travail de déminage du commissaire au Plan, qu'on s'orienterait vers une réforme plus générale sur les différentes formes d'épargne des salariés (stock-options, fonds de pension et épargne retraite, épargne salariale). Persiste donc une certaine incertitude sur ce que nous réserve l'avenir. Le gouvernement actuel, tout en affichant sa volonté de « sauvegarder le système de retraite par répartition » ne laisse-t-il pas entrevoir la

43. *Le Monde*, 13 novembre 1998.

possibilité de développer sur une plus large échelle « une épargne retraite à la française » qui laisserait ainsi, avec les risques de « cannibalisation » de la répartition qui peuvent en résulter, une place sans doute non négligeable à la capitalisation ? Le débat reste donc ouvert.

En même temps, force est d'observer que la pression médiatique qui s'exerce à travers la succession de rapports officiels, d'articles alarmistes parus dans les journaux, de débats organisés par l'audiovisuel, contribue à faire évoluer les mentalités et, progressivement, à faire apparaître comme inévitable l'introduction d'une dose de capitalisation dans nos systèmes de retraite. C'est ainsi qu'un sondage réalisé par l'IFOP en octobre 1999 à la demande de Merril Lynch, auprès d'un échantillon de 941 personnes, fait apparaître, d'une part l'insatisfaction à l'égard de la situation actuelle (si 58 % des personnes interrogées n'ont pas constitué d'épargne spécifique en dehors de leurs cotisations légales, 57 % trouvent trop maigres les pensions actuellement servies et 67 % s'attendent à voir cette situation empirer dans l'avenir) et d'autre part, la nécessité d'une réforme (alors que 14 % seulement estiment que cette réforme doit passer par un renforcement de la répartition, 78 % considèrent que le système actuel doit être complété par une forme ou une autre de capitalisation).

De même un sondage commandé en mars 1999 par la CFDT montre que : 85 % des personnes interrogées se déclarent inquiètes pour leurs retraites ; 50 % considèrent le chômage comme le problème principal du financement ; 62 % refusent le recul de l'âge du départ en retraite, une même proportion s'opposant à une hausse des cotisations. Par ailleurs, même si 64 % des enquêtés reconnaissent être mal informés sur les retraites, 67 % se satisfont *a priori* du développement des fonds de pension. Plus ou moins sensibles à cet état de l'opinion, les organisations ouvrières peuvent soit en tenir compte dans leurs stratégies en leur faisant la part du feu nécessaire, soit se doivent de mieux étayer leur argumentation pour montrer aux travailleurs les dangers que comportent de telles orientations.

Affaire à suivre donc pour les travailleurs. Même si l'attention s'est portée au cours de l'année 1999 vers d'autres aspects de la question, les fonds de pension ne sont pas enterrés.

Retraites : une réflexion syndicale et des contre-propositions constructives

Guy CAIRE*

« Retraites : sortir du débat statistique » titrait *Le Monde* du 19 février 2000, et l'auteur de l'article, Alain Lebaube, d'en commencer la rédaction par la phrase quelque peu provocatrice « *Ni Jean-Michel Charpin, ni René Teulade...* », renvoyant ainsi dos-à-dos le rapport du Commissariat général au Plan (CGP)[1] et celui du Conseil économique et social (CES)[2]. Mais n'est-ce pas réduire la portée de ces travaux que de limiter le premier à la proposition de porter la durée de cotisation des salariés français à 42 ans et demi et le second à l'hypothèse d'une croissance économique de 3,5 % au cours des quarante ans à venir ? A vrai dire, au-delà des informations forts utiles qu'ils nous livrent, de l'éclairage de l'avenir par le biais de divers scénarios qu'ils comportent, ces deux rapports présentent une caractéristique commune, extrêmement précieuse, celle d'ouvrir le débat sur la question des retraites en offrant aux partenaires sociaux l'occasion de prendre la parole.

C'est qu'en effet, comme le souligne d'emblée l'introduction du rapport Charpin, « *la réforme des retraites ne peut pas être une affaire simple. Dans tous les pays, elle donne lieu à des concertations approfondies, à de longues périodes de débat public, quelquefois à des tensions, des conflits, des réorientations. C'est que toute réforme des retraites touche des éléments essentiels du contrat social. Elle est susceptible de déplacer les équilibres entre générations et groupes sociaux* »[3]. En réunissant les acteurs sociaux pour débattre de la question des retraites, le CGP n'espérait sans doute pas obtenir une unanimité concernant « les adaptations nécessaires de nos systèmes de retraite », ce qui constituait l'horizon de la concertation organisée, ainsi que l'indiquait la lettre de mission. Du moins pensait-il arriver à un « diagnostic partagé ». Cela n'a pas été le cas et, refusant le dogme de la « pensée unique », une organisation syndicale comme FO d'indiquer : « *Dès le*

---

* Université Paris X-Nanterre

1. J.-M. Charpin (rapport au Premier ministre de), *L'avenir de nos retraites*, Paris, La Documentation française, avril 1999.
2. R. Teulade (avis présenté par), *L'avenir des systèmes de retraite*, *Journal officiel de la République française*, Avis et rapports du CES, n° 1, 17 janvier 2000, Les éditions des Journaux officiels.
3. J.-M. Charpin, *op. cit.*, p. 13.

début, et par écrit, Force ouvrière précisait qu'elle ne pouvait pas s'engager sur un objectif de diagnostic partagé »[4]. Dans un domaine aussi sensible que celui des retraites, on ne pouvait en effet que s'attendre à voir les partenaires sociaux, à l'image de la Fondation Copernic, « *vouloir faire entendre des notes discordantes dans ce concert en montrant quels sont les enjeux de société qui se cachent derrière des exposés souvent techniques* »[5].

Nous tenterons de voir quels sont les enjeux sociaux en question en évoquant tout d'abord la toile de fond du débat opposant logique assurantielle et logique redistributive, en examinant ensuite la portée sociale des projections qui peuvent être effectuées, en présentant enfin les prises de position syndicales qui visent à préserver la répartition et à consolider ses modes de financement.

TOILE DE FOND DU DÉBAT : LOGIQUE ASSURANTIELLE OU LOGIQUE REDISTRIBUTIVE

Au premier abord, les prises de position des organisations ouvrières peuvent sembler traduire une crispation sur des situations acquises face à un avenir dont elles ne saisiraient pas très bien les implications. Ce serait pourtant faire injure aux travailleurs que de considérer qu'ils maîtrisent mal les analyses qui leur sont présentées. N'étant pas « *cet idiot rationnel drapé dans la gloire de son classement des préférences unique et multifonctionnel* » que dénonce de façon provocante mais significative le prix Nobel 1998 d'économie, Amartya K. Sen[6], ils savent au contraire très bien en voir et les conséquences sociologiques qui peuvent en résulter pour eux et également ce qu'elles représentent du point de vue éthique.

Tout d'abord, d'un point de vue sociologique, on ne peut qu'observer, de la part des travailleurs, une grande méfiance à l'égard de la capitalisation. En effet, d'une part la mémoire du corps social n'est pas à ce point évanescente qu'elle ne se souvienne du sort qui fut celui des retraites ouvrières et paysannes du début du siècle et celui des assurances sociales des années trente, minées par l'inflation. D'autre part, s'observe aussi une certaine méfiance à l'égard des doctrinaires libéraux - avec la récente manifestation qu'en constitue la proposition de John Major de remplacer purement et simplement le régime britannique de la répartition par celui de la capitalisation - et des organismes financiers (banques ou

4. J.-M. Charpin, *op. cit.*, p. 239.
5. Pierre Khalfa et Pierre-Yves Chanu (coordonné par), *Les retraites au péril du libéralisme*, Éditions Syllepse, 1999, p. 3.
6. A. K. Sen, *Éthique et économie*, Paris, PUF, 1993, p. 107.

compagnies d'assurances qui guignent la manne susceptible de tomber dans leur escarcelle), initiateurs conjoints des propositions de réforme des systèmes de retraite par recours à la capitalisation. Enfin, joue aussi le sentiment, qu'à l'heure de la globalisation, l'influence des institutions financières, comme la Banque mondiale, l'emporte de loin - ce qu'ils condamnent - sur celle des institutions sociales, comme l'Organisation internationale du travail qui a élaboré la convention 35 (1933).

En même temps l'attachement des travailleurs au système de retraites par répartition[7] peut s'expliquer de trois manières complémentaires. Ce système leur apparaît comme une conquête sociale, pièce essentielle, avec le régime maladie, du système de sécurité sociale mis en place en 1945, en conformité avec le programme du Conseil national de la Résistance. Ce système a été géré paritairement dans une logique bismarckienne et les organisations syndicales tiennent à ce type de gestion. Enfin, les partenaires sociaux ont le sentiment d'avoir su prendre toutes leurs

---

7. Cet attachement à la répartition se retrouve dans l'ensemble des déclarations des organisations ouvrières qui accompagnent le rapport Teulade. La CFDT, qui seule parmi les organisations de travailleurs s'est abstenue dans le vote du rapport pour des raisons que nous évoquerons plus loin, indique cependant « *le groupe de la CFDT partage l'idée émise par l'avis d'une nécessaire réforme qui conforte la répartition* ». La CFE-CGC indique qu'« *il était indispensable que le rapport conforte le choix de pérennisation du système de retraite par répartition et inscrive les évolutions potentielles dans la durée* ». La CFTC déclare « *le principe de répartition ne saurait être remis en cause, c'est le seul dispositif qui garantisse les solidarités inter et intragénérationnelles* ». La CGT relève « *un choix clair et sans équivoque en faveur des systèmes par répartition* ». Plus explicite encore, la CGT-FO proclame : « *Il convient de tout mettre en œuvre afin de préserver et de sauvegarder les régimes de retraite par répartition, solidaires et égalitaires, adoptés en 1945 pour combler les échecs de la capitalisation que d'aucuns voudraient aujourd'hui restaurer. Le système par répartition est pourtant le seul à exprimer la solidarité intergénérationnelle et y renoncer romprait le contrat de solidarité entre les actifs et les retraités.* » De son côté, le groupe de l'Artisanat se déclare « *attaché à la réaffirmation des principes fondamentaux de la répartition* ». Les groupes de la coopération, de la mutualité et des associations qui ont souhaité s'exprimer d'une seule voix, manifestent aussi leur « *attachement au système de répartition qui reste la meilleure réponse possible pour garantir un revenu décent à tous ceux qui prennent leur retraite et à la solidarité intergénérationnelle* ». De même, l'UNSA relève avec satisfaction que l'avis « *confirme et conforte le système par répartition qui a été mis en place en 1945 et qui repose sur la solidarité entre les générations et les professions* ». Le groupe de l'agriculture dont les votes ont pourtant été éclatés (3 pour, 12 contre et 11 abstentions) déclare cependant que « *notre système de répartition, dans la forme où nous l'avons mis en place à la Libération se révèle un socle historique et consensuel de notre solidarité nationale ; il est de notre devoir de le préserver* ». Le groupe des entreprises publiques qui s'est abstenu partage cependant l'analyse du rapporteur sur « *la non-mise en cause du système de répartition* ». Par contre, le groupe des entreprises privées qui a voté contre l'avis voit une faille dans « *la non-prise en compte de la nécessité de l'épargne retraite* ».

responsabilités, si difficiles qu'aient été les choix à effectuer, dans la gestion des retraites complémentaires, chaque fois (en 1993, 1994 ou 1996) que s'est posé le problème de leur équilibre financier.

Enfin des inquiétudes à caractère plus technique ne manquent pas de se faire jour à l'égard des implications éventuelles de la capitalisation. Celle-ci est susceptible de porter indirectement atteinte aux ressources des régimes de répartition (auxquels on offre plus une « consolidation » qu'une « respiration »), en limitant les capacités d'élever les prélèvements qui semblent devoir être figés à leur niveau actuel et en privant directement, par les incitations fiscales offertes aux fonds de pension, les régimes de retraite par répartition de recettes, pertes que le député Jean-Pierre Thomas chiffrait à 2,1 milliards mais que les syndicats évaluaient à 17 milliards. Certains laudateurs des fonds de pension évoquent la *corporate governance* qui pourrait résulter de leur mise en place et qui permettrait aux syndicats de peser dans le sens de considérations auxquelles ils sont particulièrement attachés (non-discrimination à l'embauche, refus du travail des enfants dans les filiales, environnement). Il semble toutefois douteux qu'une gestion « éthique » doive en résulter. Il est plus probable, ainsi que nous l'avons indiqué dans le chapitre précédent, que la vision des gestionnaires l'emportera sur celle des élus aux conseils de surveillance pour privilégier une gestion financière pouvant éventuellement se retourner contre les travailleurs eux-mêmes. Ne constate-t-on pas en effet, trop souvent, que l'annonce de « dégraissages » fait monter le cours des actions ? Enfin, il n'est pas exclu non plus que la fiscalité favorable des fonds de pension induise les employeurs, soutenus en cela par les travailleurs eux-mêmes, à transformer en abondements des augmentations de salaires nets, ce qui contribuerait au freinage de l'assiette des régimes de répartition et à leur démantèlement progressif.

On ne saurait enfin ne pas faire état de considérations éthiques, celles mêmes qui concernent au premier chef le citoyen et qui mobilisent sous diverses facettes le concept de justice.

Du point de vue de l'individu, la justice consiste à établir une équivalence entre ce qu'il verse et ce qu'il reçoit. Or cette équivalence risque d'être mise en question pour différentes raisons. D'une part, les commissions des courtiers, dans une situation où s'exercera entre les différents offreurs une concurrence sévère, risquent d'entraîner des coûts de gestion non négligeables qui, semble-t-il, représentent, en frais administratifs et bénéfices des gestionnaires, 35 % aux États-Unis ou en Grande-Bretagne. Par ailleurs, la conversion, lors du passage à la retraite, des cotisations en rente ou en capital dépendra des taux de marché de ce moment. Enfin, les assureurs n'ayant que des informations incomplètes sur l'espérance de vie risquent d'appliquer des marges élevées et éventuellement discriminatoires. Ainsi la Banque mondiale n'hésite-t-elle pas à évoquer des annuités plus faibles pour les femmes que pour les hommes en raison de leur espérance de vie plus élevée.

Se pose en second lieu le problème de l'équité des rapports intergénérationnels[8], la solidarité intergénérationnelle pouvant viser à maintenir soit le niveau de vie (indexation sur les prix) ou la parité des niveaux de vie (indexation sur les salaires). On dit, du côté des tenants de la capitalisation, que les régimes par répartition induiraient une inéquité entre générations liée à la situation avantageuse de la génération t-1 par rapport à la génération t, oubliant que cette même génération a contribué à assurer un certain niveau de vie à la génération t-2, dans le cadre, il est vrai, d'une solidarité qui avait un caractère familial plus qu'assurantiel.

La justice concerne en dernier lieu les rapports intragénérationnels. Dans tout régime se pose en effet la question des effets redistributifs. Si le régime par répartition peut induire des redistributions perverses liées aux espérances de vie différentielles, voire aux modes de calcul qui rendent les retraites dépendantes des profils de carrière (profils constamment croissants pour les fonctionnaires dont les retraites sont calculées sur le traitement de fin de carrière, en « U » inversé pour les ouvriers du secteur privé dont les retraites sont calculées sur les 25 meilleures années), des mécanismes y assurent cependant une certaine solidarité s'écartant de la logique assurantielle (plafonnement des cotisations mais aussi avantages non contributifs comme le minimum vieillesse, la délivrance de droits liés au nombre d'enfants, etc.). Même si les régimes bismarckiens sont moins redistributifs que les systèmes beveridgiens reposant sur une allocation de base forfaitaire, ils le sont plus cependant que les systèmes par capitalisation qui risquent d'induire une société à deux vitesses (plus accentuée encore dans la capitalisation facultative que dans la capitalisation obligatoire) car, liées aux revenus, les inégalités de retraite des régimes de répartition sont moins fortes que les inégalités liées à l'épargne des régimes de capitalisation.

---

8. Il s'agit là d'une question complexe et dont l'analyse ne peut s'en tenir aux seuls transferts opérés dans le cadre des retraites si on ne veut pas verser dans l'idéologie du choc des générations poussée très loin aux États-Unis où, dans le champ des fonds de pension, le *grey power* exerce une activité de lobbying intensive. On trouvera une bonne mise au point chez André Masson, *La comptabilité intergénérationnelle. Ses apports et ses limites. Équité ou solidarité intergénérationnelle*, ENS Delta, 1996, et, pour un traitement formalisé de la question dans le cadre d'un modèle à générations imbriquées, on pourra se reporter à Patrick Artus et Florence Legros, *Le choix du système de retraite : analyser les mécanismes pertinents*, Paris, Economica, 1999, pp. 117-139.

Au total, si on creuse au plus profond, le débat entre capitalisation et répartition, entre logique assurantielle et logique redistributive, est celui de deux morales. La première, très égoïste, qu'on trouve chez Jean de La Fontaine dans la fable de la cigale et de la fourmi, laquelle comme chacun sait « n'est pas prêteuse », est celle qui valorise les choix individuels, fait l'éloge de la rationalité du sujet économique, réhabilite la prévoyance et rend l'individu seul responsable de son avenir. La seconde, qu'on trouve dans le poème de Victor Hugo, *Les pauvres gens*, plus altruiste, tient compte des exigences d'une cohésion sociale à préserver, d'une solidarité des individus à maintenir, d'un destin dont nombre de dimensions individuellement nous échappent... À la morale fermée de la fourmi, il est permis de préférer la morale ouverte de la femme du pêcheur qui, tout en sachant quelles seront les difficultés à venir d'une famille passant de cinq à sept enfants, a anticipé la conduite qu'elle sait devoir être celle de son mari : « *Tiens, dit-elle, en ouvrant les rideaux, les voilà.* »[9]

PROJECTIONS : PORTÉE POUR LE DÉBAT SOCIAL

Toute réflexion sur les retraites prend appui sur des projections préalables aussi faut-il préciser d'emblée ce que l'on en attend : « *Les projections ne dictent pas l'avenir. Elles en soulignent les enjeux et éclairent les choix à opérer.* »[10] En examinant la question des fonds de pension, nous avons déjà fait état des projections démographiques et des projections financières qui leur sont liées, montrant que les ratios sur lesquels ces projections reposent ne sont pas sans comporter des hypothèses pouvant être discutées. Mais si la question des retraites est trop souvent réduite au seul problème de financement des différents régimes (alors même qu'elle met en jeu tous les aspects de la vie sociale et, par là même, se situe au carrefour de toutes les contradictions d'intérêts qui traversent la société et des compromis sociaux qui doivent en résulter), il convient aussi de la mettre en rapport avec les problèmes d'emploi en revenant, au-delà du rapport de dépendance vieillesse et du rapport de dépendance démographique, au rapport de dépendance économique et aux variables

9. En termes moins littéraires, « *pour les libéraux, la meilleure sécurité dans un monde qui bouge, imprévisible, c'est le patrimoine, l'épargne (alors) que les salariés et les organisations syndicales se sont toujours battus pour une conception de la sécurité qui repose sur le travail, une maîtrise collective des ressources, sur la conviction que la solidarité est plus efficace que l'individualisme* ». Jean-Christophe Le Duigou *in* J.-C. Le Duigou et Jean-Marie Toulisse avec la collaboration de Michel Gairaud, *L'avenir des retraites*, Paris, Éditions de l'Atelier, 1999, p. 256.

10. Raoul Briet (groupe de travail présidé par), *Perspectives à long terme des retraites*, Paris, La Documentation française, 1995, p. 5.

qui le déterminent. Il faut en effet distinguer soigneusement trois notions : population en âge de travailler, population active et population au travail en prenant en compte dans les projections une série de paramètres (taux de fécondité, taux d'activité des femmes, des jeunes, solde migratoire)[11]. De ce point de vue, dans les projections qui peuvent en être effectuées, outre la productivité qui mériterait à elle seule une longue discussion[12], deux grandeurs méritent de retenir l'attention : le taux de chômage et le solde migratoire dont l'ampleur pour le premier et la faiblesse pour le second contribuent à la « dramatisation » de la situation à venir.

Le taux de chômage retenu à l'horizon 2040 par les experts du CGP et du Conseil d'analyse économique a été initialement celui de 9 %[13] correspondant au NAIRU[14] découlant lui-même du taux de chômage naturel énoncé en 1968 par Milton Friedman et Edmund Phelps, c'est-à-dire, dans l'analyse qui en est donnée à la suite de ces auteurs, le niveau d'équilibre vers lequel, en raison des imperfections concurrentielles qui caractérisent son marché du travail, tend spontanément une économie au-delà de ses fluctuations conjoncturelles. Ce taux naturel de chômage est devenu un outil de la macro-économie et un guide de la politique monétaire des banques centrales dans le cadre d'une désinflation compétitive ou d'*inflation targeting*. Jacques Nikonoff qui lui consacre tout un chapitre de son ouvrage, en trouve la justification opérationnelle

---

11. J.-C. Le Duigou et J.-M. Toulisse, *op. cit.*, pp. 50-51.
12. Cette discussion devrait porter sur deux aspects liés. L'un, de nature statistique, concerne l'observation de la tendance de la productivité globale des facteurs, l'autre, de caractère théorique, est relatif à l'interprétation de ce qui est connu dans la littérature économique sous le nom de paradoxe de Solow. Les projections du Plan portent sur une hypothèse d'évolution de la productivité globale des facteurs (PGF) à un rythme annuel proche du rythme moyen observé ces vingt-cinq dernières années soit + 1,25 %. Or la PGF était de l'ordre de 3,7 % dans la période 1960-1973. Elle est tombée à 1,4 % sur la période 1977-1990 et 0,1 % su la période 1990-1997. Au vu de ces observations, dans une étude récente, l'INSEE a pu écrire : « *Calculée sur les périodes 1975-1990 et 1990-1997, la PGF en France décélère nettement quels que soient les procédés utilisés pour corriger les facteurs... Cependant ce constat est fragile... Il est donc assez difficile de parler de manière assurée de ralentissement du progrès technique et a fortiori d'en faire un facteur d'un ralentissement du rythme tendanciel de la croissance* ». Laurent Bouscharain et Mahmoud Jlassi, « Peut-on parler d'une rupture de tendance du progrès technique ? », *Note de conjoncture de l'INSEE*, décembre 1998, pp. 24-31.
13. Pour cette évaluation, le CGP s'est appuyé sur les travaux de Jean-Philippe Cotis, Renaud Méary et Nicolas Sobczak, « Le chômage d'équilibre en France. Une évaluation », *Revue économique*, mai 1998, pp. 921-935. Les travaux économétriques portant sur ce concept ont été soumis à la critique de Henri Sterdyniak, Hervé Le Bihan, Philippe Cour et Henri Delessy, « Le taux de chômage d'équilibre, anciennes et nouvelles approches », *Revue de l'OFCE*, n° 60, janvier 1997, pp. 147-186.
14. *Non Accelerating Inflation Rate of Unemployment*

dans une citation du ministère des Finances[15] mais en relève en même temps le manque de pertinence : « *Deux catégories de critiques peuvent être faites au NAIRU, écrit-il, l'une d'ordre interne et l'autre d'ordre externe. Les critiques d'ordre interne portent sur l'absence de faits permettant de justifier sa nécessité et sur l'impossibilité d'en fixer le taux de manière rigoureuse. La critique d'ordre externe montre que les causes de l'inflation se sont éteintes et que le NAIRU, par conséquent, n'a plus de raison d'être s'il en a jamais eu.* »[16] Le solde migratoire retenu par les projections du Plan est de 50 000 soit la moyenne des années 1975-1989, années qui ont caractérisé le creux de la conjoncture. Changer la grandeur de ces deux paramètres conduit à envisager l'avenir sous un jour moins sombre[17]. Même si on accepte, malgré son caractère douteux, le concept

15. « *Une estimation centrale de ce taux de chômage compatible avec une croissance durable et non inflationniste serait, fin 1997, d'environ 9 %* » lit-on dans les Comptes prévisionnels de la nation pour 1997, principales hypothèses économiques pour 1998.
16. J. Nikonoff, *La Comédie des fonds de pension*, Paris, Arléa, 1999, p. 55.
17. Comme on a souvent réduit, mais à tort, la teneur du rapport Teulade à la seule confiance faite à la croissance pour résoudre le problème du financement de la retraite, que c'est même là le reproche majeur qui lui est fait par le groupe des entreprises privés qui dénonce « *l'hypothèse irréaliste d'une très forte croissance qui réglerait tout. D'où les propositions, dans l'avis, de simples ajustements et non des réformes structurelles qu'impose la pérennité de nos systèmes de retraite* », c'est peut-être ici le lieu d'en restituer le contenu véritable. Se situant dans le prolongement de l'étude antérieure du CES (Chantal Lebatard, *Les perpectives sociodémographiques à l'horizon 2020-2040*, *Journal Officiel de la République Française*, Avis et rapport du CES, n° 16, 29 octobre 1999), tenant compte du rapport Charpin dont il tient à souligner la richesse des informations, même s'il n'en partage pas certaines conclusions, ainsi que du rapport de Dominique Taddei intitulé *Pour des retraites choisies et progressives* qui fait état de l'exclusion de plus en plus précoce des travailleurs âgés et propose, pour y remédier, un certain nombre de solutions, le rapport Teulade (p. 23) a le mérite de se situer d'emblée dans le cadre de la répartition : « *La remise en cause du système de retraite par répartition, écrit le rapporteur, expression du contrat intergénérationnel est totalement exclue par le CES.* » Sur cette base, le Conseil privilégie cinq axes de propositions :
    - mettre en cohérence et mieux articuler les différents temps de la vie en enrayant l'exclusion de plus en plus précoce des salariés du marché du travail, en validant pour la retraite les périodes de formation ou celles consacrées à l'éducation des enfants ou à la prise en charge de parents âgés ou de personnes handicapées, en prenant en compte les entrées précoces sur le marché du travail et la pénibilité du travail ;
    - garantir un juste remplacement du salaire par la retraite en enrayant la baisse du taux de remplacement, en remplaçant les pénalités pour un départ anticipé choisi par la neutralité actuarielle, en prenant en compte l'augmentation des mobilités professionnelle et géographique ;
    - dégager des marges de financement complémentaires en finançant par la solidarité les avantages non contributifs, en abondant le fonds de réserve, en assurant la compensation ;
    - enrayer les effets négatifs de l'évolution de la population active par la croissance, la résorption du chômage, le relèvement possible et souhaitable du taux de fécondité, un

de taux de chômage d'équilibre, rien ne conduit à retenir le taux de 9 %. On peut légitimement penser qu'il pourrait baisser de nouveau à l'avenir et retrouver sa valeur du début des années 1970, d'environ 4 %. Dans l'hypothèse où le taux de chômage serait ramené à sa seule dimension structurelle, un surplus temporaire de capacité de financement pourrait être dégagé. Par ailleurs, on comprend que les propos d'Alain Juppé sur l'immigration aient pu heurter les convictions de la droite mais au-delà de l'émotion qu'ils ont pu provoquer, ne faut-il pas les interpréter comme une esquisse de renouvellement de l'analyse économique alors que la croissance semble repartir ? Toujours est-il qu'un solde migratoire porté à 158 000 personnes (soit un peu supérieur à celui de 129 000 qui a caractérisé la période 1963-1974) permettrait à lui seul de stabiliser la population active après 2006.

Dans le diagnostic que les organisations professionnelles étaient conduites à discuter interviennent aussi le devenir et la connexion des différents régimes[18]. On sait que, constitué au fil de l'histoire sur une base corporatiste, le système français de retraite comporte une multiplicité de régimes qui diffèrent par : leur organisation, certains étant gérés dans le cadre d'une caisse spécifique d'autres pas ; leur mode de formation des droits, certains selon un système de points, d'autres sur la base d'un taux de remplacement du salaire variable ; leurs modalités d'indexation sur les prix, la valeur du point d'indice dans la fonction publique, à la discrétion des partenaires sociaux dans les régimes complémentaires ; leur capacité à honorer ces droits en fonction de la démographie propre qui les caractérise, toutes particularités qu'aussi bien le rapport Briet que le rapport Charpin ont tenté d'appréhender. Il faut d'ailleurs noter au passage - ce qui n'est pas indifférent pour le débat répartition ou capitalisation qui nous préoccupe - que certains régimes de répartition ont constitué des réserves ou provisionné une partie de leurs engagements en plaçant les sommes parfois importantes ainsi collectées dans une logique financière et non simplement pour effectuer un lissage des ressources et des dépenses. De son côté, la gestion par points des régimes complémentaires renforce cette orientation vers une démarche assurantielle.

---

recours accru à l'immigration, mais en ouvrant aussi, si nécessaire, un débat public sur l'opportunité d'un allongement de la durée de cotisation ;

- créer un centre national de vigilance et de garantie des retraites chargé d'assurer une veille des évolutions économiques, sociales et démographiques et de proposer, au vu de ces évolutions, les adaptations nécessaires.

18. Le chapitre III du rapport Briet et le chapitre VI du rapport Charpin sont consacrés à cette question.

Lorsque cette question est abordée, les positions des organisations professionnelles ne peuvent être comprises que si on les réfère aux publics différents dont elles assument la représentation. La FSU, organisation d'enseignants, se prononce pour le maintien des spécificités des régimes particuliers tout en ajoutant que ceci peut fort bien se conjuguer avec une connexion plus grande entre régimes pour éviter des distorsions entre les taux de cotisation des différentes catégories d'actifs ou, selon les secteurs, entre les employeurs. Les grandes centrales, dont la base de recrutement est plus ouvrière, ont une attitude déjà plus souple. La CGT, tout en tenant compte de la complexité de la situation, considère qu'il n'y a pas d'avantage global décisif pour les salariés du public qui pourrait « justifier » un alignement par le bas du public sur le privé, ni encore moins une remise en cause générale des régimes spéciaux, et qu'il convient en conséquence de renforcer la solidarité entre le privé et le public. La CFTC estime que la « fixation des médias » faite sur les régimes sociaux nuit à la qualité des débats en « *créant un bouc émissaire victime plutôt que coupable* » et que l'harmonisation des régimes statutaires ou spéciaux peut être négociée et conduite de manière très progressive, à la condition que soient respectées les spécificités fondamentales de chaque régime, ce qui exclut de les aligner sur le plus défavorable car ces régimes font partie des statuts professionnels dont l'équilibre ne saurait être rompu. La CFDT, n'hésitant pas à s'engager davantage, réclame la réduction des inégalités entre régimes en même temps que la révision des mécanismes de compensation inter-régimes qui pèsent lourdement sur certains d'entre eux, ainsi qu'une meilleure prise en charge, par le Fonds de solidarité vieillesse, des prestations non contributives, voire par la CNAF pour ce qui est lié à la politique familiale.

Quant aux organisations patronales, elles n'hésitent pas à ouvrir les hostilités sur ce terrain. La CGPME suggère d'étendre progressivement mais complètement à tous les régimes spéciaux et particuliers les réformes appliquées depuis 1993 à la branche vieillesse du régime général et de « *réaliser concrètement une égalité de rapport cotisations-prestations dans chaque régime afin d'éviter le maintien d'une situation d'inégalité qui ne pourrait finir que par susciter des réactions fortes* ». Le MEDEF relève que seuls le régime général et les régimes complémentaires AGIRC et ARRCO ont engagé, quoique de façon insuffisante, les réformes qui s'imposent (recul de l'âge de départ en retraite, modification de calcul et des règles d'indexation des pensions). L'essentiel est toutefois que « *calculé par rapport à la cotisation payée par le salarié, le retour sur contribution est beaucoup plus favorable pour les retraités du secteur public* », les employeurs et salariés ou les usagers du secteur privé assumant ce surcoût du secteur public, ce qui fait qu'au total, « *les systèmes de retraite fonctionnent selon une logique de solidarité à l'envers, ce sont ceux qui ont le moins d'avantages qui contribuent pour garantir les avantages plus élevés des autres* ».

PRISES DE POSITION : PRÉSERVER LA RÉPARTITION ET CONSOLIDER SES MODES DE FINANCEMENT

Après le diagnostic vient la thérapeutique. Quatre orientations sont suggérées par le rapport Charpin dans son chapitre VII intitulé « *Il existe des marges d'action susceptibles d'assurer l'avenir des retraites* ». Elles concernent respectivement la durée de cotisation, les règles d'indexation, l'élargissement de l'assiette de cotisation et ce par quoi les fonds de pension effectuent un retour discret, la mise en place d'une répartition « provisionnée ». Sur chacun de ces points, les organisations ouvrières ou patronales ont eu à se positionner.

On a vu que, prenant acte de l'allongement de l'espérance de vie et de l'amélioration générale de l'état de santé au-delà de 60 ans, mais non sans noter que le contexte devrait pour cela être différent de celui d'aujourd'hui, l'une des propositions du rapport Charpin est l'allongement à l'horizon 2019 de la durée d'assurance nécessaire pour bénéficier d'une retraite à taux plein, cette réforme devant réduire significativement les besoins de financement des régimes de retraite. Mieux que le recul de l'âge légal de départ en retraite, cette mesure permettrait de tenir compte de l'âge différent auquel les individus entrent dans la vie active et assurerait à ceux-ci une liberté de choix[19]. Si les organisations patronales approuvent cette proposition du passage à 170 trimestres[20] contre 160 depuis la réforme de 1993, préconisant par exemple, comme la CGPME, l'alignement de l'âge au départ sur celui du régime général, à l'exception de catégories strictement définies, ainsi que la suppression des bonifications permettant d'obtenir une pension supérieure à 75 % du dernier salaire, les organisations ouvrières se montrent plus hostiles à cette proposition. La plus modérée en ce domaine, la CFDT, approuve la suggestion de passer de la notion d'âge de la retraite à celle, plus juste, de durée de cotisation. Elle propose

19. Pour permettre plus de souplesse dans les choix individuels et assurer leur neutralité actuarielle, les mécanismes d'abattement devraient par ailleurs être revus.

20. Voire comme le MEDEF, présentant le 13 avril 1999 ses propositions « pour l'avenir des retraites en France », à revendiquer 45 ans ou 180 trimestres de cotisations.

d'introduire des souplesses[21] ouvrant de réelles possibilités de choix pour le départ en retraite (retraites anticipées, à mi-temps, capital temps). De manière voisine, la CGC considère qu'il n'est pas possible de chercher des solutions sans reprendre à la base l'organisation du cycle de vie et de travail, parallèlement au mode de financement. Si elle rejette la rigidité des formules uniques de retraite anticipée pour les carrières dit « pénibles », elle préconise au contraire la formule de retraite à la carte ou de retraite progressive l'assortissant d'une série de revendications (rachats possibles défiscalisés des années d'études supérieures, établissement de passerelles public/privé pour ne pas pénaliser les carrières mixtes). La CGT récuse quant à elle la proposition, estimant qu'elle n'aurait d'autre effet que de remplacer 1,4 million de retraités par 1,4 million de chômeurs. Encore plus en pointe, FO considère qu'« *accepter a priori et comme évidence que seul l'allongement de la durée de cotisation sauvera la retraite par répartition relève du pathétisme et/ou de la provocation* », que l'équité voudrait au contraire de ramener à 37 ans et demi la durée de cotisation nécessaire et qu'il conviendrait aussi, pour tenir compte des transformations affectant le marché du travail, d'instaurer une validation par rachat des périodes d'études supérieures, de formation en alternance, ce rachat étant gratuit pour les salariés victimes de l'exclusion ou de la précarité. La FSU, que rejoint sur ce point la CFTC, relève la contradiction qu'il y aurait entre l'augmentation de la durée d'assurance et le constat que l'âge de cessation d'activité est devenu, dans un contexte de fort chômage, un instrument de la politique de l'emploi. Son homologue enseignant, la FEN, estime que l'allongement envisagé pénaliserait les salariés généralement les moins qualifiés qui auront, pendant des années de galère, enchaîné petits boulots précaires, périodes de chômage (indemnisé ou non, validé ou non), RMI et autres CES et aggraverait la discrimination dont sont victimes les femmes.

Alors que dans les différents régimes, les taux de remplacement sont relativement proches, l'inégalité majeure de traitement entre catégories, qui pourrait d'ailleurs à l'avenir s'aggraver, tient aux effets différents des

---

21. Cette recherche résulte de l'analyse que fait la CFDT des nouveaux temps sociaux. À l'ancienne séquence formation-travail-retraite se substituent des cycles différenciés résultant d'un décloisonnement travail-hors travail, d'une flexibilisation du temps de travail qui conduit à une individualisation des situations d'emploi et de retraite, d'une demande plus forte des individus à pouvoir maîtriser leur temps. Dès lors, « *sécuriser les parcours des individus par la garantie d'une protection sociale et d'un revenu, assurer des transitions progressives entre travail et hors travail, mettre en place de nouvelles formes d'organisation, d'articulation, de valorisation des temps sociaux, c'est penser sa vie individuelle et collective en respectant la dignité sociale des individus* ». J.-M. Toulisse *in* J.-C. Le Duigou et J.-M. Toulisse, *op. cit.*, p. 49.

règles d'indexation des régimes de retraite. L'indexation des pensions sur les prix, adoptée en 1993 par le régime général, a permis de contenir son déficit. Dans une période de faible inflation et à très court terme, cette solution n'est pas trop injuste pour les retraités mais il n'en va pas de même dans une perspective de moyen et long terme, où la conséquence en serait une dégradation importante de la situation relative des retraités. Certes, comme le prévoit la réforme de 1993, il est toujours possible aux pouvoirs publics d'utiliser de façon ponctuelle la technique des « coups de pouce », mais c'est là prêter le flan, notamment en période électorale, à une politique de « lobbyisme » de la part des associations de retraités. Seule la référence aux salaires nets, en soumettant retraités et salariés aux mêmes aléas, constitue une solution acceptable dans une optique de mutualisation efficace des risques, même si l'évolution des salaires ne mesure qu'imparfaitement le niveau de vie des salariés, soumis que celui-ci est au risque de chômage. Aussi, les retraités représentés par la CNRPA, relayée sur ce point par la CGT qui réclame en même temps le retour à l'indexation sur les salaires au lieu des prix pour les régimes complémentaires, plaident pour une évolution parallèle des retraites et des salaires, toute autre formule conduisant à des divergences d'évolution des pouvoirs d'achat des uns et des autres. Dans un langage plus prudent, la CFDT réclame une meilleure indexation des salaires rapportés aux comptes des salariés du secteur privé et une indexation équitable des pensions des retraités, avec des rendez-vous périodiques pour faire le point de leur évolution. Le MEDEF estime au contraire que toute modification des règles d'indexation des pensions pour les régimes relevant du secteur privé n'aurait comme effet que d'accroître la charge des régimes et, qui plus est, remettrait en cause les mesures prises en 1996 pour les régimes complémentaires en compromettant l'équilibre de ces régimes.

Trouver des modes de financement moins pénalisants pour l'emploi est une question récurrente qui dépasse d'ailleurs la seule question des retraites. De façon prudente, le rapport Charpin explore deux pistes. La première, qui se présente de manière différente selon les régimes, consisterait à intégrer dans l'assiette des éléments de rémunération pour l'instant non soumis à cotisation et en réalité d'ampleur limitée. Mais ceci aurait comme conséquence d'accroître à terme la charge des retraites. La seconde consisterait en une substitution d'assiette de CSG à des points de cotisation vieillesse, ce qui augmenterait le prélèvement sur les revenus des retraités et sur ceux du capital. Dans leur ensemble, les organisations ouvrières plaident pour un élargissement de l'assiette et, accessoirement, une transformation de ses bases : élargissement à l'ensemble des revenus du travail, soit à tous les éléments qui en sont aujourd'hui écartés (intéressement, stock-options, participation, avantages en nature, primes de la fonction publique) pour la CGC ou la CGT, ou à tous les éléments du salaire pour la CFDT en rendant en même temps progressivement tous les régimes plus contributifs ; élargissement à l'ensemble des revenus, y compris les revenus non salariaux, pour la FEN et notamment aux revenus financiers pour la FSU, en mettant notamment à contribution les profits pour la CGT, ou, au-delà des revenus des ménages, à toutes les richesses produites pour la CNRPA. En même temps, certaines organisations de travailleurs suggèrent une transformation de la base de financement par exemple en modulant les taux pour prendre en compte la valeur ajoutée et ne pas pénaliser les industries de main-d'œuvre selon la FSU, en étudiant la substitution d'une partie des cotisations vieillesse actuellement intégralement basées sur la masse salariale en cotisations assises sur la consommation, ce qui permettrait là aussi de ne pas pénaliser les industries de main-d'œuvre et en même temps de freiner les délocalisations, selon la CGC. Inversement, la FNSEA considère qu'il « *ne paraît pas opportun* » d'envisager l'élargissement de l'assiette à d'autres revenus que ceux du travail et le MEDEF, qui a insisté sur la nécessité de l'allongement de la durée de cotisation et la révision des mécanismes d'abattement, considère que « *toutes les autres marges d'action proposées par le rapport impliquent un appel à des contributions supplémentaires et donc un alourdissement des prélèvements obligatoires, dont le niveau est déjà très excessif dans notre pays* ».

Le dernier thème, que nous avons appelé « répartition provisionnée », expression empruntée à Olivier Davanne qui a inspiré sur ce point les travaux de la commission Charpin mais que ledit rapport n'utilise pas, ouvre des perspectives nouvelles mais plus ambiguës. La question d'un fonds de réserve, expression utilisée elle par le rapport Charpin, peut être envisagée dans deux perspectives différentes. Ce peut être une solution provisoire pour lisser la hausse prévue des cotisations afin d'en réduire le rythme au moment du changement de régime démographique, les réserves accumulées ayant vocation à être consommées progressivement, devraient alors être de l'ordre de 3 à 4 points de PIB. La seconde solution permanente serait mise en place pour compléter les ressources des régimes. Les fonds, alors plus importants, devraient représenter au moins 10 points de PIB et, pour obtenir un rendement élevé, être investis en grande partie en actions. On retrouve alors la logique des fonds de pension dont nous avons déjà largement débattu mais abordée sous un angle quelque peu différent.

La question est abordée avec prudence pour ne pas dire avec embarras par les organisations ouvrières. Certaines n'en traitent que sous le seul angle des ressources à trouver pour le fonds de réserve récemment créé. D'autres peuvent avoir en ce domaine des positions plus imaginatives. La CGT se montre très méfiante vis-à-vis de la formule, aussi bien en ce qui concerne ses finalités que pour ce qui est de ses modalités de financement. Elle ne l'accepte que s'il s'agit de lisser les augmentations indispensables de cotisations, d'égaliser l'effort des générations mais la récuse s'il s'agit de créer une ressource supplémentaire en capitalisation, ce qui, selon elle, serait prendre le risque de « cannibaliser la répartition » et, par la recherche nécessaire de rentabilité, d'exercer des pressions sur l'emploi et les salaires. Quant aux modalités de financement, la CGT est également très prudente estimant par exemple que vouloir alimenter ce fonds de réserve à coup de privatisations ne saurait constituer une solution à retenir. En d'autres termes, si l'on peut admettre des mesures ponctuelles relevant de la gestion de la transition, on ne saurait faire du fonds de réserve une mesure structurelle en le transformant en source de financement à part entière et pérenne. La CFDT, au contraire, en défend l'idée, y voyant le moyen de mobiliser des ressources financières diverses (surcotisation salariale, excédents de recettes budgétaires, contribution des entreprises sur la valeur ajoutée ou équivalent, recettes de privatisations, etc.) sur le très long terme, d'amasser ainsi un capital qu'abonderait pendant plusieurs dizaines d'années les caisses de retraite. Ayant intégré la logique d'un « choc démographique » pesant sur le financement de nos systèmes de retraite et donc la nécessité d'une réforme d'ampleur[22], sensible à la fluidité des parcours professionnels, désireuse aussi de permettre des choix individuels, la CFDT, dans le cadre d'une « refondation de la répartition », semble admettre la nécessité d'une certaine dose de capitalisation, estimant que ces évolutions économiques ou sociologiques pèsent « *en faveur de la logique d'une épargne individuelle pour la retraite. C'est pourquoi on ne défendra la logique de la solidarité par la répartition qu'en reconnaissant aussi aux individus un espace de choix individuel, et donc d'exercice de leur responsabilité personnelle* »[23]. Force ouvrière adopte une position médiane plus proche

22. Si la CFDT s'est abstenue lors du vote du rapport Teulade, c'est parce qu'elle considère que « *ni la croissance imprévisible sur une longue période, ni l'amélioration de la situation de l'emploi qu'il faut encore largement conforter pour parvenir au plein emploi, ni le relèvement souhaitable bien qu'hypothétique du taux de fécondité, ni l'augmentation significative des flux migratoires ne sauraient à eux seuls permettre d'assurer ces besoins ni de garantir dans le temps un revenu de remplacement moyen correct pour les retraites d'aujourd'hui ou de demain* ».

23. J.-M. Toulisse *in* J.-C. Le Duigou et J.-M. Toulisse, *op. cit.*, p. 136.

de la CGT quant aux finalités du fonds de réserve, acceptant toutefois, comme la CFDT, des modalités de financement plus diversifiées. FO estime ainsi que l'abondement du fonds de réserve créé par la loi de financement de la Sécurité sociale de 1999, devrait permettre d'amortir l'arrivée massive des retraités à partir de 2006. Ceci pourrait s'effectuer par des taxes sur la spéculation et les dividendes boursiers, par une cotisation vieillesse supérieure sur les heures supplémentaires, par l'affectation du produit des privatisations hors services publics, par la réaffectation du produit de la vignette auto. Mais dans sa déclaration au CES, elle précise bien « *le fonds de réserve pour les retraites doit être massivement abondé, ses placements sécurisés, et en aucun cas servir à alimenter la spéculation boursière. Il doit également être envisagé uniquement comme un outil permettant de lisser le pic démographique. Mais ces ressources n'étant pas d'origine salariale, aujourd'hui, rien ne justifierait que les partenaires sociaux en assument la responsabilité de gestion* ». Allant déjà plus loin dans le champ des concessions, la CFTC considère que le développement d'une épargne retraite peut être rendue nécessaire comme complément de retraite mais la gestion devrait alors en être assurée par les salariés ou paritairement dans un esprit de solidarité. La CGC, tout en se voulant, elle aussi accommodante, entrevoit un certain piège dans les propositions faites : « *A tous ceux qui verraient dans la capitalisation la pierre philosophale, la CFE-CGC rappelle que la mise en place d'une retraite individuellement capitalisée conduira à décaler le problème dans le temps en aggravant les difficultés d'aujourd'hui sans résoudre celles créées pour demain. Par contre, la création et le développement de fonds de réserve collectifs qui lisseraient les évolutions démographiques à venir est possible dès lors que son alimentation ne procède pas d'une hausse de cotisations mais plutôt d'une alimentation à partir des privatisations et des transferts de réserves telles que celles de change de la Banque de France devenues sans objet du fait du passage à l' Euro.* » Inversement, la FSU se montre très virulente en ce domaine considérant que la proposition de la constitution d'un fonds de réserve dont le rendement serait soumis aux aléas du marché financier est une manière insidieuse de faire accepter une augmentation des cotisations et constitue, de facto, un pas vers la capitalisation.

Du côté des organisations d'employeurs les positions, on s'en doute, sont autres sans être totalement unanimes. La FNSEA se montre embarrassée par l'ambiguïté de la proposition : « *La constitution de réserves pour le financement ultérieur des pensions de retraite peut paraître paradoxale dans le cadre des régimes par répartition. L'hypothèse n'est crédible que si on est certain que des ressources sont plus facilement mobilisables aujourd'hui que demain... Un fonds de réserve conjoncturel n'est donc à la rigueur acceptable qu'à la condition d'être commun à l'ensemble des régimes de base et dans le but exclusif de faire face à la hausse brutale du financement nécessaire au cours des quelques années qui suivront 2005.* » Le groupe de l'artisanat, tout en disant être très attaché à la réaffirmation des principes fondamentaux de la répartition, indique qu'« *il n'est pas opposé, dans son principe, à un système de capitalisation, dans la mesure où celui-ci est complémentaire, mis en œuvre dans le cadre d'accords collectifs de travail, géré paritairement par branches professionnelles, et à condition de prévoir un mécanisme de financement spécifique pour les petites entreprises ainsi qu'une participation de leurs représentants dans les organismes qui en assureraient la gestion* ». Par contre, la CGPME prend plus résolument partie en faveur du développement d'un troisième étage par capitalisation mais se montre hostile aux suggestions du CGP relatives au fonds de réserve lequel risque de n'être qu'un nouveau régime obligatoire, impliquant de nouveaux prélèvements, « *faisant l'impasse, et c'est là la critique majeure, sur tout développement d'un véritable étage de retraite complémentaire par capitalisation, seul susceptible, dans un cadre de souplesse, de compléter les revenus issus des pensions des régimes de base et des régimes complémentaires obligatoires par répartition* ». Le MEDEF s'aligne sur ces mêmes positions considérant que la création d'un fonds de réserve dont au surplus les modes de financement ne sont pas évoqués n'a aucun sens en situation de déficit budgétaire et qu'il est regrettable que « *la question de la capitalisation n'ait finalement été abordée qu'au travers du fonds de réserve, l'apport des fonds de pension en tant que complément de la répartition n'ayant fait l'objet d'aucune étude approfondie* ». De même, le groupe des entreprises privées dénonce comme une faille, « *la non-prise en compte de la nécessité de l'épargne retraite* ». Dans leur déclaration commune, les groupes de la coopération, de la mutualité et des associations indiquent que, « *même si la croissance constitue un enjeu décisif, on ne pourra faire l'économie de réformes de structures et de la recherche de moyens financiers supplémentaires. Si nos trois groupes considèrent que le financement par répartition doit demeurer le pilier de notre système de retraite, ils ne s'opposent pas à l'exercice de la liberté individuelle au complément de financement par capitalisation. Notamment le groupe de la coopération, tient à souligner l'importance que représente pour lui l'épargne salariale* ». Le groupe des professions libérales considère qu'« *à côté du système de répartition, il est indispensable de développer des formes de capitalisation collective ou individuelle pouvant apporter un complément de prévoyance* ».

Dans la mesure où, parce qu'elle constitue un enjeu de société, la question des retraites relève du débat social, on peut imaginer qu'au-delà des concertations qui ont déjà eu lieu au CGP ou au CES, puisse être mis en place un dispositif permanent de pilotage ouvert aux partenaires sociaux et qui aurait comme objectif, suivant les termes mêmes du communiqué du Premier ministre d'avril 1999, de « *faire régulièrement le point sur l'état de la mise en œuvre des réformes et les évolutions possibles..., proposer au gouvernement les ajustements nécessaires en vue d'assurer l'équilibre de nos régimes de retraite* ». Ce serait ainsi - que ce soit en application d'un « principe de sécurité »[24] comme le veut la CFDT, ou pour prendre la mesure des « risques calculés »[25] comme le souhaite la CGT - assurer à notre régime de répartition la pérennité nécessaire, et non pas transférer aux seuls salariés la responsabilité de leur niveau de vie au moment de la retraite dans le cadre d'un système de capitalisation comme le souhaite le MEDEF lorsqu'il suggère, lui aussi, une « information annuelle » mais pour que les salariés puissent « *ajuster, en fonction de leurs besoins futurs, leur niveau d'épargne retraite volontaire à réaliser* ». Si la CFDT appuie cette idée d'un comité de pilotage, faisant même la proposition « *d'utiliser le fonds de réserve pour remettre en situation de responsabilité les acteurs sociaux dans le cadre de la réforme* », la CGT se montre réticente, craignant que le comité de pilotage « *ne soit qu'un instrument d'accompagnement de décisions qui seraient uniquement politiques* », estimant au surplus qu'il existe déjà de multiples organismes de consultation, le fonds de réserve ne saurait jouer ce rôle mais que par contre « *il y a besoin d'un instrument qui porte plus fortement la solidarité et la pérennité de la logique de la répartition. Ce pourrait être un conseil tripartite de la retraite qui gère l'ensemble des problèmes de compensation et de solidarité entre les régimes* »[26].

---

24. Principe qui veut que les termes de la réforme de la retraite soient posés clairement, que sa mise en œuvre soit construite par étapes avec des mesures très progressives et que ces mesures fassent l'objet d'un suivi permanent et évalué dans le temps.
25. Ce qui serait prendre en considération les trois fonctions que remplit un système de retraite : fonction d'assurance face à un risque, la vieillesse et sa réalisation probable ; fonction de report dans le temps qui analyse la retraite comme un élément du cycle de vie avec sa contrepartie financière, le taux de remplacement dont la garantie suppose de jouer de quatre leviers : durée de cotisation, période de référence, mode d'indexation du salaire au moment de sa liquidation, mode d'indexation ultérieure de la pension, ces deux premières fonctions correspondant à un système dit « actuariellement neutre » ; fonction enfin de solidarité qui joue par les mécanismes de redistribution mis en place. J.-C. Le Duigou *in* J.-C. Le Duigou et J.-M. Toulisse, *op. cit.*, pp. 84-86.
26. J.-M. Charpin, *op. cit.*, pp. 91-92.

Si, au-delà des nuances qui marquent la manière dont elles accueillent les propositions du CGP, on voulait rechercher ce qui constitue le fond commun des positions ouvrières, on pourrait le trouver dans deux directions : la priorité à donner d'une part à l'amélioration de l'emploi car, comme le note la CGT, le retour à un chômage de 3 % réduirait le besoin de financement supplémentaire de la retraite à 3 points de PIB en 2040 ; l'attachement au système de retraite par répartition d'autre part qui fait que toutes se retrouveraient assez bien dans la proposition de la CFTC d'« *une réforme ayant pour finalité la pérennisation, à moyen et long terme, de nos systèmes de retraite par répartition, éléments constitutifs du Pacte social* » et, en conséquence la profonde méfiance, pour ne pas dire l'hostilité à la retraite par capitalisation.

*

* *

Capitalisation et/ou répartition ? Dans une perspective de relations professionnelles et aussi objectivement que possible, nous avons tenté de repérer les éléments du débat en cours et d'évoquer les affrontements qui en découlent[27]. Tâche techniquement difficile sur un terrain miné car « *de fausses évidences tendent trop souvent à occuper le devant de la scène en matière de retraites, que ce soit en ce qui concerne la démographie, le rôle des fonds de pension dans le financement de l'économie, l'équité inter et intragénérationnelle, l'opposition entre répartition et capitalisation ou le mode de régulation des dispositifs eux-mêmes* »[28]. Mais tâche socialement nécessairement dans un domaine dont les organisations ouvrières doivent nécessairement se saisir, malgré sa complexité technique, parce qu'il s'agit là d'un enjeu de société essentiel. En effet, « *parler de retraite, c'est aussi parler de travail et d'emploi ; des articulations entre les secteurs marchands et non marchands ; de l'État, des partenaires sociaux, des services publics et de leurs relations ; de l'entreprise, du temps et de son utilisation ; des territoires et de la citoyenneté* »[29].

---

27. En ayant toutefois conscience d'avoir négligé deux problèmes importants mais qui auraient nécessité chacun d'amples développements : la diversité des régimes de retraite qui existent dans notre pays alors que nous nous en sommes tenu au seul régime général, la nécessité de rechercher des solutions d'harmonisation dans le cadre européen faute de quoi on risquerait de voir se produire des formes particulières de *dumping* social.
28. Emmanuel Reynaud (coordonné par), *Les retraites dans l'Union européenne. Adaptations aux évolutions économiques et sociales*, Paris, L'Harmattan, 1998, p. 16.
29. J. Nikonoff, *op. cit.*, p. 16.

La création de valeur pour l'actionnaire et ses effets sur la gestion des groupes français : l'exemple de l'*Economic Value Added*

Lilian BRISSAUD* et Rémy MÉNÉTRIER**

Ce chapitre est centré sur les critères de création de valeur pour l'actionnaire mis en place aujourd'hui de façon courante dans les grands groupes nationaux. Nous nous penchons sur le plus célèbre d'entre eux, l'*Economic Value Added* (EVA) ou « valeur économique ajoutée », pour montrer en quoi il est symptomatique de la logique de fonctionnement du capitalisme contemporain. En effet, l'EVA est un critère sur mesure pour les gestionnaires de fonds de pension qui trouvent là un outil capable de faciliter et d'améliorer la gestion de leur portefeuille de valeurs sur les différentes places boursières mondiales.

Nous voyons d'abord comment l'indicateur est construit et selon quelles logiques financières. Nous nous plaçons au niveau des sphères stratégiques des grands groupes pour montrer que l'EVA participe de façon importante à la structuration des rapports entre les directions et les opérateurs financiers. En effet, à travers l'EVA nous distinguons une partie du pouvoir énorme dont disposent aujourd'hui les actionnaires.

Nous poursuivons en disant que la politique de création de valeur n'est efficace pour ces mêmes actionnaires que dans la mesure où le critère pénètre l'ensemble de l'organisation et devient la norme pour tous les agents de la firme[1]. En d'autres termes, pour que l'EVA soit un outil de management stratégique efficace il faut qu'il soit également un bon outil de management opérationnel.

Nous terminons ce chapitre en soulignant quelques points de mise en perspectives.

---

* Chargé de mission au Cabinet CIDECOS Conseil

** Chargé de mission au Cabinet MERIC et Associés.

1. Cette idée a fait l'objet d'une étude approfondie dans le cadre d'une thèse de doctorat en Économie soutenue le 11 octobre 1999 par L. Brissaud à l'Université Lumière Lyon 2. La problématique résumée par le titre de la thèse est la suivante : *La déclinaison d'une norme collective financière dans la firme capitaliste contemporaine*. Ce travail insiste sur la force normative des critères de création de valeur pour l'actionnaire qui structurent l'organisation des groupes industriels en France. Pour le montrer et l'illustrer, l'auteur prend l'exemple de l'évolution des activités chimiques du groupe Rhône-Poulenc conduisant à la création de Rhodia S.A.

L'EVA : DÉFINITION ET IMPLICATIONS DANS LA RELATION ENTRE LA FIRME ET LE MARCHÉ FINANCIER

L'EVA : un critère d'évaluation au service des actionnaires

L'*Economic Value Added* est un critère construit pour favoriser l'évaluation d'une société en tant qu'actif de rendement[2]. En effet, pour un opérateur financier, l'évaluation de la valeur d'une firme sur un marché boursier passe par l'analyse de l'évolution de la valeur du titre coté et/ou par l'étude de la politique de distribution de dividendes mais aussi par l'évaluation de ce qui est appelé sa valeur économique. Celle-ci correspond en fait à une évaluation de la rentabilité actuelle mais surtout future de la firme (actif de rendement) considérée.

L'EVA est un indicateur annuel de flux disponibles centré sur la rentabilité des capitaux qui sont engagés dans l'activité de la firme. Il s'agit de comparer l'importance des fonds investis en comparaison de leur performance financière. Plus largement, nous pouvons dire que l'EVA mesure ce qui reste une fois que tous les contributeurs (salariés, fournisseurs, banques, actionnaires, État) ont été rémunérés. Cette idée n'est pas nouvelle, elle s'apparente par exemple à celle de *profit économique* développée au XIXe siècle par l'économiste Alfred Marshall. L'EVA n'est donc pas quelque chose de nouveau. Le critère correspond à une conception déjà ancienne de la mesure de la performance d'une entreprise. Comme il est mentionné dans le rapport de François Morin[3] : « *Dans la logique anglo-saxonne, il s'agit alors de faire émerger les flux de liquidités économiques libres de toute affectation pouvant potentiellement être distribuées.* » Si ce critère n'est pas neuf, son utilisation et sa systématisation dans les groupes nationaux sont par contre une caractéristique fondamentale de la deuxième partie de la décennie 1990 en France.

Pour spécifier ce à quoi se réfère le critère de création de valeur pour l'actionnaire, il nous semble important de souligner ce que les analystes financiers appellent la « juste rémunération des actionnaires ». En effet,

---

2. Les concepteurs de l'EVA sont Joel Stern et Bennett Stewart. Pour une présentation financière académique de leurs travaux, le lecteur peut se référer à l'ouvrage synthétique de Emmanuel Chemini, *L'évaluation des entreprises*, Economica, coll. « Gestion Poche », 1998, 2e édition. Ajoutons que l'EVA est une marque déposée. Le critère est donc un objet commercial vendu par le cabinet Stern & Stewart aux groupes internationaux sensibilisés au problème de la création de valeur pour l'actionnaire.
3. F. Morin, *Le modèle français de détention et de gestion du capital : analyses, prospective et comparaisons internationales*, Paris, Les Éditions de Bercy, septembre 1998, p. 47.

l'EVA considère non pas la rémunération réelle des actionnaires mais bien leur opportunité de gain. Nous allons préciser cela en détaillant le calcul de l'indicateur. L'EVA peut s'écrire comme suit :

$$EVA = ROP - CE \times CMPC$$

Le résultat opérationnel (ROP) correspond au résultat courant de la firme avant impôt. Les capitaux engagés (CE) sont calculés à partir du bilan (actifs) mais certaines méthodes préconisent d'effectuer des ajustements pour éviter certaines distorsions comptables afin d'obtenir un bilan plus proche de la valeur économique réelle de la firme. Le coût moyen pondéré du capital (CMPC) est la moyenne pondérée des exigences de rentabilité des pourvoyeurs de fonds (actionnaires et créanciers). Le CMPC est donc la somme pondérée du coût de la dette et du coût des fonds propres de la firme.

Le coût de la dette correspond au taux d'intérêt versé aux institutions financières multiplié par la part de la dette dans les capitaux engagés. C'est ce qui est effectivement versé aux établissements de crédits durant la période considérée. Par contre, le coût des fonds propres n'a rien d'effectif ; il est en réalité un coût d'opportunité. Nous sommes ici au cœur de la logique du critère d'EVA et de l'idée forte de « juste rémunération des actionnaires ». Le coût des fonds propres correspond à la part des fonds propres dans les capitaux engagés que multiplie un taux de rémunération virtuel des actionnaires dont le calcul dépend de trois éléments :

- le *taux sans risque* de la place boursière sur laquelle les actions de la firme sont émises. Les analystes financiers prennent en général le taux de rentabilité des obligations d'État d'une durée de 10 ans ;
- la *prime de risque du marché boursier* considéré qui est généralement fixée en fonction des perspectives de croissance des dividendes des valeurs de l'indice de référence (à Paris, le CAC 40). Cette prime rend compte de l'écart de risque entre les obligations (à rendement défini) et les actions (à rendement aléatoire).
- le *risque propre* (spécifique) *à la firme* qui dépend entre autres de son secteur d'activité, du niveau des frais fixes ou encore de son niveau d'endettement ;

Le taux de rémunération virtuel des actionnaires (k_{fp}) est donc égal au taux de rémunération des obligations (k_{obl}) auquel vient s'ajouter la prime de risque du marché des actions (pr_{act}) multipliée par le coefficient de risque propre à la firme (pr_f) :

$$k_{fp} = k_{obl} + pr_{act} \times pr_f$$

Insistons bien sur le fait qu'il ne s'agit pas ici de la rémunération réelle des actionnaires. Cette dernière correspond en effet aux dividendes versés ou à la plus-value réalisée lors de la vente d'actions. C'est en réalité le niveau de rémunération minimum fictif auquel s'attend l'actionnaire compte tenu des conditions du marché boursier considéré et d'éléments économiques et financiers propres à la firme.

Selon la formule que nous avons donnée de l'EVA, le critère est positif lorsque le ROP de la firme est supérieur au coût de ses capitaux engagés ou encore lorsque la rentabilité de ces capitaux engagés (RCE), c'est-à-dire le ratio ROP/CE (exprimé en %), est plus élevée que le CMPC. Dans ce cas, nous pouvons dire que la firme a une performance financière lui permettant de couvrir la rémunération réelle des créanciers et la rémunération fictive des actionnaires.

Une EVA positive signifie qu'il y a création de valeur pour l'actionnaire c'est-à-dire qu'il existe bien un flux de liquidités libre de toute affectation qui potentiellement pourrait être distribué aux propriétaires en plus de la « juste » rémunération des capitaux qu'ils ont engagés.

En réalité, ce n'est pas une véritable création valeur mais un jeu sur le différentiel entre le ROP et le coût des capitaux engagés. Nous verrons que l'accroissement du critère d'EVA se fait généralement plus aujourd'hui par une diminution des coûts et une optimisation des capitaux employés que par une réelle accélération de la création de valeur ajoutée dans la firme.

L'EVA est un indicateur fait pour l'actionnaire. Si la stratégie de la firme débouche sur une EVA négative cela signifie que la firme n'est pas en mesure de satisfaire les exigences de ses pourvoyeurs de fonds. Dans ce cas, soit les opérateurs financiers désinvestissent puisqu'ils peuvent trouver d'autres placements plus rémunérateurs sur la même place boursière, soit ils agissent et font pression sur la direction pour que le niveau de rentabilité s'améliore[4].

4. Le *one to one* constitue une pratique symptomatique du nouvel état d'esprit de certains actionnaires. Il s'agit de véritables réunions de travail où les gestionnaires des fonds visitent les entreprises et rencontrent personnellement les dirigeants. Fidelity, premier gestionnaire pour tiers au plan mondial, annonce par exemple avoir réalisé 24 500 visites d'entreprises aux USA et 6 500 en Europe. Ce type de réunion - qui va au-delà d'une évaluation classique et de recherche d'informations publiques - reflète l'intérêt soutenu des gestionnaires de fonds vis-à-vis des directions d'entreprises.

La création de valeur pour l'actionnaire : origines et implications en France

L'économie française a connu, comme d'autres pays de l'OCDE, de profonds bouleversements au niveau financier durant ces deux dernières décennies. Nous voulons parler du passage d'un régime de finance en partie administré à un régime de finance par le marché : désintermédiation, décloisonnement, déréglementation, privatisations, etc.[5] La France fait aujourd'hui partie d'un système monétaire et financier hiérarchisé dans lequel les interconnexions sont croissantes entre les marchés boursiers nationaux. Dans ce système, les États-Unis ont un rôle dominant. Le fait qu'il n'existe pas d'autre superpuissance pouvant jouer un rôle de contre balancier militaire, économique et financier, le rôle du dollar et l'importance des fonds d'épargne collectés aux États-Unis paraissent être en effet les moteurs d'un processus d'exportation du modèle d'économie de marché financier vers les autres pays de l'OCDE. Ainsi, les firmes françaises, comme leurs homologues étrangères sont devenues des *actifs de rendement*, des valeurs prisées, pour les grands investisseurs internationaux dont principalement les fonds et gestionnaires de fonds anglo-saxons[6]. Ces derniers ont trouvé, avec les nombreuses privatisations effectuées en France, la possibilité d'investir hors d'un marché financier américain devenant trop exigu, dans des valeurs qualifiées alors par eux de « bon marché ». Le potentiel de croissance des valeurs françaises (actions) est important. Il s'est concrétisé au prix d'importantes restructurations, de diminutions d'effectifs ou encore de cessions de pans entiers d'activités. Le potentiel est d'autant plus important que les directions des groupes considérés ont été amenées à prendre conscience de l'importance de l'actionnaire et de la nécessité d'appliquer en interne une nouvelle discipline orientée vers les résultats financiers et l'amélioration du cours de l'action.

En effet, la structure du capital de la plupart des grands groupes français a radicalement changé depuis le milieu des années 80. Si nous reprenons l'évolution de la situation capitalistique de la plupart des grands groupes nationaux durant cette période nous pouvons observer le

---

5. Se référer à l'ouvrage dirigé par F. Chesnay, *La mondialisation financière. Genèse, coût et enjeux*, Paris, Syros, coll. « Alternatives économiques », 1996.

6. Pour une description détaillée du comportement de ces acteurs incontournables de la finance internationale, se référer à l'article de Najat El Mekkaoui, « Comportements financiers des fonds de pension dans les pays de l'OCDE », *Économie internationale*, n° 70, 2e trimestre 1997, pp. 35-53. Le lecteur peut également lire avec grand intérêt l'article de Daniel Baudru et Med Kechidi : « Les investisseurs institutionnels étrangers : vers la fin du capitalisme à la française ? », *Revue d'économie financière*, n° 48, juillet 1998 pp. 93-105.

passage d'un statut public à celui de groupe privé au capital éclaté détenu parfois à plus de 50 % par des investisseurs étrangers. Soulignons l'importance du processus qui marque tout particulièrement la France puisque la part des non-résidents dans le capital des groupes français est passée de moins de 10 % de la capitalisation boursière de la place de Paris il y a 10 ans à plus de 36 % en 1998. Ce taux fait de la France une exception et place le pays loin devant le Japon (11 %), le Royaume-Uni (9 %) ou les États-Unis (6 %). Cette forte pénétration étrangère est à mettre en parallèle avec l'éclatement des noyaux durs d'actionnaires qui avaient été mis en place lors de la privatisation des groupes[7].

La pénétration des actionnaires étrangers dans le capital des grands groupes français peut être illustrée au travers de l'exemple de Rhône-Poulenc.

Evolution de la structure du capital de Rhône-Poulenc

	Déc. 95	Déc. 96	Déc. 97	Juin 98
Salariés	4,0	4,0	3,0	3,5
Actionnaires individuels	26,0	19,0	12,7	10,2
Institutionnels français	47,6	39,4	37,0	31,4
Institutionnels étrangers	22,4	37,6	51,6	54,9
Total	100,0	100,0	100,0	100,0

Source : Rhône-Poulenc

La pénétration des investisseurs étrangers dans le capital des grands groupes nationaux n'est pas simplement subie par les directions des groupes qui voient là un moyen d'accélérer l'internationalisation du capital en même temps que l'internationalisation du portefeuille d'activités de leur firme. Les directions s'orientent logiquement vers le principal pôle financier mondial, les États-Unis. Il en est pour preuve que de nombreux groupes français sont aujourd'hui également cotés sur la place de New York. Soulignons également l'importance de la communication financière devenue stratégique effectuée par les directions des firmes et le désir de ces dernières d'aller vers plus de transparence

7. Le planisphère du journal *Les Échos* de décembre 1998 propose une présentation intéressante de l'évolution du capitalisme français ces dernières années. Les chiffres que nous donnons en sont issus.

tout en mettant en avant une sensibilité accrue pour les exigences des marchés financiers. Ainsi, l'adoption par une firme de pratiques dites de la création de valeur (sous-entendu pour l'actionnaire) a pour objectif d'attirer, de « séduire » les investisseurs américains.

La nouvelle donne au niveau du capitalisme mondial et du capital des firmes françaises en particulier est un vecteur de diffusion de la culture et des pratiques anglo-saxonnes basées sur le *corporate governance* prônant le droit de l'actionnaire en tant que propriétaire à s'immiscer dans le fonctionnement de la firme[8]. Ceci a amené les managers nationaux à reconsidérer leur manière de diriger et à introduire et à généraliser de nouvelles pratiques d'évaluation financière du type de l'EVA. Dans ce cadre, les cabinets de *consulting* anglo-saxons qui participaient à l'élaboration de la stratégie industrielle de nombreux groupes depuis des années ont trouvé là de nouveaux créneaux pour développer leur activité et leur influence dans les firmes françaises. Nous pensons donc que les grands cabinets de *consulting* américains sont des vecteurs d'exportation non négligeables des pratiques d'évaluation financières anglo-saxonnes en France. Ainsi, et ce sera l'objet des sections suivantes de ce chapitre, nous verrons que les méthodes développées et utilisées par les analystes financiers dont s'inspire l'EVA pénètrent l'organisation de la firme et deviennent de véritables outils de management stratégique et opérationnel.

La firme a alors un but clairement défini qui est avant toute chose de satisfaire les exigences des pourvoyeurs de capitaux dont, principalement, les fonds de pension anglo-saxons. Précisions que la dominance du critère de création de valeur aujourd'hui en France, s'explique en partie par la faiblesse actuelle du travail dans le rapport de force qui le lie au capital (chômage très élevé en France, diminution du pouvoir syndical, etc.).

L'EVA : un critère commun d'arbitrage pour les gestionnaires de fonds

Comme nous le verrons plus en détail, l'EVA peut devenir un critère interne à la firme. Avant cela, il nous semble important de préciser comment l'EVA joue un rôle dans la relation entre les marchés financiers et la firme. Nous considérons en effet, l'EVA comme un critère commun synthétique et un critère d'arbitrage pour les investisseurs internationaux et en particulier, les gestionnaires de fonds de pension.

---

8. Gérard Charreaux, *Le gouvernement des entreprises. Théorie et faits*, Paris, Economica, 1998.

L'EVA permet de resituer la performance théorique financière d'une firme, sous-entendu de l'actif de rendement, dans le contexte de la place boursière où elle est cotée. Les gestionnaires de fonds de pension, confrontés à une gestion de leur portefeuille de valeurs sur l'ensemble des principales places mondiales disposent d'un critère intégrant des éléments permettant un arbitrage entre ces différentes places (rémunération sans risque, prime de risque des actions) mais aussi et surtout des éléments permettant d'effectuer des choix entre différentes valeurs d'une même place (prime de risque propre à la firme, rentabilité des capitaux engagés, taux d'endettement). L'EVA synthétise ces éléments. Le critère donne une force supplémentaire aux fonds de pension malgré l'éclatement de leurs participations[9]. On comprend alors l'importance pour un groupe d'obtenir un critère d'EVA positif et croissant d'année en année. C'est une information importante émise en direction des opérateurs financiers qui montre la capacité de la firme à répondre aux impératifs de rentabilité. Plus généralement, l'EVA devient une norme de référence pour les firmes. Cette norme entre pleinement dans la logique des investisseurs internationaux refusant une disparité trop importante des performances financières entre différentes valeurs d'une même place. En effet, lorsqu'une firme est soumise au critère, elle tend à mettre en œuvre les stratégies nécessaires pour répondre aux sollicitations des marchés et elle diminue ainsi le risque des investisseurs. Au moins, il s'agit pour ces derniers de clairement identifier les mauvais élèves de la création de valeur pour l'actionnaire afin de minimiser le risque de pertes lors des opérations de redéploiement d'actifs. L'EVA étant censée être corrélée[10] au cours de l'action de la société considérée, l'amélioration du critère ne peut qu'entraîner une hausse (au moins à moyen terme) ce qui permet à l'actionnaire d'espérer, sans trop de risque, pouvoir effectuer une plus-value lors de la vente de ses titres. Derrière le critère, il existe toute une logique qui vise donc à transférer sur la firme une part du risque lié au placement en action.

En résumé, le critère d'EVA en tant que critère commun d'arbitrage fixe à la firme la rentabilité minimale qu'elle se doit de dégager pour ne pas subir l'ostracisme des opérateurs boursiers[11]. Au travers du critère, ce

9. Un gestionnaire de fond de pension détient rarement plus de 5 % du capital d'une firme.

10. Cette corrélation n'est pas toujours vérifiée, le cours de l'action dépendant de nombreux critères. Elle tendrait cependant à se vérifier dans le moyen/long terme. À court terme, le décalage peut cependant être important.

11. Insistons sur le fait que répondre aux exigences de rentabilité des actionnaires est une condition nécessaire mais pas suffisante pour un groupe qui veut que sa cote augmente sur les marchés boursiers. Bien d'autres éléments entrent dans la composition du cours de l'action (la conjoncture, la spéculation monétaire, les événements régionaux, etc).

sont donc bien les actionnaires réels (les propriétaires) et potentiels (le marché) qui dictent une grande partie de la conduite stratégique de la firme[12] et qui la pousse à accroître le flux de liquidité libre potentiellement distribuable.

Or, le niveau de rentabilité qualifié de « bonne conduite » exigé par les marchés financiers est très élevé notamment en rapport avec le taux de rémunération des créanciers. Pour le montrer, nous prendrons l'exemple du groupe Rhône-Poulenc en 1996.

Pour cette année, le taux de rémunération (réel) des créanciers correspondant aux intérêts bancaires après prise en compte des déductions fiscales était de 6 %. Le taux de rémunération (virtuel) des fonds propres était lui bien plus élevé puisque fixé à 13,6 %. En effet, le taux de rémunération des obligations (placement sans risque) était de 8 %, la prime de risque du marché des actions de 4 % et le coefficient de risque spécifique aux actions Rhône-Poulenc de 1,4[13] :

$$k_{fp} = k_{obl} + pr_{act} \times pr_{f}$$
$$13{,}6\ \% = 8\ \% + 4\ \% \times 1{,}4$$

Le coefficient de risque spécifique est un élément très important. Prenons l'exemple de Rhodia, filiale de Rhône-Poulenc regroupant les activités chimiques et fibres & polymères. Après la mise sur le marché de toutes les actions de Rhodia le 13 octobre 1999 par Rhône-Poulenc[14], le nouveau groupe est autonome vis-à-vis de son ex-maison mère. Or, à la suite de cette opération, nous avons pu constater que le risque spécifique de Rhodia était plus élevé que celui de Rhône-Poulenc. D'une manière générale, cela signifie que les marchés ont une meilleure appréciation

---

Ayons également à l'esprit l'exemple de l'intérêt actuel des opérateurs boursiers pour les valeurs liées aux télécommunications qui fait que les investisseurs délaissent les valeurs sûres (Suez-Lyonnaise, Danone, Air Liquide) même lorsque ces groupes présentent une hausse de 20 % de leurs bénéfices (*Le Nouvel Économiste*, n° 1141, 10 décembre 1999).

12. Sur ce point, nous pouvons attirer l'attention sur le fait que le capitalisme contemporain crée une situation dans laquelle, plus les propriétaires sont volatiles et « infidèles », plus ils acquièrent un pouvoir de marché important et plus leurs exigences pèsent dans les entreprises au détriment surtout de celles des salariés.

13. La prime de risque du marché des actions et le coefficient de risque spécifique à une valeur sont calculés périodiquement par les analystes financiers et sont diffusés dans les publications spécialisées. Constatons que pour 1996, le coefficient de risque spécifique des actions Rhône-Poulenc est supérieur à 1 et qu'il vient donc majorer le coût des fonds propres de la firme.

14. Rhône-Poulenc se sépare en effet de ses activités chimiques pour se recentrer sur les sciences de la vie (pharmacie et agrochimie) et fusionner avec le groupe allemand Hoechst pour créer Aventis.

d'un groupe s'orientant vers les sciences de la vie (pharmacie et agrochimie) que d'un groupe de chimie de spécialité (Rhodia). L'effet est direct sur le niveau de RCE nécessaire pour créer de la valeur pour l'actionnaire dans Rhodia. En décembre 1999, le taux de ROP/CE nécessaire à Rhodia pour avoir une EVA positive était en effet de 15 %[15] ! Nous pouvons donc constater que les exigences de rentabilité changent par le seul fait qu'une société change de structure actionnariale. Pour séduire les marchés, il faut que les activités chimiques soient encore plus rentables dans Rhodia (autonome) qu'englobées, comme elles l'étaient auparavant, dans le conglomérat Rhône-Poulenc.

L'ensemble de ces éléments permet de souligner le niveau d'exigence extrêmement élevé des marchés financiers. Il ne correspond qu'à une rémunération fictive, théorique, mais qui, comme nous allons le voir maintenant plus en détail pèse fortement sur le fonctionnement de la firme.

L'EVA : UN OUTIL DE MANAGEMENT STRATÉGIQUE

Dans un premier temps, nous verrons comment l'EVA met désormais l'accent sur la rentabilité des capitaux engagés et non plus sur celle des ventes. Dans ce nouveau contexte, et à partir de l'exemple du groupe Rhône-Poulenc, nous verrons comment les entreprises sont amenées à conduire une gestion active et très stricte de leurs capitaux engagés (l'actif du bilan). Enfin, nous verrons comment cette situation induit de nouvelles réflexions et options quant aux origines du financement de la firme (le passif du bilan).

De la profitabilité des ventes à celles des capitaux engagés

Rechercher une EVA positive, revient à obtenir un ratio ROP/CE (résultat opérationnel divisé par capitaux engagés) de 10 à 15 %, selon les entreprises. Ce nouveau critère prolonge et dépasse les anciennes normes de performance financière basées sur des ratios de type ROP/CA (résultat opérationnel divisé par le chiffre d'affaires). On bascule ainsi, d'une *logique centrale d'entreprise de profitabilité des ventes* (mesurée à l'aune du ratio ROP/CA) à une *logique centrale d'actionnaires de profitabilité des capitaux investis* (mesurée par le ratio ROP/CE).

---

15. Ce qui est au moins supérieur d'un point au ROP/CE nécessaire à Rhône-Poulenc en 1999 pour créer de la valeur pour ses actionnaires. Il ne s'agit que d'estimations, nous n'avons pas eu de détails sur le calcul de l'EVA des deux groupes. Selon des responsables de Rhodia, l'écart s'explique globalement par la différence entre les coefficients de risque spécifiques aux deux sociétés.

Afin de maximiser le ratio ROP/CE les gestionnaires de l'entreprise vont continuer à rechercher un résultat opérationnel (le numérateur) le plus élevé possible (par le renforcement des marges et la baisse des coûts, salariaux notamment). Mais, la nouveauté introduite par ce ratio, réside dans le fait que désormais les responsables d'entreprise disposent d'un second levier (les capitaux engagés) placés au dénominateur et dont la minimisation permet aussi d'accroître le rapport global. L'introduction des capitaux engagés au dénominateur revêt deux avantages majeurs au regard du ratio traditionnel ROP/CA :

- Premier avantage : les liens à court terme entre le résultat opérationnel et les capitaux engagés sont plus « élastiques » qu'entre ce même résultat opérationnel et le chiffre d'affaires (les ventes). En effet, bien souvent une réduction des ventes (de l'activité) entraîne une diminution des résultats, notamment parce que les frais fixes (personnel, maintenance, etc.) demeurent essentiellement stables malgré une baisse des ventes. Inversement, une entreprise peut réduire ses capitaux engagés (investissements, stocks, etc.) sans trop pénaliser son résultat, à court terme (par exemple en différant pendant un ou deux ans un investissement, en pratiquant une politique d'approvisionnements en flux tendus). Résultat opérationnel et capitaux engagés sont donc plus « indépendants » à court terme que ne le sont résultat opérationnel et chiffre d'affaires ;
- Second avantage : le capital engagé est une variable largement *endogène* (interne) à l'entreprise sur laquelle elle peut agir plus facilement. Au contraire, le niveau des ventes dépend largement de facteurs exogènes à la firme (degré de concurrence, évolution de la demande, prix des matières premières, etc.), plus difficilement contrôlables.

L'introduction de l'EVA comme critère de gestion, va donc maintenir la pression pour maximiser le résultat opérationnel mais va aussi systématiser une gestion active des capitaux engagés, afin de les réduire pour accroître l'EVA. En effet, pour atteindre l'objectif fixé par les actionnaires, les dirigeants disposent désormais d'un second niveau d'intervention (les capitaux engagés), variable largement endogène.

Une nouvelle gestion active des capitaux engagés : le cas du groupe chimique Rhône-Poulenc

La stratégie du groupe chimique Rhône-Poulenc, s'est trouvée largement remodelée par la volonté de dégager une EVA positive rapidement, afin de satisfaire les exigences des fonds de pensions et de leurs gestionnaires.

Ces derniers ont en effet pris progressivement le contrôle du groupe, après l'effritement du « noyau dur » mis en place lors de sa privatisation (cf. *supra*). Tout en maintenant la pression sur les résultats (notamment en supprimant des emplois : 9 000 en 1997), le groupe a systématisé son action afin de réduire ses capitaux engagés. Quelques exemples en témoignent :

- Les activités les plus capitalistiques ont été vendues. Depuis 1995, le groupe s'est « délesté » de l'essentiel de sa chimie de base française (acide acétique à Pardies, filière chlore à Pont-de-Claix, filière polyester à Saint-Fons, carbonate de soude à Nancy, oxyde de titane au Havre et à Mulhouse, etc.). Bien que la rentabilité de ces activités ait été parfois excellente, elles ont été cédées ou arrêtées, permettant ainsi de réduire les capitaux engagés. Cette « décroissance externe » est largement pratiquée par les groupes chimiques, qui se désengagent de la chimie de base pour privilégier la pharmacie, l'agrochimie ou les spécialités, secteurs moins consommateurs de capitaux engagés.

  C'est ainsi que la pharmacie et l'agrochimie sont devenues progressivement les activités dominantes du groupe Rhône-Poulenc avant d'être fusionnées (dans Aventis) avec celles du groupe allemand Hoechst (lui-même se désengageant de sa chimie) ;
- Les investissements (pour les activités chimie et fibres de Rhône-Poulenc) ont été drastiquement réduits en passant de 3,6 milliards de francs à 2,2 milliards en 1997 (soit – 40 %). Dans son rapport annuel, le groupe commente ainsi cette chute « *l'évolution des investissements industriels traduit l'effort du groupe en matière de rationalisation de sa politique d'investissement* » !
- Le nettoyage des bilans prend des proportions inédites. C'est ainsi que Rhône-Poulenc Chimie a passé 7 milliards de provisions exceptionnelles en 1997 pour dépréciation d'actifs (notamment des sur-valeurs – du *goodwill* - comptabilisées précédemment lors des acquisitions américaines effectuées par Rhône-Poulenc). Ce nettoyage a permis de réduire d'autant les capitaux engagés, avant l'introduction en bourse des activités chimiques, regroupées dans Rhodia en 1998. Par cette opération, 16 % des capitaux engagés par Rhône-Poulenc dans sa chimie ont été « annulés ». Par conséquent, au prix d'une perte exceptionnelle en 1997, l'EVA des années ultérieures s'est trouvée mécaniquement dopée (de l'ordre de 500 millions par an), bon argument pour faciliter l'introduction en bourse de Rhodia en 1998 ;

- Des opérations complexes sont montées pour que le groupe ne soit pas propriétaire des installations qu'il exploite. Les locations financières d'unités se développent (co-génération, etc.), la prise en gestion d'ateliers appartenant à des tiers (notamment en Asie et en Europe de l'Est) est également parfois préférée à l'acquisition. Dans des cas de plus en plus fréquents, Rhône-Poulenc Chimie, plutôt que d'investir lui-même, sollicite ses fournisseurs et ses clients pour que ceux-ci investissent dans des installations (bien souvent exploitées par du personnel Rhône-Poulenc), en amont et en aval des ateliers appartenant à Rhône-Poulenc. De tels partenariats sont possibles avec un partage des marges et entre deux partenaires qui, chacun en cherchant à se « recentrer sur son métier », créent l'un pour l'autre des opportunités de développement jugées stratégiques. Ces différents montages constituent autant de modalités de croissance de l'activité tout en économisant les capitaux engagés ;
- La minimisation du fonds de roulement. Les stocks et les créances (nettes des dettes) sont également des capitaux engagés. Si la recherche de leur minimisation n'est pas une nouveauté pour l'entreprise, elle prend une ampleur toute particulière pour celles qui se sont engagées dans la logique de l'EVA. Le recours massif aux logiciels intégrés (type SAP) s'inscrit dans cette dynamique.

Plus généralement, la filialisation des activités en entités juridiques distinctes est systématisée. Cela permet d'identifier, d'« imputer » pour chaque filiale ses capitaux engagés. En effet, l'EVA créée par le groupe est la somme des EVA dégagées par les filiales, le coût moyen pondéré du capital étant calculé au niveau de la *holding*. Chacune des filiales doit dégager un niveau de rentabilité correspondant à une EVA positive et cela quelle que soit la conjoncture. Dans l'une des filiales de Rhodia, ne parlait-on pas d'un effort tout particulier à réaliser pour arriver à dégager une « rentabilité tout temps ». Ainsi, au sein d'un groupe, il n'est plus question de compensations entre les activités ni de lissage dans le temps de la performance financière. Tout est fait pour mettre chaque filiale en situation d'autonomie, à charge pour elle de répondre à la norme établie d'EVA positive. Cela contribue également à l'implosion de structures communes (sièges sociaux, laboratoires de recherches, statut du personnel, etc.). L'effet en est démultiplié dans le contexte des méga fusions qui recherchent (entre autres) ces fameuses « synergies » à l'origine d'économies le plus souvent obtenues par des suppressions d'emplois.

Vers une nouvelle gestion du financement de l'entreprise ?

Nous avons déjà noté que les exigences de rémunération du capital avancé par les actionnaires sont aujourd'hui bien plus élevées que celles des banques. Cette situation peut ouvrir de nouvelles perspectives au secteur bancaire. À partir de la fin des années 1980, en se désendettant afin de s'émanciper de la tutelle bancaire, les firmes se trouvent aujourd'hui dépendantes d'actionnaires qui non seulement demandent une rémunération deux fois plus élevée mais en outre pèsent directement sur les choix de l'entreprise, car ils en sont propriétaires. L'obligation de publier des résultats trimestriels, donne l'opportunité aux actionnaires de peser, pratiquement en temps réel, sur les orientations de la firme. Face au coût élevé des fonds propres, l'effet de levier du recours à l'endettement bancaire est de plus en plus fréquemment évoqué par les gestionnaires (un endettement accru permettant de réduire le coût moyen du capital). Les industriels soulignent « *la chance de ne pas être cotées* » dont bénéficient les PMI nord-américaines qui souvent se portent acquéreurs des actifs de chimie de base cédés par les grands groupes (notamment par Rhône-Poulenc Chimie devenu Rhodia)[16]. Toutefois, le recours à l'endettement bancaire est bridé par deux forces de rappel. D'une part, la hausse de la prime de risque spécifique de l'action de l'entreprise qui va renchérir le coût calculé des fonds propres (cf. *supra*). D'autre part, le risque d'OPA d'autant plus important que le ratio fonds propres sur endettement est faible. Enfin, le rachat de plus en plus fréquent par les entreprises de leurs propres actions, est également un témoin de cette gestion nouvelle des financements des entreprises induite par l'EVA. Incapable d'investir dans des activités dégageant une rémunération suffisante pour les actionnaires, l'entreprise rend à ces derniers une partie de leur mise de fonds. En outre, à l'issue d'une telle opération, la rentabilité par action est démultipliée.

Si l'EVA est un outil de management stratégique largement utilisé par les directions des grands groupes côtés, elle est également un outil de management opérationnel utilisé très régulièrement par les niveaux opérationnels l'entreprise.

L'EVA : UN OUTIL DE MANAGEMENT OPÉRATIONNEL

Nous allons voir, à partir de l'exemple du site Aluminium Pechiney de Saint-Jean-de-Maurienne, comment l'EVA est directement et très officiellement à l'origine d'un plan de restructuration, conduisant à des

16. C'est ainsi par exemple qu'une PMI américaine a acheté l'activité chlore/soude de RP Chimie Pont-de-Claix et qu'une société canadienne, créée pour l'occasion, a repris la filière acétique de Rhône-Poulenc Chimie à Pardies.

suppressions d'emplois. Puis nous verrons comment une entreprise qui met en œuvre l'EVA communique obligatoirement de façon soutenue et directe sur ce thème en direction de ses salariés.

L'ampleur du plan de restructuration du site Pechiney Saint-Jean-de-Maurienne directement calculée en fonction de l'EVA

Février 1998, le comité d'établissement d'Aluminium Pechiney Saint-Jean-de-Maurienne (73) est convoqué pour l'examen d'un projet de plan social et industriel. Ce dernier stipule que compte tenu des capitaux engagés sur le site, il manque plus de 150 millions de francs de marge (de résultat opérationnel) pour atteindre le niveau minimum de rentabilité des capitaux engagés de 11 % qui est le seuil minimum requis permettant de dégager une EVA positive pour les actionnaires du groupe Pechiney (selon les modalités de calcul expliquées précédemment)[17].

Afin de se conformer à cette exigence, des mesures industrielles et commerciales sont décidées. Elles devraient permettre de dégager 130 millions de marges supplémentaires. Mais pour atteindre le minimum requis, la direction du site annonce aux représentants du personnel « *qu'ils manquent* » 20 millions qui seront donc recherchés sur la masse salariale. C'est pourquoi un plan social est engagé afin de réduire les dépenses de personnel (loi de Robien défensive, départs en préretraite progressive, congés de fin de carrière, remise en cause d'avantages, etc.).

Ainsi en toute transparence, très officiellement, ce sont les exigences de rentabilité des actionnaires qui fixent le niveau de profitabilité minimum du site et donc (entre autres) l'ampleur de la réduction de la masse salariale. Le vecteur de cette transparence est l'EVA qui est utilisé par les analystes financiers, comme par la direction du site de Saint-Jean-de-Maurienne, l'un des multiples établissements de Pechiney en France.

Que les exigences de rentabilité soient à l'origine de restructurations n'est pas nouveau, l'expert qui assiste le comité d'entreprise est bien placé pour le savoir. Ce qui caractérise les sociétés pratiquant l'EVA c'est l'action systématisée sur les capitaux engagés (cf. *supra*) mais aussi la transparence sur le critère qui est à l'origine de la restructuration. En effet, l'entreprise pratiquant l'EVA ne masque plus ni l'origine des exigences financières (l'actionnariat notamment des fonds de pension), ni les exigences de rémunération du capital engagé (de 10 à 15 %). Il s'agit d'imposer un présupposé intangible, qui devrait être accepté par chacun et pour la satisfaction duquel l'entreprise devrait s'organiser.

17. Comme pour Rhône-Poulenc, le capital de Pechiney est aujourd'hui largement contrôlé par des fonds de pension ou leurs gestionnaires.

L'EVA : un « mode de vie » pour l'entreprise.

Toute l'entreprise est ainsi mobilisée par le biais du même critère, pour créer de la valeur pour l'actionnaire. Comme l'écrit une société américaine dans son journal d'entreprise : « *l'EVA est un mode de vie... Dans le passé, les activités administratives tournaient autour de nombreuses mesures différentes telles que les revenus, la croissance des ventes, les flux de trésorerie, le budget, les rendements, etc. Maintenant, bien que ces autres mesures ne soient pas ignorées, le principal objectif de la gestion est l'EVA.* » Parmi les multiples avantages de l'EVA mis en avant : « *Elle offre un objectif unique favorisant la cohésion de l'entreprise..., elle est facile à comprendre et à appliquer dans votre travail quotidien.* »

Une part importante de la rémunération des cadres dirigeants est désormais assise sur l'EVA dans de nombreuses sociétés. C'est ainsi que pour les cadres dirigeants de Rhodia, la part variable de la rémunération est indexée sur l'EVA et peut atteindre 100 % du salaire fixe.

Lorsqu'une société décide de se conformer aux principes de l'EVA, elle le fait forcément au grand jour. Les sociétés communiquent beaucoup sur ce thème à l'extérieur en direction de leurs actionnaires et des marchés financiers, mais également en interne. L'EVA est en effet un outil puissant d'intégration aux exigences de l'actionnaire. Comme le dit si bien la firme américaine déjà citée : « *L'EVA encourage les employés à penser un peu plus comme des actionnaires... L'EVA fait correspondre les intérêts et les objectifs des investisseurs et des employés* » !

Pour mener ce débat idéologique, les dirigeants d'entreprises se font généralement discrets sur les modalités précises de fixation du taux minimum de rémunération des capitaux engagés, qui internalise les exigences élevées des actionnaires. Parmi les points passés sous silence et que l'intervention de l'expert permet de mettre en évidence, il y a l'écart entre le coût de rémunération de la dette bancaire et des fonds propres, le caractère « virtuel » de la rémunération de l'actionnaire, etc.

Les directions utilisent plus volontiers la notion d'EVA positive (ou négative) que le ratio ROP/CE. En effet, faire état d'une EVA négative est un élément de « culpabilisation » du personnel qui renvoie à l'idée de déficit et de pertes, alors qu'une EVA négative peut être équivalente à un ratio ROP/CE de 10 % ou plus, ce qui constitue déjà un niveau de rémunération des capitaux sans commune mesure avec celle du Livret A. On voit ici l'effet psychologique fort conséquence du passage d'un taux (RCE) qui dans l'absolu n'a pas de sens précis, à une somme d'argent qui permet de juger une activité selon le prisme de l'actionnaire.

Enfin, le discours sur l'EVA (valeur économique créée) entretient également la confusion avec deux indicateurs chers aux syndicalistes :

- d'une part, avec la valeur ajoutée créée par les entreprises, qui elle est à l'origine de la croissance économique d'une entreprise et du pays. Si les termes utilisés sont proches, les deux concepts renvoient à des réalités bien différentes ;
- d'autre part, avec l'efficacité du capital, qui diffère sensiblement du taux de rentabilité minimum exigé pour les capitaux engagés, tel que construit dans l'EVA. En effet, si l'efficacité du capital renvoie à des choix technico-économiques et socio-organisationnels (notamment la substitution capital/travail), la rentabilité des capitaux engagés ne se préoccupe que de l'équivalent financier du capital investi en lui « greffant » un niveau de rentabilité minimum.

Une des forces de ce nouvel indicateur, réside dans son unicité, son caractère synthétique. En effet, le même indicateur est employé simultanément par : les analystes financiers externes à l'entreprise, qui évaluent les performances de la société pour le compte des actionnaires, notamment des fonds de pension ou de leurs gestionnaires ; les dirigeants de la société qui élaborent sa stratégie en vue de maximiser l'EVA ; le management opérationnel, qui est responsabilisé au quotidien dans la gestion des capitaux engagés de son domaine d'activité.

Avec l'EVA, les conflits d'intérêts entre acteurs, services, critères, niveaux de décisions, etc. sont donc en principe supprimés, chacun devant œuvrer pour maximiser un critère unique. En organisant toute l'entreprise autour de cet objectif synthétique et en faisant admettre aux salariés le bien-fondé de ce critère par une communication forte et appropriée, la firme est mise en situation pour créer de la valeur pour l'actionnaire.

QUELQUES ÉLÉMENTS DE MISE EN PERSPECTIVE

Nous avons vu qu'une société qui se plie à la logique de l'EVA subie de fortes modifications dans la structure de ses activités de production et de son organisation. Bien que l'EVA ne concerne (pour l'instant) que les grands groupes cotés en bourse[18], il convient aussi de s'inquiéter des incidences plus macro-économiques de cette logique, compte tenu du rôle structurant de ces firmes sur le tissu industriel et économique.

---

18. L'EVA peut être saisie comme un élément structurant qui a accéléré la mutation des grandes industries nationales. En ce sens, c'est un outil extrêmement efficace pour les dirigeants qui veulent faire changer l'organisation et la culture des groupes français. L'EVA est aussi un moyen pour eux de faire accepter ces changements en mettant en avant le poids du contexte financier et de la concurrence globalisée.

Des questionnements aujourd'hui ouverts

Nous revenons ici sur quelques éléments liés à gestion de l'entreprise dans le cadre d'une maximisation de la rentabilité du capital :

- La logique de la création de valeur, n'accélère-t-elle pas un processus de nouvelle segmentation du tissu industriel ? Les groupes cotés en bourse et soumis à l'EVA délaissant ou externalisant (auprès de PMI) certaines activités jugées trop capitalistiques et concurrentielles et se focalisant sur l'innovation, l'assemblage, la commercialisation ? Quelle sera à terme, la capacité de ces PMI d'assumer la cyclicité des activités qui leur sont confiées, d'en assurer le renouvellement technologique, etc. ? Inversement, la création de valeur pour les actionnaires est également au cœur des méga fusions qui sont en cours. En construisant des positions dominantes, en recréant des gisements de productivité (les « doublons ») qu'en interne chaque firme avaient épuisé, en mutualisant les investissements et les dépenses, de nouvelles perspectives d'amélioration des résultats réapparaissent ;
- La problématique de la création de valeur ne pousse-t-elle pas à une logique néo-malthusienne d'investissement ? En effet, compte tenu du niveau d'exigence de rentabilité des capitaux engagés, certains projets d'investissement risquent d'être abandonnés alors que jamais le taux d'autofinancement des entreprises françaises n'a été aussi élevé ces dernières années (les rachats d'actions de plus en plus fréquents renvoient également pour partie à cette logique) ;
- La problématique de l'EVA vise à supprimer le risque pour l'actionnaire qui est pourtant un élément de régulation du système. En passant de l'actionnaire à la firme le risque change de nature et devient contrainte pour l'entreprise. Il n'y a plus de perspectives de partage *ex post* du profit (entre actionnaires, salariés, investissements), puisque l'entreprise internalise les exigences de rentabilités des actionnaires et doit s'organiser, s'adapter pour satisfaire cette rémunération désormais fixée a priori, toute décision étant évaluée à l'aune du critère synthétique de l'EVA.

A propos de la finalité de l'entreprise

D'une manière générale, nous pouvons nous interroger sur l'exigence de rentabilité induite par le capitalisme tel qu'il tend à se développer en France : 10 à 15 % de rentabilité sur capitaux engagés est-ce tenable à moyen terme pour la plupart des entreprises[19] ? Le bon sens oblige à répondre par la négative. En tant que critère économique, l'EVA semble manquer de pertinence dès que l'on se projette à moyen/long terme. D'ailleurs, des voix s'élèvent aujourd'hui dans le patronat, y compris lors de « sommets » comme Davos, pour attirer l'attention sur le caractère insoutenable de la croissance des exigences des marchés financiers.

Aux États-Unis, les choses semblent aussi évoluer dans le sens d'un « retour à la raison » (certes lent) notamment sous la pression du plein emploi et d'un rééquilibrage du rapport de force entre le capital et le travail[20]. Dans ce cadre, la France ne serait-elle pas l'élève trop zélé d'un modèle radical aujourd'hui en mutation dans les pays anglo-saxons, pays qui l'ont vu naître et qui l'ont exporté ?

L'étude de l'EVA nous amène plus largement à nous interroger sur la finalité de l'institution « entreprise ». Les règles de la création de valeur pour l'actionnaire supposent qu'il ne soit plus seulement question du partage a posteriori des richesses créées mais bien d'une mobilisation inconditionnelle de l'entreprise en vue de dégager le niveau de richesse satisfaisant pour une seule catégorie de contributeurs : les propriétaires. En d'autres termes, l'activité d'une entreprise a-t-elle comme finalité ultime l'accroissement du profit de ses propriétaires ?

Comme l'écrit Denis Clerc[21], « *donner le pouvoir aux actionnaires, c'est imaginer que l'entreprise se réduit à du capital et risquer de déstabiliser des processus productifs complexes* ». C'est en effet ces processus qui sont à l'origine de la « véritable » création de valeur (la valeur ajoutée). Ils engagent un ensemble de catégories d'acteurs socio-économiques dont les actionnaires mais également, les salariés, les banquiers, l'État, les clients et les fournisseurs de l'entreprise.

Dans ce cadre, le rôle des dirigeants doit-il se réduire à penser et agir comme l'actionnaire qu'il tend à être de plus en plus souvent ? Diriger, n'est-ce pas d'abord considérer l'entreprise dans toute sa complexité ? N'est-ce pas comprendre le maillage de relations complexes, conflictuelles entre les hommes, ciment de « l'institution cardinale du capitalisme »[22], ciment du processus de création de valeur ajoutée essentiel à toute société ?

19. Entreprises qu'il ne faut pas confondre avec des *start-up* ou qui ne « surfent » pas toutes sur la vague des télécommunications ou d'Internet.
20. Un groupe comme General Motors commence à reproposer des « emplois à vie ».
21. Denis Clerc, « Le pouvoir aux actionnaires », *Alternatives économiques*, hors série, n° 43, 1er trimestre 2000, p. 35.
22. Selon la célèbre expression de François Perroux : *Le capitalisme*, Paris, PUF, 6e édition.

Les normes comptables internationales : vecteur du pouvoir actionnarial ?

Fabrice PRUVOST

L'objet premier de critères tels l'EVA ou le MVA est de synthétiser, à l'intention des investisseurs et à des fins comparatives, une partie des données financières disponibles pour chaque entreprise. Tel tend aussi à devenir la fonction exclusive des divers documents de la comptabilité générale. Force est en effet de constater que, de plus en plus, les normes et les pratiques qui régissent l'organisation et la présentation des comptes font prévaloir la satisfaction des besoins informationnels des actionnaires. Ce constat ressort de l'analyse du mouvement d'« harmonisation » comptable en cours au plan mondial, mouvement « relayé » par bon nombre d'États et dont nous nous proposons de rendre compte dans le présent chapitre.

L'étude de ce processus global présente, selon nous, d'autant plus d'intérêt que :

- les documents comptables informent les différents partenaires, interlocuteurs de l'entreprise, sur la manière dont celle-ci rémunère et affecte, au cours du temps, les ressources et les facteurs de production mis à sa disposition. Ils les renseignent aussi sur le niveau, la répartition et l'évolution de la richesse créée. Ils permettent en particulier de calculer du profit. Pour cette raison, le développement de la comptabilité et celui du capitalisme ont été[1], et sont aujourd'hui encore[2] souvent analysés, comme deux évolutions consubstantielles ;
- les règles et conventions comptables retenues déterminent la perception que les utilisateurs de l'information financière ont de la « réalité » économique voire sociale de l'entreprise. Elles sont par conséquent de nature à influer sur leurs décisions. L'exemple le plus couramment cité en la matière est sans aucun doute celui de la firme automobile allemande Daimler-Benz qui en 1993, à l'occasion de

---

1. Ainsi pour Max Weber, « *l'organisation rationnelle moderne de l'entreprise n'aurait pas été possible* » sans « *la séparation de la gestion domestique et de l'entreprise... et la comptabilité rationnelle* ». M. Weber, *L'éthique protestante et l'esprit du capitalisme*, Paris, Flammarion, coll. « Champs », 2000, p. 58.
2. Michel Capron, *La comptabilité en perspective*, Paris, La Découverte, coll. « Repères », n° 119, 1993, pp. 15-16.

son introduction à la bourse de Wall Street, a publié des états financiers conformes aux normes américaines et qui, d'un référentiel comptable à l'autre, a vu son résultat passer de + 0,615 à - 1,839 milliard de deutschmarks[3].

Concrètement, notre contribution comportera trois sections. La première visera à décrire les processus américain, français et international de normalisation comptable et à en présenter les acteurs principaux, parmi lesquels le Conseil des normes de la comptabilité financière (FASB) et le Comité des normes comptables internationales (IASC)[4]. Il ne sera pas fait état du cas européen, la Commission ayant renoncé en novembre 1995, dans le cadre de sa « nouvelle stratégie comptable »[5], à poursuivre ses propres efforts d'harmonisation pour s'associer à ceux de l'IASC et de l'Organisation internationale des commissions de valeurs (IOSCO), et ce après avoir néanmoins adopté plusieurs directives[6].

La deuxième section s'efforcera d'établir une correspondance entre les caractéristiques des systèmes comptables français et anglo-saxons, et les besoins informationnels des investisseurs.

La troisième section s'attachera quant à elle à montrer que les évolutions en cours s'opèrent au bénéfice principal des actionnaires mais aux dépens des banques et des dirigeants d'entreprise, et qu'elles obéissent à des motifs similaires à ceux qui expliquent l'essor du gouvernement d'entreprise (*corporate governance*). Soulignons ici qu'en envisageant ainsi l'existence d'un « conflit » d'intérêts entre les différents « lecteurs » des états financiers, nous prenons à contre-pied la théorie des marchés efficients, théorie qui considère que le cours d'un actif financier synthétise l'ensemble des informations disponibles sur la valeur de cet actif et qu'il est par conséquent tout aussi « utile » aux employés, aux fournisseurs, etc. d'une entreprise qu'à ses actionnaires[7].

---

3. Olivier Azières et Andy Simmonds ont étudié la valeur prise dans sept pays européens par différents indicateurs (résultat d'exploitation, capitaux propres, etc.) calculés pour une même entreprise. O. Azières et A. Simmonds, *L'Odyssée comptable européenne : 1993 ou 2001*, Touch Ross Europe, 1989.
4. Les commentaires faits dans le présent chapitre au sujet de ces deux instances valent aussi, pour la plupart, dans le cas britannique. Peter Walton, *La comptabilité anglo-saxonne*, Paris, La Découverte, coll. « Repères », n° 201, 1996.
5. Commission européenne, *Accounting Harmonisation : a New Strategy vis-à-vis International Harmonisation*, COM(95)508.
6. 4ᵉ Directive du Conseil du 25 juillet 1978 (78/660/CEE) concernant les comptes annuels de certaines formes de sociétés, 7ᵉ Directive du Conseil du 9 octobre 1983 (83/349/CEE) concernant les comptes consolidés, etc.
7. James H. Lorie et Mary T. Hamilton, *The Stock Market. Theories and Evidence*, Londres : Richard D. Irwin, Inc., 1973.

HISTORIQUE ET ACTEURS DE LA NORMALISATION COMPTABLE

La normalisation mise en œuvre par le FASB

Créée le 6 juin 1934 suite au *krach* boursier de Wall Street d'octobre 1929, pour veiller au bon fonctionnement des bourses de valeurs et contrôler l'information publiée par les sociétés cotées, la Commission des valeurs et des bourses (SEC) est aux États-Unis l'autorité légalement responsable de la définition des règles et des procédures comptables. Mais depuis sa création, croyant davantage aux vertus de l'autorégulation qu'à celles de l'intervention publique, la SEC a toujours délégué cette responsabilité au secteur privé, notamment à la profession des « auditeurs », l'équivalent des commissaires aux comptes français.

De 1939 à 1973, la régulation comptable a ainsi été confiée à l'Institut américain des experts-comptables certifiés (AICPA) - l'équivalent de l'Ordre des experts-comptables français - qui, à cet effet, constitua le Comité des procédures comptables (CPAs)(1939-1959) puis le Conseil des principes comptables (APB)(1959-1973). Ces deux instances s'attachèrent pour l'essentiel à identifier, expliciter et formaliser les pratiques comptables en usage aux États-Unis. Elles déterminèrent ainsi, de manière inductive[8], les premiers Principes comptables généralement admis (GAAP)[9].

Au début des années 1970, l'AICPA fut soupçonné de faire prévaloir, à travers l'APB, les intérêts des auditeurs sur ceux des autres acteurs de la vie économique, en particulier des entreprises, et les GAAP furent critiqués, notamment pour leur manque de cohérence. Cette double contestation conduisit à la création, en 1973, d'un nouvel organisme normalisateur lui aussi privé mais (plus) indépendant de la profession comptable, le FASB, organisme qui reçut pour mission « *d'établir et d'améliorer les normes de la comptabilité financière et de la reddition des comptes pour l'orientation et l'éducation du public, y compris les producteurs, les auditeurs et les utilisateurs de l'information financière* ».

Simultanément, fut également créé le FASAC, collège censorial notamment chargé d'éclairer le FASB sur la position de ses interlocuteurs. En 1984, le FASB se dota par ailleurs d'une Mission des questions émergentes (EITF) chargée de proposer rapidement, sous forme

---

8. L'induction est l'opération qui consiste à remonter des faits à la loi, de cas d'espèce à une proposition plus générale.
9. L'expression de GAAP est utilisée pour désigner les normes comptables en vigueur aux États-Unis, que celles-ci aient été émises par le CPAs, l'APB ou le FASB.

de recommandations, une solution à certains problèmes comptables et d'éviter ainsi la généralisation de pratiques incompatibles avec son référentiel.

Avec la naissance du FASB, le processus de normalisation américain est devenu plus déductif, en même temps d'ailleurs qu'il s'est intensifié[10]. Dès son instauration, la nouvelle instance s'est en effet attachée à définir un cadre conceptuel, c'est-à-dire « *un système cohérent d'objectifs et de principes fondamentaux liés entre eux, susceptibles de conduire à des normes solides et d'indiquer la nature, le rôle et les limites de la comptabilité financière et des états financiers* ». Elle a ainsi édicté plusieurs « concepts » (SFAC) devant permettre l'élaboration de normes plus cohérentes.

Les deux premiers SFAC, adoptés respectivement en 1978 et 1980, définissent les « *objectifs des états financiers* » et les « *caractéristiques qualitatives de l'information comptable* » (cf. *infra*). Ils ont été élaborés selon une procédure publique très réglementée durant laquelle les diverses parties prenantes sont invitées à faire connaître leur point de vue. Cette procédure, toujours en vigueur, est supposée garantir la neutralité, l'objectivité des décisions du FASB. Elle est également appliquée aux normes comptables proprement dites (SFAS), lesquelles sont, soulignons-le, homologuées par la SEC.

Le FASB ne compte en lui-même, c'est-à-dire hors personnel technique, que sept membres. Lors de leur entrée en fonction, ceux-ci sont tenus de rompre tout lien avec les entreprises ou institutions qui les employaient précédemment. À l'instar des membres du FASAC, ils sont désignés par la Fondation de la comptabilité financière (FAF), laquelle assure également la surveillance et le financement des activités du FASB.

Justifiée par la montée en puissance de l'IASC, l'implication « active »[11] du FASB dans le processus d'internationalisation des normes comptables ne date que de la fin des années 1980. Elle s'est notamment traduite par l'adoption en 1991 d'un *Plan stratégique pour les activités internationales* puis par celle en 1998 d'un rapport intitulé *Normalisation comptable internationale : une vision pour l'avenir*[12].

---

10. Début 1999, le FASB avait émis 135 SFAS. Le CAPs avait précédemment émis 51 *Accounting Research Bulletins* et l'APB 31 *Opinions*.
11. Avant l'émergence de l'IASC, le FASB était de fait, sur le plan international, le principal organisme normalisateur.
12. FASB, *International Accounting Standard Setting : A Vision for the Future*, Norwalk (Connecticut), 1998.

Dans le second document, établi en réponse à une initiative de l'IASC (cf. *infra*), le FASB affirme avoir, du fait de l'importance des marchés financiers américains, « *un rôle leader à jouer dans l'évolution du système comptable international* ». Il admet que l'idéal « *serait l'utilisation mondiale, pour la reddition des comptes, d'un seul jeu de normes de haute qualité* ». Mais critiquant implicitement la démarche adoptée, selon lui, par l'IASC, il estime que la recherche indispensable d'une plus grande comparabilité ne saurait se faire au détriment de la qualité des référentiels nationaux et qu'elle passe au contraire par son amélioration[13]. Refusant de sacrifier la qualité des SFAS à l'objectif de convergence, le FASB ne préconise rien de moins que la transposition du système américain (cadre conceptuel, procédures, etc.) au niveau mondial, avec notamment l'instauration d'un organisme normalisateur international éventuellement distinct de l'IASC. Dans la configuration envisagée, chaque pays - en particulier les États-Unis - resterait libre de s'impliquer ou non dans l'élaboration des standards internationaux, d'imposer ou pas leur utilisation sur son propre territoire…

La normalisation comptable française

À la différence du cas américain, la normalisation comptable n'a pas en France pour origine principale la crise financière de 1929 mais la Seconde guerre mondiale, ce qui explique peut-être que la comptabilité n'ait pas, comme aux États-Unis, pour objet premier de fournir aux investisseurs des informations fiables sur la situation financière des sociétés cotées.

Dès la fin du conflit, les autorités entreprennent d'harmoniser les pratiques comptables afin de disposer des données nécessaires à la mise en œuvre de la politique de reconstruction et à l'élaboration du Plan de modernisation et d'équipement. Elles décident ainsi, en avril 1946[14], c'est-à-dire peu avant la naissance de l'INSEE, la création de la Commission de normalisation des comptabilités (agricoles, commerciales, industrielles et publiques). Dès janvier 1947, cette première instance est remplacée par le Conseil supérieur de la comptabilité qui est notamment chargé de « *proposer au Gouvernement un système de centralisation de tous les renseignements qui peuvent être extraits des comptabilités ou fournis par les enquêtes statistiques, en vue d'établir une comptabilité nationale* ».

---

13. C'est la raison que donne le FASB à son implication, depuis la fin des années 1980, dans plusieurs projets multinationaux de normalisation, projets parfois concurrents de ceux du l'IASC.
14. Décret n° 46-619 du 4 avril 1946 instituant une commission de normalisation des comptabilités.

En février 1957, le Conseil national de la comptabilité (CNC) succède au Conseil supérieur. La normalisation cesse alors d'avoir pour fonction centrale la satisfaction des besoins des pouvoirs publics. Au contraire de son prédécesseur composé quasi exclusivement de hauts fonctionnaires, le nouvel organisme accueille ainsi les représentants de différentes organisations professionnelles, comptables ou non, organisations dont le statut d'utilisateur de l'information comptable est dès lors reconnu.

Depuis 1957, l'activité normalisatrice du CNC consiste à émettre des avis sur toutes les dispositions d'ordre comptable, qu'elles soient d'origine publique ou privée, et à « *proposer toutes mesures relatives à l'exploitation des comptes, soit dans l'intérêt des entreprises…, soit en vue de l'établissement des statistiques nationales ou des budgets et comptes économiques de la Nation* ». Mais elle consiste surtout à élaborer et à mettre à jour le Plan comptable général (PCG). Adopté pour la première fois en 1947, révisé plusieurs fois depuis lors, ce référentiel régit[15] l'organisation et la présentation des comptes de toutes les personnes morales qu'elles soient de droit public ou privé (sociétés, administrations, organismes sociaux, etc.).

Le CNC collabore étroitement avec trois organismes qui eux aussi participent à la définition de la doctrine comptable : l'Ordre des experts-comptables et comptables agréés (OECCA), la Commission des opérations de bourses (COB) et la Compagnie nationale des commissaires aux comptes (CNCC). Ceci étant, la tenue des comptes demeure en France fortement influencée par les pouvoirs publics, et ce en particulier à travers les textes législatifs organisant le fonctionnement des personnes morales d'une part, et les législations fiscale et sociale[16] d'autre part. Le Code du travail fait ainsi obligation aux directions d'entreprise, notamment depuis l'adoption des lois Auroux[17], de transmettre aux représentants du personnel toute une série de documents économiques et financiers indiquant par exemple le montant et l'affectation des bénéfices réalisés (Art. L. 432-4). Depuis 1977[18], il oblige aussi les sociétés d'au moins 300 personnes à établir chaque année un bilan social qui « *récapitule en un document unique les principales données chiffrées*

15. Les règles applicables diffèrent bien entendu selon la nature juridique de l'entité.
16. Marc Nikitin et Marie-Odile Régent, *Introduction à la comptabilité*, Paris, Armand Collin, coll. « Cursus-Économie », 1999.
17. Loi n° 82-915 du 28 octobre 1982 relative au développement des institutions représentatives du personnel, *Journal officiel de la République française*, n° 253, 29 octobre 1982.
18. Loi n° 77-769 du 12 juillet 1977 relative au bilan social de l'entreprise, *Journal officiel de la République française*, n° 161, 13 juillet 1977.

permettant d'apprécier la situation de l'entreprise dans le domaine social » (Art. L. 438-3), bilan qui doit être communiqué aux actionnaires éventuels (Art. L. 438-7).

En 1995, afin de pouvoir « *influencer avec plus de poids le processus de convergence internationale des normes comptables initié par l'IASC* », les autorités ont entrepris « *de moderniser et d'unifier le processus de normalisation comptable* »[19], c'est-à-dire de réduire la diversité des sources de la doctrine comptable[20] et par là même le nombre des options offertes aux entreprises.

En 1996[21], le CNC a ainsi été rénové. Il a reçu pour autre mission de « *donner un avis sur les normes élaborées par les organismes internationaux ou étrangers de normalisation* ». À l'instar du FASB et de l'IASC, il a été doté d'un Comité d'urgence chargé de statuer rapidement sur « *toute question relative à l'interprétation ou à l'application d'une norme comptable nécessitant un avis urgent* ». Finalement, le nombre de ses membres a été réduit de 117 à 58. Cette rénovation s'est effectuée sous l'égide de Georges Barthes de Ruyter, qui fut président de l'IASC de 1987 à 1989 et qui a été nommé à la tête du CNC en août 1996.

En 1998[22], un Comité de la réglementation comptable (CRC) composé de huit représentants des pouvoirs publics et de sept membres du CNC[23], a été institué avec pour mission d'établir « *les prescriptions comptables générales et sectorielles* », le pendant des US GAAP. Il a été doté d'un pouvoir dont le CNC n'a jamais disposé, celui d'édicter des règlements. Adoptés « *au vu des recommandations ou après avis du CNC* », ceux-ci

19. Philippe Marini, Commission des finances, du contrôle budgétaire et des comptes économiques de la Nation, Avis n° 322-1997/1998, Sénat.

20. Telle est en particulier l'explication donnée par le rapporteur de la Commission des lois, Jean-Jacques Hyest : « *Actuellement, notre droit comptable est foisonnant, issu qu'il est de quantité de législations et de réglementations. De plus, un certain nombre d'activités ont des règles particulières. Nous avons donc voulu simplifier et unifier.* » *Journal officiel de la République française*, débats parlementaires du Sénat, séance du 17 octobre 1996, 18 octobre 1996, p. 4867.

21. Les missions et la composition du CNC seront modifiées par les décrets n° 60-365 du 9 avril 1960, n° 64-266 du 20 mars 1964, n° 93-167 du 1er février 1993 et n° 96-749 du 26 août 1996.

22. Loi n° 98-261 du 6 avril 1998 portant réforme de la réglementation comptable et adaptation du régime de la publicité financière, *Journal officiel de la République française*, n° 82, 7 avril 1998.

23. Par rapport au projet de loi élaboré par le Sénat, l'Assemblée nationale issue des élections législatives du 25 mai et du 1er juin 1997, a adjoint aux trois membres du CRC représentant les entreprises, deux représentants des organisations syndicales, et ce afin « *d'assurer la prise en compte des aspects sociaux... dans l'élaboration des normes comptables* », la comptabilité constituant, selon les députés, « *un véritable instrument de négociation économique et social* ». P. Marini, *op cit.*

doivent, après homologation ministérielle, être respectés « *par toute personne physique ou morale soumise à l'obligation d'établir des documents comptables* », personnes morales de droit public exceptées. Ils s'appliquent donc aussi aux établissements financiers, lesquels étaient jusque-là soumis à des règles spécifiques établies par le Comité de la réglementation bancaire et financière (CRBF).

Toujours dans un souci d'unification, la loi instituant le CRC a aussi introduit la possibilité pour les sociétés françaises faisant appel à l'épargne publique, de ne plus se référer, pour l'établissement et la publication de leurs comptes consolidés, aux règles comptables nationales et d'utiliser uniquement celles définies par l'IASC, après leur adoption par un règlement du CRC. L'utilisation des SFAS restera possible, à titre subsidiaire, jusqu'au 31 décembre 2002, date à laquelle l'IASC devrait, selon les parlementaires français, avoir achevé l'élaboration d'un corps complet de normes (cf. *infra*). La dérogation accordée ici obéit à deux préoccupations principales, préoccupations à l'origine de l'instauration du CRC : « *D'une part, elle vise à ne pas pénaliser les groupes français cotés à l'étranger en leur imposant de tenir une double comptabilité, au moins pour ce qui est de leurs comptes consolidés. D'autre part, elle a pour objet de limiter, voire d'interdire ce qu'il est convenu d'appeler le « vagabondage comptable », pratique consistant pour les entreprises, à ne retenir dans un référentiel comptable donné que les règles qui leur sont les plus favorables.* »[24]

La normalisation mise en œuvre par l'IASC

Créé le 29 juin 1973 à l'initiative de plusieurs organismes comptables, ce comité privé œuvre, selon les termes de sa « Constitution », pour l'amélioration et l'harmonisation, à l'échelle internationale, des états financiers. À cet effet, il élabore et publie périodiquement, selon des procédures similaires à celles suivies par le FASB, des normes dénommées IAS que ses adhérents sont chargés de promouvoir et de faire appliquer dans leurs pays respectifs[25]. Au 1er janvier 1999, il comptait 143 membres originaires de 103 pays, dont la France représentée par l'OECCA et la CNCC.

24. P. Marini, *op. cit.*
25. Les membres de l'IASC s'engagent à « *faire tout leur possible... pour persuader les gouvernements et les organismes de normalisation que les états* [financiers] *publiés devraient, à tous égards importants, respecter les normes comptables internationales* ».

L'IASC est dirigé par un Directoire (*Board*) qui approuve les IAS et désigne les Comités directeurs (*Steering Committees*) chargés de les élaborer. Cette instance décisionnelle compte dix-sept membres dont treize sont nommés par la Fédération internationale des comptables (IFAC)[26] et dont quatre sont cooptés[27]. Ses réunions sont ouvertes à plusieurs observateurs dépourvus de droit de vote : le président et le Comité du secteur public de l'IFAC, la République populaire de Chine, l'IOSCO[28], la Commission européenne et le FASB. Les trois dernières organisations citées ici font également partie, avec l'Association bancaire internationale, la Banque mondiale, la Chambre de commerce internationale, la Confédération internationale des syndicats libres, la Confédération mondiale du travail, l'OCDE, etc. du Groupe consultatif *(Consultative Group)* de l'IASC, groupe constitué en 1981.

En 1995, l'IASC s'est doté d'une seconde instance consultative (*Advisory Group*) chargée de veiller à l'acceptabilité des IAS ainsi qu'à l'indépendance et à l'objectivité des décisions du Directoire. En 1997, il a aussi institué un Comité permanent d'interprétation (SIC), structure comparable à la Mission des questions émergentes du FASB.

L'action de l'IASC a évolué de manière comparable à celle mise en œuvre outre-Atlantique par l'AICPA puis par le FASB. En effet, d'inductif, le processus de normalisation est devenu déductif. Durant les quinze premières années de son existence, l'IASC s'est ainsi contenté d'inventorier et de formaliser les règles et les pratiques comptables en vigueur dans les principaux pays industrialisés. Grâce aux multiples options autorisées par chacune des normes proposées, la même opération pouvait alors être comptabilisée différemment d'un pays à l'autre voire, dans le même pays, d'une entreprise à l'autre.

En 1987, motivé par la perspective de voir l'IOSCO recommander à ses adhérents l'application des IAS par les sociétés multinationales désireuses de recourir aux marchés boursiers et craignant que l'IOSCO ne développe son propre référentiel, l'IASC a décidé de clarifier les méthodes applicables et de réduire le nombre d'options offertes, et ce afin principalement d'améliorer la comparabilité des états financiers. Pour ce faire, il a entrepris de définir, à l'instar du FASB, un cadre conceptuel, entreprise qui a abouti à la publication en juillet 1989 d'un *Cadre de*

---

26. Depuis 1982, l'IASC et l'IFAC sont deux structures « sœurs ». Les adhérents de l'une sont ainsi automatiquement adhérents de l'autre.
27. En 1999, les membres cooptés étaient : International Council of Investment Associations, Federation of Swiss Industrial Holding Companies, International Association of Financial Executives Institutes. Un siège était vacant.
28. Parmi les membres de l'IOSCO, citons la COB et son homologue américaine, la SEC.

préparation et de présentation des états financiers. Applicable tant au secteur public qu'au secteur privé, tant aux comptes sociaux qu'aux comptes consolidés, ce document a été conçu comme un « *système cohérent d'objectifs interdépendants et de concepts qui permettent d'aboutir à une comptabilité et des systèmes d'information uniformes* ». Il a servi de cadre à la refonte du référentiel comptable de l'IASC, processus qui a abouti à la publication en novembre 1993 de dix normes révisées comportant, conformément aux souhaits exprimés par l'IOSCO, un nombre réduit d'options et l'indication d'une méthode préférée.

Malgré les efforts consentis de 1987 à 1993 par l'IASC, l'IOSCO n'a pas proposé à ses adhérents de reconnaître la primauté des IAS. Au contraire, il a demandé à l'IASC de compléter son référentiel, et ce après avoir identifié un « noyau dur » de quarante normes (*Core Standards*) représentant, selon lui, « *les composantes nécessaires d'un jeu raisonnablement complet de normes comptables* ». Face à ces nouvelles exigences, l'IASC a arrêté en juillet 1995 un programme de travail qui lui a permis d'élaborer, en collaboration avec le Comité technique de l'IOSCO et en moins de quatre ans, vingt-trois nouvelles normes.

Parallèlement à ce travail de normalisation, achevé fin 1998, l'IASC a entrepris en 1997 de changer de stratégie et de structure. Il a pour ce faire constitué un groupe de travail (*Strategy Working Party*)[29] qui en 1998 a publié un rapport intitulé *Transformer l'IASC pour l'avenir*[30]. Dans ce document resté ouvert à commentaires jusqu'à la fin avril 1999, l'IASC prévoit de jouer à l'avenir un rôle nettement plus actif, notamment auprès des organismes normalisateurs nationaux. Alors qu'il s'était jusqu'ici « *surtout comporté comme un « harmoniseur », un organisme qui sélectionne un traitement comptable qui existe déjà au niveau national... et qui recherche l'acceptation de ce traitement au niveau mondial* », il pourrait désormais agir davantage comme « *un catalyseur ou un initiateur des évolutions nationales en matière de normalisation comptable* ». Son action visera alors à « *amener la convergence, pour les sociétés cotées... et les autres entreprises significatives économiquement, entre les normes comptables nationales et les IAS* » d'une part, à « *encourager les autorités nationales, régionales ou internationales à permettre ou à imposer aux entreprises non cotées... d'utiliser ces IAS* » d'autre part. Concernant le second objectif, l'IASC prévoit plus précisément une extension, sous certaines conditions, de l'utilisation des IAS aux PME.

---

29. Parmi les membres de ce groupe, citons G. B. de Ruyter, président du CNC.
30. IASC, *Shaping IASC for the Future*, 1998.

NORMES COMPTABLES ET BESOINS INFORMATIONNNELS DES INVESTISSEURS : QUELLE CORRESPONDANCE ?

La prise en compte des *desiderata* des marchés financiers (IOSCO, etc.) en matière de comparabilité, l'explicitation des cadres conceptuels, le passage d'une démarche inductive à une démarche déductive, et la réduction consécutive du nombre d'options proposées ont contribué à réduire la gamme des besoins susceptibles d'être satisfaits par les états financiers. Cette évolution s'est jusqu'à présent effectuée, pour l'essentiel, au bénéfice des actionnaires et aux dépens des établissements bancaires, deux « pouvoirs » dont l'influence respective en matière de financement des entreprises, influence différente selon les pays, explique certaines des différences constatées entre systèmes comptables.

La comptabilité française : des caractéristiques adaptées aux besoins des établissements bancaires

Les banques cherchent en priorité à connaître la capacité de remboursement des entreprises auxquelles elles prêtent de l'argent, et dans l'éventualité d'une défaillance de celles-ci, la valeur liquidative de leurs actifs. Elles cherchent davantage à évaluer le risque de pertes que l'espérance de gains. Autrement dit, leur approche est de nature plus prudentielle que spéculative, plus statique que dynamique, ce qui s'explique notamment par le fait que :

- la rémunération de leur activité d'intermédiation (i.e. les intérêts perçus) est fixée et connue dès la conclusion du contrat de prêt ;
- à l'inverse des actions, les titres de crédit ne sont pas porteurs d'un droit de vote, c'est-à-dire d'un pouvoir de décision. De plus, ils ne sont habituellement pas cessibles et négociables sur un marché et ne sont donc pas sources de plus-values.

Les particularités évoquées ici de façon schématique transparaissent en particulier à travers les systèmes et critères de notation du risque crédit élaborés par les établissements financiers et certaines agences spécialisées de *rating* (Moody's, Standard & Poor's, etc.)[31]. Soulignons à ce sujet le fait que les actionnaires ne sont pas les seuls à imposer le respect de critères de performance financière aux entreprises.

---

31. William F. Treacy et Mark S. Carey, « Credit Risk Rating at Large US Banks », *Federal Reserve Bulletin*, vol. 84, novembre 1998 repris dans *Problèmes économiques*, n° 2617, 19 mai 1999, pp. 22-28.

Sous de nombreux aspects, les pratiques comptables françaises semblent mieux adaptées aux besoins des créanciers que les pratiques anglo-saxonnes, ce qui est normal vu le rôle prépondérant joué pendant longtemps en France, dans le financement de l'économie, par le système bancaire. De manière caractéristique, le PCG « invite » ainsi les entreprises à la prudence, c'est-à-dire à « *l'appréciation raisonnable des faits afin d'éviter le risque de transfert sur l'avenir d'incertitudes présentes susceptibles de grever le patrimoine et les résultats de l'entreprise* »[32]. Le respect de ce principe explique notamment qu'en France les actifs soient nécessairement comptabilisés à leur coût historique (nominalisme monétaire), c'est-à-dire à leur coût de production, d'acquisition ou à leur valeur vénale[33]. À l'occasion de l'inventaire annuel, ce coût peut être revu à la baisse mais jamais à la hausse. Autrement dit, les plus-values latentes[34] ne sont jamais prises en compte. Cette règle prudentielle permet d'éviter la distribution de bénéfices « virtuels » aux actionnaires. Mais en favorisant une sous-évaluation du patrimoine, elle contribue à donner une image « tronquée » de la santé financière de certaines entreprises, de nature à induire les investisseurs en erreur. Les comptabilités anglo-saxonnes sont ici moins « restrictives ». Les IAS autorisent ainsi l'utilisation de méthodes alternatives au coût historique (valeur de marché, valeur actuelle, etc.) et la réévaluation des immobilisations corporelles.

Des comptabilités anglo-saxonnes axées sur la satisfaction des besoins informationnels des actionnaires

Sur le plan des informations recherchées, les actionnaires se situent dans une situation inverse à celles des créanciers. Ils s'intéressent ainsi davantage à la capacité des entreprises à générer des bénéfices, bénéfices synonymes de dividendes et de plus-values. La valeur de revente des actifs d'une société leur importe beaucoup moins[35]. En cas de liquidation judiciaire, ils seront d'ailleurs en leur qualité de propriétaires, les derniers à être désintéressés, et ce après le fisc, les organismes sociaux, les salariés, les fournisseurs, les banques, etc.

32. PCG 1982, titre 1, chapitre 1, section 1.
33. Code du commerce, article 12.
34. Les moins-values latentes sont inscrites au bilan sous forme d'amortissements ou de provisions.
35. Ce constat concerne tout particulièrement les investisseurs qui spéculent à court terme sur le cours des actions.

Même s'ils envisagent une pluralité d'utilisateurs, les référentiels normatifs développés par l'IASC et le FASB s'intéressent plus particulièrement à cette catégorie d'investisseurs. Cette focalisation constitue un trait commun des comptabilités anglo-saxonnes. Manifeste dans les cadres conceptuels des deux instances (cf. *infra*), elle transparaît aussi à travers la primauté accordée à la mesure de la capacité bénéficiaire de l'entreprise.

De manière caractéristique, l'actif est ainsi défini par l'IASC comme *« une ressource contrôlée par l'entreprise, résultant d'événements passés et dont un flux d'avantages économiques futurs est attendu »* (Cadre conceptuel). Pour le FASB, il représente une source de *« probables avantages économiques futurs, obtenus et contrôlés par une entité particulière et résultant d'opérations ou d'événements passés »* (SFAC n° 3).

Pour le PCG, l'actif regroupe plus simplement *« les éléments du patrimoine ayant une valeur économique positive pour l'entreprise »*.

Objet et utilisateurs des états financiers

FASB SFAC n° 1	**IASC** Cadre conceptuel
« *Fournir une information :* - *qui soit utile aux investisseurs, aux créanciers et aux autres utilisateurs actuels ou potentiels, pour prendre des décisions rationnelles d'investissement ou de crédit ;* - *qui aide les investisseurs, les créanciers et les autres utilisateurs actuels ou potentiels, à évaluer le montant, la chronologie et l'incertitude des flux de liquidités ;* - *sur les ressources économiques d'une entreprise, les droits sur ces ressources et leur évolution au cours du temps.* »	« *Fournir une information sur la situation financière, la performance et l'évolution de la situation financière, qui soit utile à une large gamme d'utilisateurs lorsqu'ils prennent leurs décisions économiques* » (art. 12). Les utilisateurs distingués par le cadre conceptuel sont les investisseurs, actuels et potentiels, les salariés, les « prêteurs », les fournisseurs, les consommateurs, les administrations et le public (art. 9). Mais l'article 10 accorde implicitement la primauté au premier groupe : « *Étant donné que les investisseurs sont ceux qui fournissent à l'entreprise son capital, leur procurer des états financiers qui satisfassent leurs besoins devrait aussi satisfaire la plupart des autres utilisateurs...* »

L'intérêt privilégié porté aux actionnaires transparaît aussi à travers l'accent mis sur la représentation de la « réalité » économique. Pour les anglo-saxons, les comptes sont en effet supposés donner une « image fidèle » (*true and fair view*)[36] de l'entreprise, et ce afin de permettre aux investisseurs de prendre des décisions avisées. Aux États-Unis, le rapport d'audit doit ainsi certifier que les états financiers « *présentent fidèlement la situation financière de la société X conformément aux GAAP* ».

Conformément à cette exigence de « fidélité », le FASB et l'IASC autorisent les sociétés à utiliser une méthode de comptabilisation autre que celle du coût historique (cf. *supra*) mais aussi à inscrire à leur bilan des biens qu'elles contrôlent sans en être propriétaires.

Une telle possibilité n'est pas prévue par le PCG. La conception française, d'ordre plus patrimoniale, fait en effet prévaloir la forme juridique. Ne figurent ainsi à l'actif que les éléments pour lesquels l'entreprise possède un droit de propriété. Ceux détenus par exemple en location ou en crédit-bail en sont exclus, et ce même s'ils contribuent en pratique à générer des bénéfices.

Concrètement, la fidélité des états financiers est appréciée au regard de différentes caractéristiques qualitatives. Ce point doit être souligné car la recherche de la qualité[37], recherche de plus en plus importante dans le domaine de la comptabilité comme dans bien d'autres[38], implique la sélection des utilisateurs de l'information comptable, sélection favorable dans le cas anglo-saxon aux actionnaires.

---

36. Cette notion typiquement anglo-saxonne a donné lieu à de nombreuses analyses et publications. Elle a été introduite, sous la « pression » de la Grande-Bretagne, dans les référentiels comptables des autres pays européens par le biais de l'article 2 de la 4e directive communautaire. Elle a été transposée dans la législation française par le biais de la loi comptable du 30 avril 1983. L'article 9 du Code du Commerce stipule depuis lors que « *les comptes annuels doivent être réguliers, sincères et donner une image fidèle du patrimoine, de la situation financière et du résultat de l'entreprise* ».
37. Nous utilisons ici le terme de qualité dans l'acception que lui donne l'International Standard Organisation, i.e. « *l'ensemble des caractéristiques d'une entité* [pour nous ici les états financiers] *qui lui confèrent l'aptitude à satisfaire des besoins exprimés et implicites* » (ISO 8402).
38. De manière caractéristique, un Observatoire de la qualité comptable a ainsi été créé en en novembre 1998 à l'initiative de l'OECCA.

Caractéristiques qualitatives de l'information comptable

FASB SFAC n°2	**IASC** Cadre conceptuel
	Intelligibilité (*understandability*)
Pertinence (*relevance*) : - valeurs prédictive (*predictive value*) et rétrodictive (*feedback value*) ; - célérité (*timeliness*).	Pertinence (*relevance*) : - matérialité (*materiality*).
Fiabilité (*reliability*) : - fidélité (*representational faithfulness*) ; - neutralité (*neutrality*) ; - vérifiabilité (*verifiability*).	Fiabilité (*reliability*) : - représentation fidèle (*faithful representation*) ; - neutralité (*neutrality*) ; - prééminence de la substance sur la forme (*substance over form*) ; - prudence (*prudence*) ; - exhaustivité (*completeness*).
Comparabilité dans l'espace (*comparability*) et dans le temps (*consistency*)	Comparabilité (*comparability*)

L'accent mis par les comptabilités anglo-saxonnes sur la « nécessaire » fidélité et transparence des comptes est révélateur d'une croyance en la supériorité, comme mode d'allocation du capital, du marché sur les capacités des gestionnaires.

Cette croyance est explicite, par exemple, dans les publications du FASB. Pour l'instance normalisatrice américaine, en effet, les états financiers normalisés « *contribuent à l'efficience des transactions de marché à travers une comparabilité internationale accrue* » et constituent « *une source primaire d'information pour les pourvoyeurs de capitaux qui peuvent n'avoir accès qu'à l'information disponible publiquement* ».

En d'autres termes, « *l'objectif ultime d'un système comptable international est simultanément d'optimiser l'efficience du marché des capitaux et d'assurer la protection des investisseurs* »[39].

39. FASB, *op. cit.*

Les « perdants » de la normalisation comptable

Les établissements bancaires

Au regard des observations faites précédemment, il est possible de situer les établissements bancaires parmi les premiers « perdants » du processus international de normalisation comptable. Victimes en tant que « consommateurs » d'informations financières, ceux-ci le sont d'ailleurs aussi en tant qu'entreprises, comme en témoignent par exemple les vives protestations suscitées par la publication de l'IAS 39.

Adoptée en décembre 1998, cette norme impose aux sociétés, quel que soit d'ailleurs leur secteur d'activité, de comptabiliser la plupart des instruments financiers à leur « juste valeur » (*fair value*)[40], valeur qui est définie comme « *le prix auquel un actif pourrait être échangé ou un passif réglé entre deux parties consentantes n'ayant aucun lien de dépendance et agissant en toute liberté* ». L'introduction de cette règle, déjà présente dans le référentiel comptable américain, ouvre indéniablement la voie à une généralisation de la valeur de marché comme méthode d'évaluation comptable. C'est la principale raison pour laquelle elle a été contestée par les banques, entreprises dont l'actif se compose pour l'essentiel d'instruments financiers (crédits accordés à la clientèle, titres de placement, etc.). Selon elles[41], la pratique du *mark-to-market* présenterait différents risques. Elle serait de nature à introduire la volatilité des marchés financiers dans les bilans, à raccourcir l'horizon de gestion des établissements bancaires et à réduire ainsi la confiance qui les lie à leurs clients, confiance essentielle dans les activités d'intermédiation. Elle contribuerait aussi à amplifier le cycle du crédit. L'instabilité et l'incertitude créées seraient d'autant plus grandes que la valeur marchande de certains actifs financiers pour lesquels il n'existe pas de marché organisé, est particulièrement difficile à évaluer.

À ces différentes critiques, les avocats du *mark-to-market*, lesquels croient en l'efficience et en la rationalité des marchés financiers, répondent que c'est la méthode du coût historique qui est source d'incertitude et d'instabilité dans la mesure notamment où son utilisation ne permet pas aux investisseurs de saisir la réalité économique et financière des entreprises et donc au marché d'exercer pleinement son pouvoir de sanction et de contrôle (externe)...

---

40. Selon la norme, les instruments financiers sont initialement comptabilisés à leur coût historique.
41. Denis Kessler et Yves Ullmo, « La comptabilisation en valeur de marché dans les banques et les sociétés d'assurances : les éléments du débat », *Revue d'économie financière*, n° 37, été 1996, pp. 157-169.

L'exemple de l'IAS 39 est révélateur du fait que les banques sont considérées de plus en plus comme des entreprises susceptibles, comme les autres, d'être achetées ou vendues sur les marchés financiers alors qu'elles apparaissaient jusque-là davantage comme une source alternative voire concurrente de financement de l'économie. En France, cette soumission des établissements bancaires aux marchés financiers a été d'une certaine façon « officialisée » par l'institution du CRC, mesure qui a privé le CRBF de toute compétence réglementaire en matière comptable et a ainsi mis fin à l'exception bancaire et financière[42].

Des évolutions susceptibles d'affecter aussi les organismes publics

Les risques dénoncés par la profession bancaire guettent également, à plus ou moins long terme, les administrations et les organisations à but non lucratif. De plus en plus, celles-ci sont en effet tenues de se conformer à des pratiques comptables similaires à celles appliquées par les entreprises privées.

L'expérience américaine est sur ce point aussi très instructive. En 1984, les États-Unis se sont en effet dotés, à l'initiative de la FAF, d'un Conseil des normes de la comptabilité gouvernementale (GASB) dont l'organisation, le fonctionnement et le cadre conceptuel (qualités requises des informations comptables, etc.) sont quasi identiques à ceux du FASB. Cette instance a reçu pour mission « *d'établir et d'améliorer les normes de la comptabilité du gouvernement des États et des gouvernements locaux, et celles de la reddition des comptes, ce qui aura pour résultat une information utile pour les utilisateurs des rapports financiers, guidera et éduquera le public, y compris les producteurs, les auditeurs et les utilisateurs de ces rapports financiers* ».

Comme l'a indiqué son président, Tom Allen, le GASB « *adopte aujourd'hui une approche de la reddition des comptes plus proche de celle des entreprises* »[43]. Les utilisateurs « privilégiés » ne sont certes pas, du moins pour l'instant, les actionnaires mais les citoyens.

---

42. Dans le même ordre idée, constatant qu'« *il est courant que les institutions financières qui détiennent en dépôt des actions pour des investisseurs exercent les droits de vote attachés à ces actions* », l'OCDE demande désormais que ces droits « *ne soient pas exercés par les dépositaires sans qu'il soit tenu compte des souhaits des actionnaires* ». OCDE, *Les Principes de l'OCDE relatifs au gouvernement d'entreprise*, SG/CG(99)5, Paris, avril 1999.

43. « *GASB is taking a more business-like approach to financial reporting* ». *National Association Commends GASB Standard on Financial Reporting*, Communiqué de presse, Norwalk (Connecticut), 19 août 1999.

Une évolution similaire est observée depuis le début des années 1990 en Grande-Bretagne. Outre-Manche, plusieurs mesures ont ainsi déjà été prises afin de « *mettre à la disposition des gestionnaires des documents plus élaborés, à l'instar de ce qui existe dans le secteur privé, qui permettent d'anticiper sur l'avenir, tels l'état des coûts de fonctionnement, le bilan d'inventaire ou la marge brute d'autofinancement* »[44].

« Menacées » en tant qu'entités juridiques, les instances publiques, notamment administratives, le sont aussi en leur qualité d'utilisateurs de l'information comptable. En effet, comme nous l'avons déjà indiqué, les documents financiers publiés par les entreprises fournissent depuis longtemps, dans la plupart des pays européens, l'essentiel des données nécessaires au calcul des principaux indicateurs macro-économiques (PIB, EBE, etc.). En France, ils permettent en particulier de calculer la valeur ajoutée, et ce de manière assez directe. Égale à la différence entre la production et les consommations intermédiaires, cette grandeur apparaît depuis 1982 dans le tableau des soldes intermédiaires de gestion. Les comptes anglo-saxons ignorent pour leur part la notion de valeur ajoutée[45]. Ils n'offrent par conséquent que peu d'indications sur la répartition, entre les différents acteurs de l'entreprise, de la richesse créée. Cette « lacune » s'explique logiquement par le fait que dans le contexte anglo-saxon, la richesse n'a pas pour vocation à être partagée… sinon entre actionnaires. Dans la mesure où il privilégie cette catégorie d'utilisateurs, le processus d'« harmonisation » en cours aujourd'hui au plan international risque donc de priver les comptables nationaux d'une source « précieuse » de données[46].

Un problème similaire devrait se poser à l'administration fiscale. En effet, rappelons-le, à l'instar de plusieurs de ses homologues continentaux, notamment suisse et allemand, le système comptable français, système fortement influencé par le droit fiscal, satisfait aussi aux « besoins » du fisc. En Grande-Bretagne ou aux États-Unis, une telle « satisfaction » est sans objet dans la mesure où le calcul de l'impôt ne se base pas, du moins directement, sur les écritures comptables. À l'inverse de leurs consœurs françaises, les entreprises anglo-saxonnes ne sont donc

---

44. Raphaëlle Fabre Guillemant, *Les réformes administratives en France et en Grande-Bretagne*, Paris, L'Harmattan, coll. « Logiques juridiques », 1998, p. 77.
45. M. Capron et Michèle Lacombe-Saboly, *Introduction à la comptabilité d'entreprise*, Paris, La Découverte, coll. « Repères », n° 191, 1996, p. 110.
46. Ce risque a notamment été débattu, le 8 octobre 1997, à l'occasion d'un séminaire organisé par l'INSEE. « Accounting Standards, Business and Statistics », *INSEE Méthodes*, n° 74-75, 1998.

pas « incitées » fiscalement à minorer, c'est-à-dire à manipuler, leurs bénéfices. Autrement dit, la fiscalité interfère moins sur la valorisation boursière des sociétés...

Le cas des dirigeants d'entreprise

Parmi les « victimes » du processus de normalisation, citons aussi les dirigeants d'entreprise. Les normes comptables développées tant par le FASB et l'IASC ne sont en effet pas destinées à leur être utiles, bien au contraire. Elles mettent en effet « *l'accent sur les besoins des utilisateurs externes car ces utilisateurs manquent d'autorité pour obtenir de l'entreprise l'information financière qu'ils veulent et dont ils ont besoin* ». Autrement dit, « *les utilisateurs doivent s'en remettre aux directions pour leur fournir l'information* »[47]. Ils se trouvent de ce fait dans une situation d'infériorité à laquelle les instances de régulation se doivent de remédier, et ce conformément aux préceptes libéraux[48].

Par le fait qu'ils bénéficient d'une asymétrie d'information, les dirigeants sont ici implicitement soupçonnés de ne pas agir au mieux des intérêts de leurs mandants (i.e. les actionnaires). Comme en attestent par exemple les déclarations de Jean Arthuis[49], ministre de l'Economie et des Finances du gouvernement d'Alain Juppé, un soupçon de même nature est, comme nous l'avons déjà indiqué, à l'origine de l'instauration en France du CRC : « *Nous assistons, dans certains cas, à une sorte de vagabondage comptable. Cette situation aléatoire... est dangereuse pour le petit actionnaire comme pour l'ensemble des partenaires de l'entreprise ; elle place les commissaires aux comptes en perpétuel porte à faux ; elle accroît l'insécurité juridique des entreprises. Il n'est pas acceptable que l'on puisse mettre en doute la sincérité des comptes des entreprises françaises et les suspecter d'avoir choisi tel ou tel référentiel en fonction du résultat qu'elles souhaitaient faire apparaître* ».

Une telle vision des rapports entre actionnaires et dirigeants dans laquelle les seconds n'existent que pour servir les intérêts des premiers, est dans l'esprit très américaine, comme l'indique en particulier le jugement d'un procès intenté en 1913 à Henri Ford par deux actionnaires minoritaires de son entreprise, John et Horace Dodge, jugement qui

---

47. James. R. Adler, Patrick R. Delaney and Barry J. Epstein, *GAAP 1996*, NY : 1996.
48. En effet, « *tous les agents économiques ne sont pas également libres et puissants. Or le libéralisme exige qu'ils le soient et c'est au pouvoir politique qu'il incombe de veiller à la liberté économique et de la concurrence* ». Renato Di Ruzza, *Histoires, savoirs et pouvoirs en économie politique*, Études et documents économiques, 1990.
49. *Journal officiel de la République française*, débats parlementaires du Sénat, séance du 17 octobre 1996, 18 octobre 1996, p. 4865.

aujourd'hui encore fait jurisprudence aux États-Unis : « *Une société commerciale est constituée et gérée au bénéfice des actionnaires... Le pouvoir discrétionnaire des administrateurs doit s'exercer dans le choix des moyens nécessaires pour atteindre cette fin, et ne s'étend pas à un changement dans cette fin elle-même, à une réduction des profits ou à la non-distribution de profits aux actionnaires de façon à les consacrer à d'autres buts* »[50]. Selon le rapport du groupe de travail constitué par l'Association française des entreprises privées et le Conseil national du patronat français, groupe présidé par Marc Viénot[51], l'approche française diffère : « *Dans les pays anglo-saxons, l'accent est principalement mis sur l'objectif de maximisation rapide de la valeur de l'action, alors que, sur le continent européen et en particulier en France, il est plutôt mis sur l'intérêt social de l'entreprise. Il s'agit là de nuances plutôt que de conceptions absolument différentes... L'intérêt social peut ainsi se définir comme l'intérêt supérieur... de l'entreprise considérée comme un agent économique autonome, poursuivant des fins propres, distinctes notamment de celles des actionnaires, de ses salariés, de ses créanciers dont le fisc, de ses fournisseurs et de ses clients, mais qui correspondent à leur intérêt général commun, qui est d'assurer la prospérité et la continuité de l'entreprise.* »

La conception de l'entreprise inhérente au référentiel comptable anglo-saxon correspond aussi à celle développée par la théorie de l'agence[52]. Elle est à l'origine de l'avènement outre-Atlantique du *corporate governance*.

Ce mode d'organisation du pouvoir et de partage des responsabilités dans l'entreprise date de la création en 1985, à l'initiative de CalPERS[53], du Conseil des investisseurs institutionnels (CII). Il n'a cessé depuis lors de gagner en importance, et ce sous l'impulsion principale des investisseurs institutionnels[54] et de l'Institut américain du droit

---

50. Cité par Gordon Smith, « The Shareholder Primacy Norm », *The Journal of Corporation Law*, 277 (1998).
51. Parmi les autres membres de ce groupe, citons Jean-Louis Beffa, Bertrand Collomb, Ernest-Antoine Sellière et Serge Tchuruk. *Le conseil d'administration des sociétés cotées*, rapport du groupe de travail AFEP/CNPF, juillet 1995, p. 8.
52. Michael C. Jensen et William H. Meckling, « Theory of the Firm : Managerial Behavior, Agency Costs and Ownership Structure », *Journal of Financial Economics*, n° 3, 1976, pp. 305-360.
53. Californian Public Employees' Retirement System
54. En 1994, 63,5 % des entreprises américaines étaient détenues à plus de 50 % par des investisseurs institutionnels. Sophie L'Hélias, *Le retour de l'actionnaire, pratiques du corporate governance en France, aux États-Unis et en Grande-Bretagne*, Paris, Gualino éditeur, 1997, p. 105.

(American Law Institute). « Popularisé » en France par les rapports Viénot et Marini[55], il connaît aujourd'hui, à l'instar des normes édictées par l'IASC, une diffusion internationale. Les processus sont d'ailleurs étroitement liés. À titre de preuve, les ministres des pays Membres de l'OCDE ont adopté, lors de leur réunion annuelle des 26 et 27 mai 1999, un document intitulé *Les Principes de l'OCDE relatifs au gouvernement d'entreprise*[56] dans lequel ils insistent sur « *la transparence et la diffusion de l'information* » : « *Les actionnaires et les investisseurs potentiels ont besoin d'avoir accès à des informations périodiques, fiables, comparables et suffisamment détaillées pour pouvoir apprécier la gestion menée par la direction et prendre des décisions éclairées concernant l'évaluation et la détention d'actions, ainsi que l'exercice des droits de vote y afférents.* »[57] En effet, selon les responsables de l'OCDE, « *les règles régissant le gouvernement d'entreprise devraient garantir la diffusion en temps opportun d'informations exactes sur tous les éléments pertinents à l'entreprise* », de façon à « *encourager le conseil d'administration et la direction à poursuivre des objectifs conformes aux intérêts de la société et des actionnaires* ». Qui plus est, afin d'« *améliorer la comparabilité des informations d'un pays à l'autre* », celles-ci « *devraient être recueillies, vérifiées et diffusées conformément à des normes de qualité reconnues au niveau international* ».

Même s'ils « *n'ont pas de caractère contraignant* », les principes énoncés par l'OCDE sont supposés constituer « *une base commune indispensable* » et « *se veulent suffisamment généraux pour pouvoir s'appliquer à n'importe quelle structure ayant compétence pour présider aux destinées d'une entreprise et en surveiller la gestion* ». Ces indications témoignent de la volonté de l'OCDE de normaliser les règles du *corporate governance*. Fin mai 1999, l'instance internationale[58] a d'ailleurs annoncé la création, en partenariat avec la Banque mondiale, d'un Forum global sur le gouvernement d'entreprise (GCGF), forum dont l'organisation rappelle celle de l'IASC et du FASB[59].

---

55. Philippe Marini, *La modernisation du droit des sociétés*, Paris, la Documentation française, coll. des rapports officiels, 1996.
56. OCDE, *op. cit.*, pp. 22-26.
57. L'OCDE reconnaît par ailleurs que « *les investisseurs sont particulièrement demandeurs d'informations pouvant apporter un éclairage sur les résultats futurs de l'entreprise* ».
58. *La Banque mondiale et l'OCDE intensifient leur coopération au service de l'amélioration du gouvernement d'entreprise*, Communiqué de presse de l'OCDE, Paris, le 27 mai 1999.
59. Le GFCG s'est réuni pour la première fois les 27 et 28 septembre 1999 à Washington. Il s'est doté d'un Groupe consultatif du secteur privé (PSAG), d'un Groupe consultatif (*Consultative Group*), d'une Mission de l'audit et de la comptabilité (*Audit and*

L'information comptable répond-elle réellement aux besoins des actionnaires ? Autrement dit, les efforts accomplis par le FASB et l'IASC pour améliorer la « qualité » des états financiers sont-ils utiles ? Il est permis d'en douter.

Selon une enquête conduite en 1996 par le professeur Baruch Lev, à partir de données concernant quelques 300 entreprises, il apparaît ainsi que de 1973 à 1992, l'écart entre les valeurs boursière et comptable des sociétés américaines a progressé de - 18,9 à + 69,2 %[60]. Dans des travaux plus récents relatifs aux années 1977-96, le même auteur[61] constate une baisse de la sensibilité du cours des actions aux variations de plusieurs indicateurs financiers (bénéfices, flux de liquidités et valeur comptable).

La perte d'utilité des états financiers est principalement imputée à la place grandissante occupée dans le processus de création de valeur par les actifs « intangibles » (la marque, le savoir, etc.), évolution prise imparfaitement en compte par les pratiques comptables traditionnelles[62]. Ainsi, les dépenses de R & D ne sont habituellement pas considérées comme un élément de l'actif. Elles ne figurent donc pas au bilan et ne donnent pas lieu à amortissement ou à provision. Elles sont simplement enregistrées en charges de l'exercice au cours duquel elles ont été engagées. Autrement dit, elles ne sont comptabilisées qu'une seule fois, et ce de façon négative, alors qu'elles peuvent contribuer à la formation du résultat durant plusieurs années. Cette pratique est de nature à donner aux actionnaires une perception erronée de la réalité « annuelle » de

---

Accounting Taskforce) et d'une Mission de la responsabilité des investisseurs (*Investor Responsability Taskforce*), instance co-présidée par des représentants de Templeton et de TIAA-CREF.

60. L'écart constaté ici en moyenne apparaît particulièrement élevé pour certaines entreprises *high tech*. En 1996, les valeurs comptable et boursière des actions de la société informatique américaine Intel s'élevaient ainsi respectivement à 17 et 110 milliards de dollars !

61. Baruch Lev et Paul Zarowin, *The Boundaries of Financial Reporting and How to Extend Them*, New York University, février 1999.

62. Les critiques adressées au système comptable par la littérature universitaire sont relayées aux États-Unis par les « autorités » comptables et les milieux industriels. En 1991, l'AICPA a ainsi constitué une Commision spéciale sur le *reporting* financier qui a notamment appelé à un « *débat autour des facteurs de performance non financière qui génèrent de la valeur à long terme* ». En 1995, le Conseil pour la politique de la concurrence, instance regroupant des dirigeants d'entreprise, a quant à lui publié un rapport dans lequel il affirme que l'intérêt quasi exclusif porté par la comptabilité au « tangible » et à l'historique a eu un impact négatif sur la productivité et les bénéfices des sociétés américaines, et de là sur l'emploi et les salaires. Robert Denham et Michael Porter, *Lifting All Boats : Increasing the Payoff from Private Investment in the US Economy*, Report of the Capital Allocation Subcouncil to the Competitiveness Policy Council, Washington, DC, 1995.

l'entreprise et à induire ainsi une sous-valorisation. Bien entendu des exceptions, variables selon les pays mais limitées, existent aux règles générales exposées ici[63].

Pour rétablir la « vérité des comptes », la solution la plus logique consisterait à appliquer le même traitement aux actifs matériels et immatériels. La mise en œuvre d'une telle proposition ne va malheureusement pas de soi. Les actifs immatériels sont en effet nettement moins homogènes que les biens physiques et ont une valeur plus difficile à mesurer. Ils ne sont pas nécessairement la pleine et entière propriété des sociétés et ne sont donc pas forcément négociables sur un marché[64]. Les compétences, les savoir-faire sont ainsi indissociables des salariés, lesquels peuvent d'ailleurs décider à tout instant de quitter l'entreprise[65]. Les actifs intangibles représentent pour ces différentes raisons et bien d'autres, un risque particulièrement élevé. Qui plus est, leur prise en compte compliquerait la tâche des auditeurs chargés de certifier la « fidélité » des comptes et serait ainsi certainement sources de litiges.

Les différents risques évoqués ici expliquent en grande partie la « frilosité » des organismes normalisateurs en matière de comptabilisation de l'intangible. En décembre 1998, l'IASC a ainsi publié une norme, l'IAS 38, qui prévoit que, pour être comptabilisé en tant que tel, un actif immatériel doit être identifiable, c'est-à-dire qu'il doit pouvoir être cédé séparément de l'activité génératrice de profits à laquelle il participe, l'existence d'une protection juridique (titre de propriété, copyright, etc.) constituant la meilleure garantie de cette séparabilité[66]. Qui plus est, son coût doit pouvoir être mesuré avec fiabilité (*reliability*). Sa réévaluation n'est permise que dans le cas où un marché actif permet d'estimer sa

---

63. Le PCG autorise ainsi l'activation des frais d'établissement, des « *dépenses faites pour l'obtention de l'avantage que constitue la protection accordée à l'inventeur, à l'auteur ou au bénéficiaire du droit d'exploitation d'un brevet, d'une licence, d'une marque, d'un procédé* », du droit au bail ainsi que celle de différents éléments tels la clientèle (fichiers commerciaux, parts de marché, etc.) ou la marque, éléments qui ne peuvent être inscrits au bilan, sous la rubrique « fonds de commerce » (*goodwill*), qu'à condition d'avoir été acquis et non pas créés en interne. Peuvent aussi être immobilisés les frais de R & D correspondant à des projets nettement individualisés, présentant des chances sérieuses de réussite technique et de rentabilité commerciale et dont le coût peut être distinctement établi.
64. En cas de liquidation judiciaire, ils ne peuvent donc pas, soulignons-le, servir au désintéressement des créanciers.
65. Ces remarques ne s'appliquent pas par exemple à certains footballeurs qui font l'objet d'un marchandage entre clubs de football.
66. René Ricol, « Grandes questions comptables : éléments incorporels et retraites », *Revue d'économie financière*, n° 41 juin 1997, pp. 77-94.

« juste valeur ». Comme le reconnaît l'IASC lui-même, le respect de ces critères, beaucoup plus restrictifs que ceux fixés pour la reconnaissance des actifs matériels, interdit en pratique d'activer les frais d'établissement, de recherche, de formation, de publicité, etc.

En dépit des difficultés évoquées ici et face à la « prudence » des organismes normalisateurs, plusieurs sociétés ont entrepris de leur propre chef de publier des données non financières à l'intention de leurs actionnaires. S'inspirant des travaux de Karl Erik Sveiby[67], la compagnie d'assurance suédoise Skandia s'est ainsi lancée en 1994 dans la publication d'un rapport annuel sur le « capital intellectuel ». Intitulé *Business Navigator*, ce document appréhende les performances non financières de l'entreprise à travers une trentaine d'indicateurs centrés notamment sur les ressources humaines (taux de *turnover* des salariés, proportion de femmes cadres, etc.).

Cette première initiative a déjà fait de nombreux émules (Dow Chemicals, Hughes Aircraft, Ernst &Young, etc.) et devrait continuer à en faire, tout au moins en Europe. Selon une enquête réalisée en 1998 par Wendi Bukowitz du cabinet Arthur Andersen, respectivement 15 % et 40 % des sociétés nord-américaines et européennes prévoyaient d'inscrire dans les cinq ans à leur bilan des données relatives à leur capital intellectuel. Elles étaient 60 et 40 % à penser que les actifs « intangibles » sont trop difficiles à évaluer pour y figurer.

L'intérêt croissant manifesté par les professionnels de la comptabilité et le monde des entreprises pour la publication de données non financières ne saurait suffire à prétendre que ce type d'information est « valorisé » par les marchés boursiers. Tel semble cependant être le cas. Selon une enquête réalisée en 1997 auprès de 275 investisseurs institutionnels[68], il apparaît en effet que 35 % de leurs décisions sont influencées par des éléments non financiers[69]. Parmi ceux-ci, les plus « appréciés » ont trait à la qualité des dirigeants (crédibilité, expérience, capacité à mettre en œuvre la stratégie définie, etc.) ou à celle des processus et des produits. Malheureusement, les données relatives à la politique sociale, au respect de l'environnement ou à l'existence d'une culture d'entreprise, semblent moins importer...

---

67. K. E. Sveiby, *La nouvelle richesse des entreprises. Savoir tirer profit des actifs immatériels de sa société*, Paris, Maxima-Laurent du Mesnil Éditeur, 2000.

68. Sarah Mavrinac et G. Anthony Siesfield, « La délicate mesure de l'immatériel », *L'Expansion Management Review*, n° 91, décembre 1998 repris dans *Problèmes économiques*, n° 2629, 1er septembre 1999, pp. 4-9.

69. 65 % sont donc déterminées par des informations financières !

Liste des sigles et abréviations britanniques et américains

AICPA, American Institute of Certified Public Accountants.

APB, Accounting Principles Board.

CII, Council of Institutionnal Investors.

CPAs, Committee on Accounting Procedures.

EITF, Emerging Issues Task Force.

FAF, Financial Accounting Foundation.

FASAC, Financial Accounting Standards Advisory Council.

FASB, Financial Accounting Standards Board.

GAAP, Generally Accepted Accounting Principles.

GASB, Governmental Accounting Standards Board.

GCGF, Global Corporate Governance Forum.

IAS, International Accounting Standard.

IASC, International Accounting Standards Committee.

IFAC, International Federation of Accountants.

IOSCO, International Organization of Securities Commission.

PSAG, Private Sector Advisory Group.

SEC, Securities and Exchange Commission.

SFAC, Statement of Financial Accounting Concept.

SFAS, Statement of Financial Accounting Standards.

SIC, Standing Interpretations Committee.

La primauté de l'actionnaire à l'épreuve de la notation et du *reporting* socio-éthiques

Fabrice PRUVOST

« *Comment se fait-il qu'on en soit venu, à tel moment de l'époque moderne, à considérer comme honorables des activités lucratives telles que le commerce et la banque, alors même qu'elles avaient été réprouvées et honnies durant des siècles, parce qu'on y voyait l'incarnation de la cupidité, de l'amour du gain et de l'avarice* ? »

Albert O. Hirschmann[1]

Les études disponibles sur la relation entre la valeur boursière des sociétés et leurs pratiques sociales ne permettent pas, pour la plupart, de rejeter l'hypothèse d'un « myopie sociale » des actionnaires. Mais leurs conclusions doivent être considérées avec prudence dans la mesure notamment où « *l'information sociale reste très insuffisante pour permettre aux investisseurs de saisir correctement la qualité et les perspectives de la gestion sociale* »[2]. Une telle « insuffisance » explique en grande partie la multiplication récente des tentatives de définition de critères dits « socio-éthiques ». Celles-ci ont en effet pour premier objectif la production, à destination des différents partenaires de l'entreprise, de données et d'indicateurs sur ses performances non financières. Mais ce n'est pas là leur seul intérêt. Si ces tentatives méritent attention, c'est aussi, et peut-être surtout, parce qu'elles participent d'un mouvement plus vaste de réhabilitation de l'éthique[3], qu'elles véhiculent un système différent de représentations sociales et qu'elles sont ainsi de nature à modifier le champ des possibles, c'est-à-dire à offrir aux acteurs sociaux de nouveaux espaces d'intervention et à favoriser l'établissement, à plus ou moins long terme, de compromis éventuellement plus favorables au travail[4]. En particulier, elles articulent

1. A. O. Hirschmann, *Les passions et les intérêts. Justifications politiques du capitalisme avant son apogée*, Paris, PUF, 1980, p. 13.
2. Charles-Henri d'Arcimoles, « Les investisseurs face à la performance sociale de l'entreprise », *Revue française de gestion*, n° 122, janvier-février 1999, pp. 122-134, p. 133.
3. L'un des événements marquants de ce mouvement a été l'attribution en 1998 du Prix Nobel d'économie à Amartya K. Sen. A. K. Sen, *L'économie est une science morale*, Paris, La Découverte, 1999.
4. Pour illustrer notre propos, indiquons, par exemple, que ce n'est qu'à partir du moment où les surendettements actif et passif ont été distingués, distinction qui marquait une évolution du système de représentations, que la possibilité d'une remise de dettes a pu

deux concepts relativement récents, celui de « développement durable » et de « parties prenantes » (*Stakeholders*)[5], dont nous verrons qu'ils sont porteurs d'une remise en cause de l'idée aujourd'hui dominante, notamment dans les pays anglo-saxons (États-Unis, Grande-Bretagne, etc.), selon laquelle la fonction principale de l'entreprise serait de créer de la valeur aux bénéfices des actionnaires.

Au regard de l'histoire économique et sociale, l'évolution des représentations et les bienfaits à attendre, à plus ou moins long terme, de l'« engouement » socio-éthique[6], ne sauraient être sous-estimés. Pour s'en convaincre, il suffit de rappeler que durant longtemps, l'économie et la morale n'ont fait qu'un, unité fondée sur la condamnation de l'instinct de lucre et de la chrématistique. Selon Max Weber, leur dissociation n'aurait débuté en pratique qu'avec la Réforme qui a mis un terme à « *la domination de l'Eglise dans la vie de tous les jours* »[7] pour ouvrir la voie à celle du marché et à un développement de l'activité capitaliste. Elle a été rendue possible par les travaux d'économistes classiques tels Adam Smith (1723-1790) ou Jeremy Bentham (1748-1832) qui ont contribué à offrir une caution morale à la recherche du profit pour le profit en popularisant l'idée selon laquelle la poursuite par les hommes de leur intérêt personnel servirait l'intérêt général : « *Cet immense travail social qui s'est opéré pour instaurer le progrès matériel individuel comme un, si ce n'est le, critère du bien-être social a permis au capitalisme de conquérir une légitimité sans précédent, car se trouvaient ainsi légitimés en même temps sa visée et son moteur.* »[8]

être introduite dans le droit français. F. Pruvost, « Le droit de la consommation : vecteur de lutte contre la pauvreté et l'exclusion sociale ? L'exemple du surendettement des ménages en Europe à travers une analyse des dernières évolutions législatives », *Droit ouvrier*, janvier 1997, pp. 1-20.

5. La référence à ces deux concepts est caractéristique du débat actuel sur la responsabilité sociale des entreprises. Ce débat est sinon très ancien. Il faisait déjà l'objet d'articles au début des années 1930 : Adolf A. Berle, « Corporate Powers as Powers in Trust », *Harvard Law Review*, vol. 44, mai 1931, pp. 1049-1074 ; E. M. Dodd, « For Whom are Corporate Managers Trustees », *Harvard Law Review*, vol. 45, mai 1932, pp. 1145-1163.
6. Cet engouement concerne la finance mais aussi la consommation. Janelle Diller, « Responsabilité sociale et mondialisation : qu'attendre des codes de conduite, des labels sociaux et des pratiques d'investissements ? », *Revue internationale du travail*, vol. 138, n° 2, 1999, pp. 107-139.
7. Max Weber, *L'éthique protestante et l'esprit du capitalisme*, Plon, 1964, p. 31.
8. Luc Boltanski et Eve Chiapello, *Le nouvel esprit du capitalisme*, Éditions Gallimard, 1999, p. 49.

Ce court rappel historique ne doit pas laisser à penser que l'on assisterait aujourd'hui, hypothèse peu vraisemblable, à un repli théocentrique. Mais il doit conduire à envisager, avec plus d'attention, l'essor actuel des pratiques socio-éthiques, essor qui pourrait bien annoncer l'avènement d'un « nouvel esprit du capitalisme »[9] ou d'un « néocapitalisme »[10].

LA NOTATION ET LE *REPORTING* SOCIO-ÉTHIQUES

Les pratiques socio-éthiques peuvent être regroupées en deux grandes catégories, selon qu'elles relèvent du domaine de la notation (*rating*) ou de celui du *reporting*[11] et de la comptabilité. Dans le premier cas, elles visent principalement à fournir aux investisseurs un ensemble d'informations comparatives qui leur permettront de classer les sociétés, informations d'ordre non-financier recueillies avant tout sur la base d'une observation extérieure. Dans le second cas, l'accent est plutôt mis sur la production, à l'intention des entreprises, d'indicateurs spécifiques et de nouveaux outils comptables qui leur permettront de témoigner auprès de leurs actionnaires mais aussi de leurs clients, de leurs fournisseurs, des médias, etc., de leur adhésion à certaines valeurs.

Ces pratiques dont le développement s'explique en tout premier lieu par la mise sur l'agenda des préoccupations environnementales (cf. *infra*), sont qualifiées de socio-éthiques car :

- elles cherchent à induire chez les différentes parties prenantes à la vie de l'entreprise, en particulier chez les actionnaires, une conduite qui ne soit pas uniquement guidée par un intérêt personnel mais qui soit aussi en accord avec la morale (*aspect éthique*) ;
- elles veulent les amener à prendre en compte les effets négatifs que leurs décisions peuvent avoir sur l'environnement et sur les autres agents (*aspect social*). Dans la mesure où être responsable, c'est assumer les conséquences de ses actes et accepter d'en rendre compte, il est donc justifié de parler ici de responsabilité sociale. Notons que l'adjectif « social » est utilisé ici dans une acception large, c'est-à-dire qu'il ne se réfère pas uniquement à la force de travail et aux conditions de sa reproduction. Pour éviter toute

---

9. *Ibid.*
10. Raoul Vaneigen, *Pour une internationale du genre humain*, Paris, Le cherche midi éditeur, 1999.
11. Le terme anglais de *reporting* peut-être traduit par celui de reddition des comptes qui, selon *Le Petit Robert*, désigne « *le fait de présenter, pour vérification, l'état des biens d'autrui qu'on a administrés* ».

confusion, le terme « sociétal » lui est d'ailleurs parfois préféré. Cette remarque sémantique permet de comprendre que l'emploi ne soit pas, loin s'en faut, la préoccupation centrale des adeptes de la notation et du *reporting* socio-éthiques.

La notation socio-éthique

Parmi les professionnels de la notation socio-éthique, citons[12] tout d'abord la société londonienne Pensions & Investment Research Consultants Ltd. Créée il y a plus de quinze ans, elle a une clientèle composée principalement de fonds de pension. Elle publie périodiquement à leur intention des directives de vote et des études comparatives sur le gouvernement d'entreprise. En 1999, elle a ainsi réalisé deux enquêtes sur le comportement des firmes britanniques en matière de *reporting* environnemental[13] et social[14]. Elle a dernièrement constitué un service entièrement dédié à la question de la responsabilité sociale des sociétés, et ce afin de promouvoir « *une vision de l'entreprise... dans laquelle la création de richesse au bénéfice des actionnaires est obtenue via l'instauration de normes d'excellence dans les relations avec les principales parties prenantes* »[15]. L'activité de ce nouveau service s'organise autour de quatre pôles : les normes environnementales ; les normes d'emploi ; les droits de l'homme et les politiques « communautaires »[16] ; le gouvernement d'entreprise.

Des prestations similaires sont offertes depuis septembre 1992 par l'association belge Ethibel et depuis février 1997 par la Fondation suisse d'investissement pour un développement durable. Également appelé « Ethos », ce fonds gère l'épargne de plusieurs caisses de pension. Il choisit ses placements conformément aux règles de l'art (rentabilité des fonds propres, transparence comptable, etc.) mais aussi en fonction de critères de « durabilité sociale et environnementale ». Il publie régulièrement les classements ainsi obtenus[17].

La société française Analyses et recherches sociales et environnementales sur les entreprises (AREsE) fait aussi partie des spécialistes de la notation socio-éthique. Créée en juillet 1997 à l'initiative du groupe des Caisses d'épargne et de la Caisse des dépôts et consignations (CDC), elle s'est donnée pour mission d'offrir

---

12. Faute de place, un nombre limité d'exemples est donné ici.
13. PIRC, *Environmental Reporting 1999 : The PIRC Survey of the FTSE 350*, 1999.
14. PIRC, *Issues and Trends in Corporate Social Reporting*, 1999.
15. PIRC, www.pirc.co.uk/crserv.htm [consulté le 26-01-2000]
16. La notion anglaise de *community* « renvoie » à celle de citoyenneté.
17. *Guide Ethos des entreprises*, novembre 1999.

« *aux investisseurs et aux gérants de portefeuilles les informations non financières permettant la création de fonds d'investissements socialement responsables s'inscrivant dans une logique de développement durable* »[18], logique qui, selon elle, combine « respect de l'environnement », « équité sociale » et « rentabilité économique ». Les informations fournies portent sur les principales sociétés françaises et européennes cotées en bourse, et sont censées compléter celles tirées de l'analyse financière. Recueillies en partie par voie de questionnaire, elles sont regroupées en cinq catégories : gestion des ressources humaines ; respect de l'environnement ; satisfaction de la clientèle en terme notamment de qualité ; relations avec les actionnaires ; société civile. Outre la CDC[19] et les Caisses d'épargne, de nombreuses sociétés telle la MACIF[20] ont déjà fait appel aux services de l'AREsE pour élaborer des produits financiers (FCP, SICAV, etc.) socio-éthiques.

Parmi les nombreuses agences de notation sociale opérant outre-Atlantique, citons le Domini Social Equity Fund (DESF). Créé en 1991 par le cabinet Kinder, Lydenberg, Domini & Co., ce *mutual fund* se refuse à investir dans les sociétés dont les revenus sont en partie liés au jeu, à la production d'armes, de tabac, d'alcool ou d'électricité nucléaire. Il sélectionne ses placements en fonction de critères relatifs à la vie communautaire (dons aux associations caritatives, aide aux plus démunis, etc.), à la « diversité » (traitement réservé aux femmes, aux minorités raciales et aux homosexuels), au respect de l'environnement, aux politiques suivies vis-à-vis des pays sous-développés (respect des droits de l'homme, etc.), à la qualité des produits et à celle des relations sociales (rapports avec les organisations syndicales, etc.). Les entreprises sélectionnées sur la base de ces critères sont prises en compte pour le calcul d'un indice boursier dit « social », le Domini 400 Social Index. Le DSEF publie aussi des directives de vote à l'intention des actionnaires.

Le reporting socio-éthique

Depuis le début des années 1990, la pratique du *reporting* socio-éthique connaît dans les pays anglo-saxons, notamment en Grande-Bretagne, un essor important. Parmi les professionnels opérant dans ce secteur encore

18. AREsE, www.arese-sa.com\français\VALEURS.htm [consulté le 15-10-1999]
19. La CDC collabore par ailleurs, avec le Crédit coopératif et l'hebdomadaire *La Vie*, à la publication d'un guide des placements socio-éthiques : Alternatives économiques, *Les placements socio-éthiques. L'épargne solidaire en 65 fiches*, 1999, 2e édition.
20. La MACIF participe par ailleurs au réseau européen des sociétés d'assurances de l'économie sociale (EURESA), réseau qui a rédigé, en collaboration avec la Confédération européenne des syndicats, un Code de bonne conduite de la gestion des fonds de pension qui prévoit l'utilisation de critères socio-éthiques.

peu structuré, plusieurs jouent indéniablement un rôle leader. Tel est en particulier le cas de SustainAbility Ltd. Ce cabinet de conseil anglais est notamment à l'origine de la « triple ligne du bas »[21]. Cette expression désigne un ensemble d'indicateurs spécifiques à chaque entreprise qui doivent lui permettre de démontrer sa capacité à créer de la valeur économique mais aussi environnementale et sociale, de conserver la confiance des différentes parties prenantes à son activité et d'assurer ainsi sa pérennité ou plus exactement sa « durabilité »[22].

La méthodologie de la « triple ligne du bas » a été développée dans le cadre d'un projet intitulé *Engaging Stakeholders* destiné à promouvoir la pratique du *reporting* socio-éthique[23], projet cofinancé par le Programme des Nations Unies pour l'environnement, par l'Association britannique des experts-comptables certifiés (Association of Chartered Certified Accountants, ACCA), ainsi que par une vingtaine de firmes multinationales parmi les plus importantes (Bayer, British Petroleum, General Motors, Intel Corporation, Rhône-Poulenc, etc.). Elle a notamment été mise en œuvre par le groupe anglo-néerlandais Royal Dutch Shell, qui a constitué à cet effet une « mission de la responsabilité sociale »[24].

Parmi les précurseurs du *reporting* socio-éthique, citons aussi la Fondation de la nouvelle économie (New Economics Foundation, NEF). Née en 1986, cette fondation dont l'approche se veut « communautariste », s'est donné pour mission de « *construire une économie juste et durable* »[25] centrée sur l'homme. À cet effet, elle produit des indicateurs de performance environnementale et sociale, et réalise des audits sociaux. Elle travaille notamment pour des firmes pionnières en matière de *reporting* socio-éthique, tels Traidcraft Plc et The Body Shop International Plc. Elle collabore aussi avec la Commission des Nations Unies sur le développement durable. Elle a dernièrement transposé au Royaume-Uni l'Indice de bien-être économique durable proposé en 1989, aux États-Unis, par Herman Daly et John Cobb[26], indice qui tient compte des coûts sociaux et

---

21. Dans la comptabilité anglo-saxonne, la « ligne du bas » (*the bottom line*) désigne la ligne du compte de résultat qui indique le montant du bénéfice par action après impôts.
22. John Elkington, *Cannibals with Forks : The Triple Bottom Line of 21st Century Business*, Capstone, 1997.
23. SustainAbility a publié dans ce cadre plusieurs rapports dont : *The Social Reporting Report* (1999) ; *The Internet Reporting Report* (1999).
24. *1998 Shell Report*
25. NEF, www.neweconomics.org [consulté le 26-01-2000]
26. H. Daly et J. Cobb, *For the Common Good : Redirecting the Economy Toward Community, the Environment, and a Sustainable Future*, Boston : Beacon Press, 1989.

environnementaux. Cette transposition[27] a notamment permis de montrer que depuis 1950, le niveau de bien-être de la population britannique n'a quasiment pas augmenté alors que le PNB a plus que doublé !

La NEF a participé à la création en 1996 de l'Institut de la responsabilité sociale et éthique (Institute of Social and Ethical AccountAbility). Cet organisme professionnel international a reçu pour mission de promouvoir *« les meilleures pratiques en matière de comptabilité et d'audit sociaux et éthiques, et le développement de normes et de procédures d'accréditation pour les professionnels du secteur »*, et ce afin de *« renforcer la responsabilité sociale et le comportement éthique de la communauté des affaires et des organisations non marchandes »*[28]. Son action normalisatrice est soutenue par plusieurs firmes dont British Telecommunications Plc ainsi que par l'ACCA et le Conseil sur les priorités économiques (Council on Economic Priorities).

Par rapport aux cas américain et anglais, la pratique du *reporting* socio-éthique apparaît peu développée en Europe continentale. Parmi les initiatives significatives, citons celle du Bilan sociétal. Élaboré par le Centre des jeunes dirigeants de l'économie sociale (CJDES), ce « bilan » est destiné à compléter les états financiers et le bilan social. Il se présente sous la forme d'un questionnaire et distingue seize critères d'évaluation[29] auxquels sont associés différents indicateurs. Selon ses promoteurs[30], il constitue tout d'abord un outil d'évaluation et d'aide à la décision. Il doit permettre à toute organisation d'identifier les différents flux (marchands, matériels, monétaires, etc.) qui la lient à son environnement, d'apprécier l'adéquation entre son comportement et ses valeurs, et de clarifier ses objectifs. Il a également été conçu comme un instrument de médiation, de dialogue entre les différentes parties prenantes, internes ou externes, à la vie de l'entreprise. En résumé, le Bilan sociétal vise *« à évaluer la manière dont les firmes respectent, étant donnés leurs objectifs et leurs*

---

27. Tim Jackson, Nic Marks, Jon Ralls et Susanna Stymne, *An Index of Sustainable Economic Welfare for the UK 1950-1996*. Londres, Centre for Environmental Strategy/NEF, 1997.
28. AccountAbility, www.accountability.org.uk [consulté le 15-10-1999]
29. Parmi ces critères, citons : les citoyennetés locale, économique, interne (i.e. la capacité de l'entreprise à... *promouvoir la démocratie interne*) ; le développement des capacités cognitives (*développer les aptitudes individuelles et collectives*) ; l'employabilité (*offrir à ses salariés des possibilités de requalification et de réemploi*) ; l'éthique (*respecter ses valeurs*) ; le respect de l'environnement ; la satisfaction (*répondre aux attentes de ses clients et employés*) ; la solidarité ; l'utilité sociale et collective (*fournir des biens ou services répondant à des besoins partiellement ou non satisfaits*).
30. Michel Capron, *The Evaluation of the Corporate Social Responsability of Social Economy Firms*, IPA 97, Fith Interdisciplinary Perspectives on Accounting Conference, UMIST/University of Manchester, 7-9 juillet 1997.

contraintes spécifiques, leurs engagements en terme de responsabilité sociale », la responsabilité sociale consistant « *à être globalement utile à toutes les parties prenantes* ». L'objectif final poursuivi est l'amélioration de la performance globale[31].

UTILITARISME, INTÉRÊT DES ACTIONNAIRES ET ÉTHIQUE

Pour cerner la dimension socio-éthique des différentes initiatives présentées ci-dessus, il convient tout d'abord de rappeler les principales hypothèses comportementales qui sous-tendent la plupart des modèles financiers. Ces hypothèses correspondent à peu de chose près à celles faites par les théories utilitaristes, néoclassiques, théories qui, depuis J. Bentham, constituent le socle des thèses (néo-)libérales.

Dans ce cadre théorique particulier, les individus ne sont supposés obéir qu'à leur propre intérêt. Autrement dit, ils sont égoïstes et asociaux. Ils ont un comportement maximisateur, c'est-à-dire qu'ils effectuent les choix qui leur permettent de maximiser, qui la satisfaction retirée de la consommation d'un certain « panier » de biens, qui les bénéfices dégagés de la combinaison de certains facteurs de production. Ils sont également réputés rationnels, c'est-à-dire qu'ils « *agissent en utilisant au mieux les ressources dont ils disposent compte tenu des contraintes qu'ils subissent* »[32]. Leurs décisions sont conditionnées par leurs structures de préférences et guidées par le seul système des prix, système qui est censé synthétiser toute l'information utile.

Transposées dans le domaine de la gestion financière, c'est-à-dire en univers incertain, ces diverses hypothèses équivalent à affirmer que les actionnaires ne cherchent, compte tenu de leur aversion plus ou moins grande pour le risque, qu'à maximiser le rendement (i.e. la chronique des dividendes versés par l'entreprise) et la valeur boursière des titres qu'ils détiennent[33]. Comme nous l'avons déjà vu au précédent chapitre, une telle affirmation est l'un des présupposés de la comptabilité anglo-saxonne.

Comme en attestent par exemple les écrits de l'un des chantres du libéralisme, Milton Friedman (cf. *infra*), la théorie de l'agence s'inscrit dans ce corpus théorique à la différence près que, tenant compte de la séparation croissante entre la propriété du capital et le contrôle de la

31. Gérard Leseul, « Pour un bilan sociétal des entreprises », *Alternatives économiques*, n° 153, novembre 1997, p. 58.
32. Pierre Cahuc, *La nouvelle microéconomie*, Paris, La Découverte & Syros, coll. « Repères », n° 126, 1998, p. 4.
33. Selon la théorie financière, maximiser le profit d'une entreprise équivaut, sous certaines conditions, à maximiser sa valeur boursière. Roland Portrait et Philippe Noubel, *Les décisions financières dans l'entreprise. Méthodes et applications*, Paris, PUF, 1996.

gestion liée à l'avènement et au développement de la société anonyme, elle « soupçonne » les dirigeants de faire prévaloir leurs intérêts contre ceux des actionnaires, c'est-à-dire pratiquement de détourner à leur avantage une partie des bénéfices de l'entreprise. L'existence d'un conflit d'intérêts est postulée, auquel les principes de *corporate governance* se doivent de remédier.

Si l'on définit l'éthique comme l'art d'orienter la conduite en fonction du juste et en direction du bien, à l'instar par exemple de John Rawls[34], les théories présentées ici ne peuvent être qualifiées d'éthique que dans la mesure où elles cherchent à propager un certain système de représentations. Elles ne visent sinon pas spécialement à influer sur les comportements. En effet, elles prônent le laisser-faire et invitent les individus à se laisser aller à un penchant présenté comme « naturel »[35], la cupidité. Au regard de cette invitation, l'*homo œconomicus*, l'actionnaire néoclassique ne peut être qualifié d'amoral, et ce d'autant plus qu'il ne peut en théorie ni anticiper les conséquences de ses choix, ni influer sur celles-ci. L'équilibre produit par le fonctionnement autorégulateur du marché, par l'action de la « main invisible » est en effet analysé comme la résultante d'une multitude de décisions individuelles prises de manière indépendante, décisions sur lesquelles nul ne peut peser, du moins en situation de concurrence pure et parfaite. Qui plus est, lorsque rien ne vient entraver le jeu de l'offre et de la demande, il est supposé correspondre à un « optimum social » au sens de Pareto, c'est-à-dire à une situation équitable, mais non forcément égalitaire, dans laquelle : a) tous sont satisfaits ; b) il n'est plus possible d'accroître la satisfaction, l'utilité d'un individu sans réduire celle d'un autre. Les théories utilitaristes formulent bien des recommandations mais celles-ci s'adressent pour l'essentiel à ceux tels les pouvoirs publics dont l'intervention est supposée constituer une entrave au « bon » fonctionnement du marché, à moins qu'elle ne vise à éviter l'émergence de pouvoirs de monopole.

---

34. En effet, pour cet auteur qui s'est donné pour but « *d'élaborer une théorie de la justice qui représente une solution de rechange à la pensée utilitariste* », « *les deux concepts principaux de l'éthique sont ceux du juste et du bien* » et « *la structure d'une théorie éthique est largement déterminée par la manière dont elle définit et relie entre elles ces deux notions de base* ». J. Rawls, *Théorie de la justice*, Paris, Éditions du Seuil, 1987, pp. 49-50.

35. Le caractère « naturel » de l'instinct de lucre est débattu depuis longtemps. Ainsi, pour M. Weber, « *l'homme ne désire pas par « nature » gagner de plus en plus d'argent, mais il désire, tout simplement, vivre selon son habitude et gagner autant d'argent qu'il lui en faut pour cela* ». Cet esprit « traditionaliste » a néanmoins été supplanté par l'« esprit du capitalisme », expression que le sociologue allemand emploie « *pour caractériser la recherche rationnelle et systématique du profit par l'exercice d'une profession* ». M. Weber, *op. cit.*, pp. 61 et 66.

Les théories utilitaristes peuvent être qualifiées de téléologiques, à l'instar ici aussi de J. Rawls, dans la mesure où « *le bien est défini indépendamment du juste et, ensuite, le juste est défini comme ce qui maximise le bien. Plus précisément, sont justes les institutions et les actes qui produisent le plus grand bien possible à partir des options disponibles ou, du moins, autant de bien que n'importe lesquels des institutions et des actes effectivement possibles* »[36]. Dans une telle optique, la question de la justice apparaît secondaire, de même que celle, connexe, de la répartition du bien-être : « *Le trait saillant de la conception utilitariste de la justice est que, sauf indirectement, la façon dont la somme totale des satisfactions est répartie entre les individus ne compte aucunement, pas plus que ne compte, sauf indirectement, la façon dont un homme répartit dans le temps ses satisfactions.* »[37]

Les thèses présentées ici correspondent de manière caractéristique à celles défendues par M. Friedman. Pour le Prix Nobel 1976 d'économie, en effet, « *la responsabilité sociale de l'entreprise est d'accroître ses profits* » car : « *Dans le système de la libre entreprise et de la propriété privée, le dirigeant est l'employé des propriétaires de la firme. Il est directement responsable devant ses employeurs. Cette responsabilité est de conduire l'entreprise en accord avec leurs désirs, lesquels seront en général de faire autant d'argent que possible, tout en se conformant aux règles de base de la société, celles inscrites dans la loi et dans l'usage éthique.* »[38] Pour M. Friedman, le fait pour un dirigeant d'entreprise de se comporter de manière socialement responsable, c'est-à-dire par exemple « *d'engager des dépenses pour réduire la pollution au-delà du montant... exigé par la loi* » ou « *d'embaucher des chômeurs de longue durée au lieu de travailleurs qualifiés disponibles* », équivaut à accepter « *l'idée socialiste que ce sont les mécanismes politiques, et non pas les mécanismes de marché, qui sont le moyen approprié pour déterminer la répartition de ressources rares entre des usages alternatifs* », idée qu'il réfute[39], à l'instar d'autres auteurs libéraux tel Friedrich A. Von Hayek[40].

---

36. Pour J. Rawls, l'utilitarisme classique définit le bien « *par la satisfaction d'un désir rationnel* » (principe d'utilité), et non par le plaisir ou le bonheur comme dans le cas respectivement de l'hédonisme et de l'eudémonisme, deux autres théories téléologiques. J. Rawls, *op. cit.*, pp. 50-51.
37. *Ibid.*, p. 51.
38. Milton Friedman, « The Social Responsability of Business is to Increase Its Profits », *The New York Times Magazine*, 13 septembre 1970.
39. Pour M. Friedman, en effet, « *le principe politique qui sous-tend le mécanisme de marché est l'unanimité. Dans un marché libre idéal reposant sur la propriété privée, aucun individu ne peut en contraindre un autre, toute coopération est volontaire, toutes les parties à une telle coopération en tirent avantage ou elles n'ont pas besoin d'y participer. Il n'y a pas de valeurs, pas de responsabilités « sociales » d'un ordre autre*

PRATIQUES SOCIO-ÉTHIQUES ET DÉVELOPPEMENT DURABLE

Dans le cas des pratiques socio-éthiques présentées précédemment, c'est là l'une de leurs spécificités, le principe directeur permettant de distinguer le bien du mal, et qui est donc supposé orienter les conduites, n'est pas l'appât du gain mais le principe de « développement durable ». Cette notion a été formulée par la Commission mondiale de l'environnement et du développement instaurée en 1983 par l'Assemblée générale des Nations Unies. Selon le rapport final établi par cette commission[41] présidée par Mme Brundtland, il s'agit d'un mode de développement « *qui répond aux besoins du présent sans compromettre la capacité des générations futures à satisfaire leurs propres besoins* ».

Parmi toutes celles proposées ici et là, c'est sans aucun doute cette définition du développement durable qui a connu la diffusion la plus large. En 1995, elle a ainsi été transposée quasiment telle quelle dans le droit français par le biais de la loi n° 95-101 du 2 février 1995[42] dite loi Barnier (cf. annexe I). Erigée par certains en véritable dogme, invoquée parfois de manière irréfléchie, elle fait désormais partie de la rhétorique de nombreux décideurs et instances internationales, telle la Banque mondiale.

Sur le plan conceptuel, l'originalité du concept de développement durable et de la plupart des principes connexes (cf. annexe I), par rapport à une approche plus utilitariste de la croissance, est tout d'abord d'inviter les générations actuelles à s'inquiéter des conséquences négatives que leurs décisions auront sur l'environnement et par-delà sur les conditions de vie, voire les possibilités de survie des générations à venir. Il leur est en effet demandé de veiller aux intérêts de ceux qui leur succéderont, c'est-à-dire d'adopter un comportement plus altruiste, prudent et responsable qui, à l'inverse de celui attribué plus ou moins justement aux

---

que les valeurs et les responsabilités partagées des individus. La Société est un assemblage d'individus et des différents groupes que ceux-ci forment volontairement ». A l'inverse, « *le principe politique qui sous-tend le mécanisme politique est la conformité. L'individu doit servir un intérêt social plus général, que celui-ci soit déterminé par une église ou un dictateur ou une majorité. L'individu peut avoir un droit de vote et dire ce qui doit être fait, mais s'il est débouté, il doit se soumettre. Il est conforme pour certains d'exiger des autres qu'ils contribuent à un dessein social général qu'ils le souhaitent ou pas* ».

40. F. A. Von Hayek, *Droit, législation et liberté. Une nouvelle formulation des principes libéraux de justice et d'économie politique*, 3 volumes, PUF, 1980, 1981, 1983.

41. *Notre avenir à tous*, Rapport de la Commission mondiale sur l'environnement et le développement, Montréal, Éditions du Fleuve, 1988.

42. Loi n° 95-101 du 2 février 1995 relative au renforcement de la protection de l'environnement, *Journal officiel de la République française*, 3 février 1995, pp. 1840-1856.

investisseurs financiers, ne soit pas uniquement guidé par la maximisation égoïste d'un bien-être personnel. Les hommes d'aujourd'hui sont supposés avoir une responsabilité, une obligation morale, des devoirs envers leurs descendants, lesquels se trouvent ainsi investis *a contrario* de droits. Cette hypothèse est conforme à l'instinct de conservation et de reproduction commun à tous les êtres vivants, instinct bien plus essentiel que l'inclination « naturelle » au lucre[43].

Contrairement au cas des théories utilitaristes, la double question de la justice et de la répartition est posée ici avec force puisque la préservation des ressources naturelles et des possibilités de développement que celles-ci offrent, nécessite que des arbitrages soient rendus, c'est-à-dire qu'un partage « équitable » des bénéfices mais aussi des charges soit recherché entre générations. Dans la mesure où elle ne peut être que le fait des hommes d'aujourd'hui, une telle recherche et, à travers elle, le rapport qui unit les générations les unes aux autres, ne relèvent non pas du domaine marchand ou du contrat synallagmatique conclu entre deux parties consentantes se faisant face et placées dans les mêmes conditions, mais plutôt de la solidarité : « *L'impossibilité d'actions rétroactives nous fait passer du concept philosophico-juridique d'équité intergénérationnelle à une règle opératoire de solidarité intergénérationnelle. Nous sommes... en effet les seuls garants de l'équité à l'égard du futur.* »[44]

Autre trait caractéristique, l'impératif, au sens philosophique du terme, d'équité posé par le concept de développement durable n'est pas uniquement intergénérationnel, il est aussi intragénérationnel. En effet, il ne saurait être question de demander aux générations actuelles de penser au sort de leur descendance sans chercher parallèlement à réduire les inégalités sociales[45]. C'est pourquoi le rapport Brundtland insiste sur la

---

43. La nature de l'obligation qu'ont les hommes à l'égard de la postérité est analysée, notamment, par le philosophe allemand Hans Jonas : « *Il existe déjà un cas de responsabilité et d'obligation élémentaire non réciproque qui est reconnue et pratiquée spontanément : celle à l'égard des enfants qu'on a engendrés. C'est là l'unique classe que nous fournit la nature d'un comportement parfaitement désintéressé et, de fait, ce rapport à une progéniture non autonome, donné avec le fait biologique de la procréation lui-même, et non le rapport entre adultes autonomes (dont procède certes l'idée de droits et d'obligations mutuelles), est l'origine de l'idée de responsabilité...* » H. Jonas, *Le principe de responsabilité. Une éthique pour la civilisation technologique*, Flammarion, coll. « Champs », 1998, p. 88.

44. Bertrand Zuindeau, « À propos du développement durable : quelques réflexions », *Société française*, n° 51, avril-mai-juin 1995, pp. 22-34, p. 34.

45. L'emploi de l'expression « équité intergénérationnelle » se justifie par le fait que les *conditions* différeront nécessairement d'une génération à l'autre, et ce en des termes aujourd'hui inconnus. C'est pourquoi il semble *a contrario* préférable de parler

nécessité de combattre les situations de sous-développement et de pauvreté, dans le cadre notamment des rapports Nord-Sud. Dans cette perspective, le bien-être social apparaît, à l'instar de la sauvegarde de l'environnement, comme une condition du développement alors que dans le cadre des théories utilitaristes, il est plutôt considéré comme une résultante du progrès économique. Telle est notamment la conception défendue dorénavant par la Banque mondiale, qui souligne ainsi, dans son rapport annuel 1999, que « *la réduction de la pauvreté est intrinsèquement liée à la durabilité environnementale et sociale* »[46].

Au regard des remarques faites ici et au contraire de l'utilitarisme, théorie téléologique, le concept de développement durable peut être qualifié de déontologique[47], dans la mesure où il insiste sur les notions de devoir et de justice et où il « *n'interprète pas le juste comme une maximisation du bien* »[48] [49].

Le concept de développement durable s'oppose également aux théories utilitaristes, par le fait qu'il exclut toute idée d'appropriation privée, appropriation sans laquelle l'échange marchand est difficilement envisageable. Comme le souligne par exemple le texte de la loi Barnier, il assimile en effet l'environnement à un « patrimoine commun »[50], c'est-à-dire à quelque chose d'inaliénable que chaque génération devrait transmettre en l'état à sa descendance et sur lequel aucune nation, aucun individu ne devrait posséder de droits particuliers. Eu égard au caractère « holiste », transfrontalier des phénomènes écologiques, une telle assimilation apparaît fondée. C'est la raison pour laquelle la décision prise en décembre 1997 par les participants de la conférence de Kyoto, de mettre en place, pour réduire les émissions de gaz à effet de serre, un marché mondial de permis négociables, peut être considérée comme non fidèle au concept de développement durable. Soutenue par le

---

d'égalité et non pas d'équité intragénérationnelle, et ce même si les conditions peuvent varier fortement d'un pays à l'autre.

46. *The World Bank Annual Report 1999*, p. 113.
47. Du grec *deon, deontos* : ce qu'il faut faire.
48. J. Rawls, *op. cit.*, p. 55.
49. Dans le cas de l'utilitarisme, le bien-être social résulte de l'action de la main invisible, et non pas d'un comportement intentionnel des agents. Avec le développement durable, au contraire, une intention existe, qui ne se prête pas à maximisation : aboutir à un équilibre qui corresponde à un moindre mal.
50. Ce concept a été popularisé par la Convention des Nations Unies sur le droit de la mer, convention signée le 10 décembre 1982 à Montego Bay. Sous la pression des États-Unis, il a été remplacé par celui de « préoccupation commune de l'humanité » dans le texte de la Convention de Vienne du 22 mars 1985 sur la couche d'ozone et dans celui de la Convention-cadre des Nations Unies du 9 mai 1992 sur les changements climatiques.

gouvernement américain et de nombreux économistes[51], cette solution marchande fortement inspirée des travaux de l'économiste anglais Ronald Coase[52], équivaut en effet à reconnaître des droits de propriété aux victimes (potentielles) de la pollution atmosphérique, droits que les entreprises pollueuses sont supposées acheter. Déjà appliquée outre-Atlantique[53], elle est critiquable car elle ouvre la voie à une appropriation et à une marchandisation accrues de l'environnement, en particulier de l'air, et qu'elle est ainsi de nature à offrir au capital un nouvel espace de reproduction, de la même façon que l'extension passée du capitalisme s'est appuyée sur une marchandisation « fictive » du travail, de la terre et de la monnaie, comme l'a montré Karl Polyani[54].

---

51. À l'occasion du Sommet de Kyoto, plus de 2000 économistes, dont six Prix Nobel (Kenneth J. Arrow, Gérard Debreu, John C. Harsanyi, Lawrence R. Klein, Robert M. Solow et James Tobin), se sont clairement prononcés en faveur d'un traitement économique de l'effet de serre : « *L'approche la plus efficace pour ralentir le changement climatique passe par des politiques basées sur le marché... telles que les taxes ou la vente aux enchères de permis d'émissions. Les revenus générés par de telles politiques peuvent être utilisés efficacement pour réduire le déficit budgétaire ou abaisser les impôts.* » *Economist's Statement on Climate Change*, Redefining Progress, San Francisco, 13 février 1997.
52. R. H. Coase, « Le problème du coût social », *Revue française d'économie*, vol. VII, 4, automne 1992, pp. 153-193 repris de « The Problem of Social Cost », *Journal of Law and Economics*, 3, octobre 1960, pp. 1-44.
53. Suite au vote en 1990 d'une loi sur l'« air propre », l'Agence fédérale de protection de l'environnement (EPA) a réparti entre les centrales électriques de douze États un certain quota de droits de pollution permettant chacun d'émettre une tonne de dioxyde de souffre (SO_2). Lorsqu'ils ne sont pas consommés, ces droits peuvent être mis en réserve ou négociés sur un marché spécialisé. En fin d'année, les unités de production soumises à la loi sont tenues, sous peine de sanctions, de détenir les « titres » correspondant à leurs rejets de SO_2. L'objectif de la loi était d'inciter les producteurs d'électricité à adopter des méthodes de production moins polluantes. Il a été largement atteint puisque de 1995 à 1999, les émissions de SO_2 ont baissé de 47 %. Qui plus est, selon les estimations gouvernementales, le recours au marché permettra au contribuable américain d'économiser, par rapport aux solutions non marchandes appliquées auparavant, 2,9 milliards de dollars par an jusqu'en 2010. Brian J. McLean, « Evolution of Marketable Permits : The US Experience With Sulfur Dioxide Allowance Trading », *The International Journal of Environmental and Pollution*, vol. 8, n° 1/2, 1997, pp. 19-36.
54. « *Aucun de ces trois éléments – travail, terre, monnaie – n'est produit pour la vente ; lorsqu'on les décrit comme des marchandises, c'est entièrement fictif. C'est néanmoins à l'aide de cette fiction que s'organisent dans la réalité les marchés du travail, de la terre et de la monnaie... et toute mesure, toute politique qui empêcherait la formation de ces marchés mettrait ipso facto en danger l'autorégulation du système.* » K. Polyani, *La Grande transformation. Aux origines politiques et économiques de notre temps*, Gallimard, 1983, pp. 107-108.

PRATIQUES SOCIO-ÉTHIQUES ET THÉORIE DES PARTIES PRENANTES

Outre l'accent mis sur l'objectif de développement durable, l'une des caractéristiques communes des pratiques socio-éthiques présentées précédemment est de raisonner non pas en termes d'opposition entre capital et travail ou entre actionnaires et dirigeants mais en termes de parties prenantes à la vie de l'entreprise.

Introduit au début des années 1960, ce concept n'a été théorisé qu'à partir du milieu des années 1980, notamment sous l'impulsion de l'économiste américain R. Edward Freeman. Il désigne de manière très générale « *tout groupe ou tout individu qui peut affecter, ou est affecté par, la réalisation des objectifs de l'organisation* »[55] ou encore « *ces groupes sans le soutien desquels l'organisation cesserait d'exister* »[56] ou encore « *les personnes ou les groupes qui peuvent influer sur les objectifs, la politique, les décisions ou l'action des entreprises ou en subir les effets* »[57].

Fréquemment citées, ces définitions ont donné lieu à de multiples classifications.

Les initiateurs du projet *Redefining the Corporation : An International Colloquy*[58] distinguent ainsi, de manière peu originale, les parties prenantes qui sont liées à l'entreprise par un contrat implicite (i.e. les consommateurs) ou explicite (i.e. les salariés, les investisseurs), de celles qui sont affectées par ses activités de manière indirecte, indépendamment de toute transaction marchande, par le biais notamment d'« externalités » positives ou négatives.

D'autres auteurs tels David Wheeler, Maria Sillanpää et Anita Roddick[59] qualifient les différents groupes de parties prenantes, de social ou de non social, selon leur nature humaine ou non, de primaire ou de secondaire, selon le caractère plus ou moins direct des relations qui les lient à l'entreprise.

---

55. R. Edward Freeman, *Strategic Management : A Stakeholder Approach*, Boston : Pitman Publishing Company, 1984.
56. Standford Research Institute, 1963, cité par R. E. Freeman, *op. cit.*
57. J. Diller, *op. cit.*, p. 107.
58. Lee E. Preston, Leornard J. Brooks et Thomas Donaldson [13 avril 1999], mgmt.utoronto.ca/~stake /Principles.htm.
59. D. Wheeler, M. Sillanpää et A. Roddick, *The Stakeholder Corporation. A Blueprint for Maximising Stakeholder Value*, London : Pitman Publishing, 1997.

Les différentes catégories de parties prenantes selon D. Wheeler, M. Sillanpää et A. Roddick

Parties prenantes	Sociales	Non sociales
Primaires	Actionnaires, communautés locales, consommateurs, dirigeants, salariés, fournisseurs, etc.	Environnement naturel, espèces animales et végétales, Générations futures, etc.
Secondaires	Concurrents, médias, gouvernement, syndicats, etc.	Associations de protection de l'environnement, etc.

Sur le fond, la théorie des parties prenantes (TPP) récuse la conception de l'entreprise défendue par les économistes libéraux, et notamment par M. Friedman, auteur dont les thèses déjà citées[60] focalisent une grande partie des attaques. Elle considère ainsi que tout groupe de parties prenantes a une valeur intrinsèque, c'est-à-dire qu'il « *mérite considération pour lui-même, et non pas seulement en raison de sa capacité à favoriser les intérêts d'un autre groupe, tel celui des actionnaires* »[61]. Pour elle, en particulier, le fait que ces derniers soient légalement propriétaires d'une société ne saurait justifier que celle-ci privilégie la satisfaction de leurs intérêts et qu'elle se comporte par conséquent, vis-à-vis des autres parties prenantes, de manière socialement irresponsable. À l'appui de cette critique, certains tenants de la TPP insistent, à l'instar d'ailleurs d'auteurs plus « orthodoxes » tel R. Coase[62], sur le fait que « *le concept théorique contemporain de propriété privée n'attribue clairement pas des droits illimités aux propriétaires, et ne conforte pas, de ce fait, l'affirmation courante selon laquelle la responsabilité des dirigeants serait d'agir uniquement en tant qu'agents des actionnaires* »[63]. Autrement dit, les autres parties prenantes ont elles aussi des droits et aucune raison ne permet dans l'absolu de tenir ceux-ci pour secondaires.

---

60. M. Friedman, *op. cit.*
61. Thomas Donaldson et Lee E. Preston, « The Stakeholder Theory of Corporation : Concepts, Evidence, Implications », *Academy of Management Review*, vol. 20, n° 1, 1995, pp. 65-91.
62. Le prix Nobel 1991 d'économie souligne ainsi qu'« *un système dans lequel les droits de propriété seraient illimités serait un système dépourvu de droits susceptibles d'être acquis* ». R. H. Coase, *op. cit.*, p. 191.
63. T. Donaldson et L. E. Preston, *op. cit.*

Parmi les arguments habituellement avancés pour justifier de la primauté des actionnaires, la TPP rejette aussi celui selon lequel ceux-ci seraient exposés à un risque supérieur à celui encouru par les autres parties prenantes, l'achat d'une action ouvrant certes droit à un pourcentage des bénéfices mais aussi à une part des pertes éventuelles. Les initiateurs du projet *Redefining the Corporation : An International Colloquy*[64] soulignent ainsi qu'en règle générale, les investisseurs subissent, en cas de mise en faillite de l'une des sociétés composant leur portefeuille d'actions, un préjudice relativement moins important que les salariés qui se retrouvent sans emploi ou les clients dont la commande n'est pas honorée. Leur situation apparaît d'autant moins grave que les pertes encourues constituent « *une caractéristique inhérente à leur contrat de propriété* » tandis que « *les risques des employés et des consommateurs surviennent car la société peut ne pas réussir à remplir ses obligations contractuelles* ». Cette seconde critique semble d'autant plus fondée que la mise en œuvre de critères financiers tel l'EVA s'accompagne d'un transfert de risques sur les salariés, comme le passage de régimes de retraite à prestations définies vers des régimes à cotisations définies[65].

Conformément aux critiques présentées ici, les tenants de la TPP analysent, à l'instar par exemple de Frank H. Knight[66], le profit comme un résidu, i.e. ce qu'il restera aux actionnaires une fois que les autres parties prenantes auront été rémunérées. Une telle analyse s'oppose à celle qui préside à l'élaboration de critères qui, tel l'EVA, imposent aux entreprises le respect d'une certaine norme de rentabilité. Elle renvoie à une conception plus « globale » de la performance, conception supposée dépasser la dichotomie entre l'économique et le social. Pour la TPP, en effet, la réussite des entreprises réside avant tout dans leur aptitude à

---

64. L. E. Preston, L. J. Brooks et T. Donaldson, *op. cit.*

65. Les actionnaires chercheraient donc désormais à reporter le risque sur l'entreprise et ses salariés, et à leur imposer la réalisation d'un rendement maximal. Un tel comportement diffère de celui décrit par la théorie financière, laquelle présente le rendement comme la rémunération d'une prise de risque.

66. Comme le note Dorothée Rivaud-Danset, pour F. Knight : « *Le profit positif est le résultat, qui semble tomber du ciel, d'une action entreprise quand l'incertitude traitée par l'entrepreneur n'est pas susceptible d'être mesurée, ni donc imputée sous forme de rémunération d'un service... Si la perspective d'un gain incite à entreprendre, pour autant le profit ne constitue pas à proprement parler une rémunération pour la prise de risque... Le profit est un revenu résiduel car non susceptible d'une mesure ex ante, contractualisable.* » D. Rivaud-Danset, « Le traitement de l'incertitude en situation. Une lecture de Knight » *in* Robert Salais, Elisabeth Chatel et D. Rivaud-Danset (sous la direction de), *Institutions et convention. La réflexivité de l'action économique*, pp. 22-34, p. 27, Paris, EHESS, 1998.

établir des relations stables et mutuellement avantageuses entre les différentes catégories d'acteurs[67], et non pas simplement dans leur capacité à contrôler des ressources matérielles et à les organiser de manière rationnelle et profitable dans le cadre de la production.

Cette approche particulière de la performance et le rejet connexe de la primauté des actionnaires conduisent la TPP à resituer l'entreprise et ses dirigeants au centre des préoccupations. Dans ce cadre théorique, en effet, ces derniers sont bien plus que les « agents » des actionnaires : « *Ils sont responsables de la négociation des contrats avec les composantes volontaires de l'entreprise et de l'accommodement des parties prenantes involontaires, de façon à transformer ces individus et groupes disparates en un réseau coopératif et créateur de richesses, ou, du moins, à minimiser le nombre et la gravité des conflits.* »[68] Mais s'ils bénéficient de prérogatives étendues, les dirigeants doivent en retour se conformer à un nombre plus important de règles et de principes (cf. annexe II). Ainsi par exemple, ils ont « *l'obligation... d'éviter les actions qui ne servent que leurs intérêts et que rendent possibles leur accès privilégié à l'information et leur autorité discrétionnaire* ». Cette citation permet de comprendre que les dirigeants soient parfois représentés comme les agents de toutes les parties prenantes[69], et ce dans le cadre de modèles qui relèvent davantage d'une théorie de l'agence étendue que de la TPP.

La question de la prise en compte des parties prenantes a déjà débordé du cadre universitaire.

Dans le cadre du processus de réforme du droit des sociétés engagé en mars 1998 par le gouvernement britannique, le ministère du Commerce et de l'Industrie a ainsi par exemple publié un document qui soulève le problème de savoir « *si l'obligation faite aux administrateurs d'agir dans l'intérêt de leur entreprise doit être interprétée comme signifiant simplement qu'ils doivent agir dans l'intérêt des actionnaires ou qu'ils devraient aussi prendre en compte d'autres intérêts, tels ceux des employés, des créanciers, des consommateurs, de l'environnement ou plus largement de la communauté* »[70].

---

67. L'intérêt que les divers groupes de parties prenantes portent à l'entreprise n'étant pas forcément d'ordre financier, celle-ci doit donc, pour réussir, tenir compte de leurs valeurs respectives. Peter Pruzan, « From control to value-based management and accountability », *Journal of Business Ethics*, vol. 17, n° 13, octobre 1998, pp. 1379-1394.
68. L. E. Preston, L. J. Brooks et T. Donaldson, *op. cit.*
69. Charles W. L. Hill et Thomas M. Jones, « Stakeholder-Agency Theory », *Journal of Management Studies*, vol. 29, n° 2, 1992, pp. 131-154.
70. Le même document précise que la réforme vise à promouvoir un cadre juridique qui : «*favorise la création, la croissance et la compétitivité des firmes et sociétés*

Aux États-Unis, l'Institut américain du droit (American Law Institute), organisation privée particulièrement influante en matière juridique, a publié un rapport sur le gouvernement d'entreprise[71] dans lequel il constate que « *la société anonyme crée de par sa nature des interdépendances avec une diversité de groupes avec lesquels la société partage un intérêt légitime, tels les employés, les consommateurs, les fournisseurs et les membres de la communauté dans laquelle la société opère* ». Le même document souligne : « *Les décisions d'entreprise sont fréquemment prises sur la base de considérations éthiques, même si agir ainsi ne permet pas d'accroître les bénéfices de la société ou les gains des actionnaires. Un tel comportement est non seulement approprié mais désirable. Les responsables de société ne sont pas moins que tout autre citoyen, tenus moralement de tenir compte de considérations éthiques et il ne serait pas sage qu'une politique sociale les empêchât d'agir ainsi.* »[72]

Sur le plan international, la prise en compte des parties prenantes est aussi préconisée par l'OCDE.

Pour cette instance, en effet, « *la compétitivité d'une entreprise, et en définitive les bons résultats qu'elle obtient, sont le fruit d'un travail d'équipe qui intègre les contributions de tout un éventail de personnes qui apportent des ressources à l'entreprise parmi lesquelles des investisseurs, des salariés, des créanciers et des fournisseurs* »[73]. C'est pourquoi « *les règles régissant le gouvernement d'entreprise devraient intégrer l'idée que, pour servir les intérêts d'une entreprise, il convient de prendre en considération les intérêts des parties prenantes et la contribution de ces dernières à la réussite à long terme de l'entreprise* ». Plus précisément, elles « *devraient reconnaître les droits des différentes parties prenantes à la vie d'une société tels que définis par le droit en vigueur et encourager une coopération active entre la société et les différentes parties prenantes pour créer de la richesse et des emplois et assurer la pérennité d'entreprises financièrement saines* ».

---

britanniques ; procure une réglementation simple, rentable et équitable qui équilibre les intérêts de l'entreprise et ceux des actionnaires, des créanciers et autres ; encourage l'homogénéité, la prévisibilité et la transparence, et assure des normes de haute qualité, en matière de comportement des sociétés et de gouvernement d'entreprise. » Department of Trade and Industry, *Modern Company Law For a Competitive Economy*, Consultation Paper, mars 1998.

71. ALI, *Principles of Corporate Governance : Analysis and Recommendations*, Philadelphie, 1992.

72. Cité par T. Donaldson et L. E. Preston, *op. cit.*

73. OCDE, *Les principes de l'OCDE relatifs au gouvernement d'entreprise*, SG/CG(99)5, Paris, avril 1999.

Même si elles ne traduisent pas une réelle remise en cause de la norme de la primauté de l'actionnaire, les citations rapportées ici témoignent d'une inflexion du système anglo-saxon de représentations.

*

* *

Les concepts de « développement durable » et de « parties prenantes » auxquels se réfèrent les professionnels de la notation et du *reporting* socio-éthiques présentent plusieurs points communs. Ils privilégient une optique « harmoniciste » (idée de l'existence d'un intérêt général transcendant les intérêts particuliers) et proposent de faire prévaloir la responsabilité sociale des acteurs contre l'action de la main invisible, une approche multidimensionnelle de la performance contre une approche d'ordre plus financier, etc. Ce faisant, ils questionnent la représentation « libérale » de la société anonyme, laquelle accorde la primauté à la propriété du capital et à la satisfaction des intérêts des actionnaires. Pour les pays anglo-saxons, un tel questionnement constitue indéniablement une nouveauté, nouveauté certes mineure mais qui, en matière de retraites, a déjà eu des conséquences pratiques, notamment en Royaume-Uni. À compter de juillet 2000, en effet, les administrateurs des fonds de pension britanniques devront indiquer leur stratégie en matière d'investissement socio-éthique, et ce dans le cadre de la déclaration de principes prévue par l'article 35 de la loi sur les retraites de 1995[74]. Notons que cette disposition a été contestée par l'Association nationale des fonds de pension (NAPF) pour qui « *les administrateurs doivent continuer à avoir, pour préoccupation primordiale, les meilleurs intérêts de leurs allocataires* »[75]. La même instance s'est par ailleurs fermement prononcée contre la prise en compte des parties prenantes par le droit des sociétés, une telle mesure étant selon elle de nature à « diluer » les intérêts des actionnaires, à entraîner une pénurie de capital ainsi qu'un départ des sociétés britanniques pour l'étranger[76].

Le caractère novateur des interrogations portées par les pratiques socio-éthiques n'est pour la France pas aussi grand que pour les États-Unis ou la Grande-Bretagne. En effet, la conception française de l'entreprise n'accorde pas la même importance aux actionnaires. Depuis l'adoption de la loi du 24 juillet 1966 sur les sociétés commerciales, elle

74. *Government acts on socially responsible investment*, Communiqué de presse 99/149 du Department of Social Security, Londres, 1er juillet 1999.

75. *NAPF re-assured on socially responsible investment regulation wording*, Communiqué de presse de la NAPF, Londres, le 1er juillet 1999.

76. *Company law change could endanger capital supply*, Communiqué de presse de la NAPF, Londres, le 7 juin 1999.

« *privilégie une approche institutionnelle dans laquelle la société est porteuse d'un intérêt social distinct de celui des associés* »[77], approche qui « *était initialement justifiée par le souci d'assurer un bon fonctionnement du système économique en protégeant les intérêts légitimes des salariés, des créanciers, des clients, des banques et même du fisc, contre des actionnaires portés par nature à faire prévaloir leurs seuls intérêts* »[78]. Cette conception a émergé dans un contexte marqué par la mise en place de la politique des revenus[79], politique qui visait, rappelons-le, à limiter les tensions inflationnistes, à répartir de façon plus équitable les fruits de l'expansion et à réduire ainsi les oppositions sociales. Proches de celles exprimées par la TPP, ces préoccupations sont notamment à l'origine de la méthode des comptes de surplus et du concept de productivité globale des facteurs[80]. Plus récemment, en avril 1994, dans la continuité de ces premiers travaux, le Commissariat général au Plan a confié à Jacques Barraux une mission de réflexion sur la notion de performance globale, mission dont les analyses rejoignent en partie celles des professionnels de la notation et du *reporting* socio-éhiques[81].

Ce court « recadrage » historique ne doit pas laisser à penser qu'une diffusion en France des concepts de développement durable et de parties prenantes soit sans intérêt. De toute façon, elle a déjà largement commencé et semble difficilement évitable, constat qui ne peut qu'inciter

---

77. Cette particularité française a aussi été soulignée par le PDG du groupe Lafarge : « *Pour le droit américain, une société est un contrat entre actionnaires. L'intérêt de la société et le leur ne font qu'un, dont les administrateurs sont les garants. Le droit français distingue au contraire l'intérêt de la société de ceux des actionnaires : « l'intérêt social » des entreprises est défini par des règles fixées par le législateur, qui laissent aux actionnaires des marges de manœuvre limitées.* » Bertrand Collomb, « La relation avec les actionnaires dans une multinationale française », *Management & Conjoncture sociale*, n° 476, 22 janvier 1996, pp. 21-30, p. 22.

78. Philippe Marini, *La modernisation du droit des sociétés*, Paris, la Documentation française, coll. des rapports officiels, 1996, p. 12.

79. Dès 1964, Pierre Massé, alors Commissaire général au Plan, affirmait ainsi : « *Nous devons admettre que dans une économie interdépendante, une entreprise n'a pas seulement des responsabilités à l'égard de ses salariés et de ses actionnaires. Elle en a aussi à l'égard des consommateurs et, plus largement, de l'économie toute entière.* » Rapport sur la politique des revenus établi à la suite de la Conférence des revenus, *Recueils et monographies*, n° 47, La Documentation française, 1964, p. 9.

80. Lire par exemple Pierre Massé et Pierre Bernard, *Les dividendes du progrès*, Paris, Editions du Seuil, 1969.

81. Jacques-Henri Jacot, « De la trilogie : productivité, compétitivité, rentabilité à l'évaluation sociale de la performance industrielle », et Marcel Lepetit, « Performance globale : vers la prise en compte des effets non marchands ? De l'usage des surplus de productivité à la responsabilité sociétale, ou les échanges monétaires ou non de l'entreprise avec l'environnement et la société » *in* CGP, *Entreprise et performance globale. Outils, évaluation, pilotage*, Paris, Economica, 1997, pp. 29-38 et pp. 63-82.

les acteurs sociaux à s'intéresser à l'essor de la notation et du *reporting* socio-éthiques. Ceci étant, de nombreuses questions demeurent en suspens. Il est ainsi possible de se demander si la TPP ne nie pas implicitement la centralité du travail comme source de la valeur, si elle permet d'envisager le double statut d'actionnaire-salarié, si sa propagation ne risque pas d'aboutir à un renforcement des contraintes qui pèsent sur l'entreprise, notamment sur ses dirigeants et salariés, etc.

Annexe I

Loi n° 95-101 du 2 février 1995 relative au renforcement de la protection de l'environnement

(Art. 1)

Les espaces, ressources et milieux naturels, les sites et paysages, les espèces animales et végétales, la diversité et les équilibres biologiques auxquels ils participent font partie du patrimoine commun de la nation.

Leur protection, leur mise en valeur, leur restauration, leur remise en état et leur gestion sont d'intérêt général et concourent à l'objectif de développement durable qui vise à satisfaire les besoins de développement des générations présentes sans compromettre la capacité des générations futures à répondre aux leurs. Elles s'inspirent, dans le cadre des lois qui en définissent la portée, des principes suivants :

- le principe de précaution, selon lequel l'absence de certitudes, compte tenu des connaissances scientifiques et techniques du moment, ne doit pas retarder l'adoption de mesures effectives et proportionnées visant à prévenir un risque de dommages graves et irréversibles à l'environnement à un coût économiquement acceptable ;
- le principe d'action préventive et de correction, par priorité à la source, des atteintes à l'environnement, en utilisant les meilleures techniques disponibles à un coût économiquement acceptable ;
- le principe pollueur payeur, selon lequel les frais résultant des mesures de prévention, de réduction de la pollution et de lutte contre celle-ci doivent être supportés par le pollueur ;
- le principe de participation, selon lequel chaque citoyen doit avoir accès aux informations relatives à l'environnement, y compris celles relatives aux substances et activités dangereuses.

Annexe II

Les principes de gestion des parties prenantes selon L. E. Preston, L. J. Brooks et T. Donaldson, *op. cit.*

Les dirigeants devraient :

- connaître et surveiller activement les préoccupations de toutes les parties prenantes légitimes, et prendre en compte leurs intérêts de manière appropriée à l'occasion des prises de décision et des opérations courantes ;
- écouter les parties prenantes et communiquer avec elles en toute transparence à propos de leurs préoccupations et de leurs contributions respectives, ainsi qu'à propos des risques qu'elles encourent en raison de leur implication dans l'entreprise ;
- adopter des procédures et des modes de comportement qui soient sensibles aux préoccupations et aux capacités de chaque partie prenante ;
- admettre l'interdépendance des efforts des parties prenantes ainsi que celle des gains, et s'efforcer de parvenir à une distribution équitable des avantages et des charges découlant de l'activité de l'entreprise, tout en tenant compte des risques et des faiblesses respectives des parties prenantes ;
- coopérer avec les autres entités, publiques ou privées, pour s'assurer que les risques et les dommages découlant des activités de l'entreprise sont minimisés et, lorsqu'ils ne peuvent être évités, indemnisés convenablement ;
- éviter toutes les activités qui peuvent mettre en danger les droits inaliénables de l'Homme (i.e. le droit de vivre) ou engendrer des risques qui seraient à l'évidence inacceptables par les parties prenantes concernées ;
- admettre l'existence de conflits potentiels entre (a) leur propre rôle en tant que partie prenante et (b) leurs responsabilités légale et morale envers les intérêts des parties prenantes ; traiter de tels conflits à travers une communication transparente et des systèmes appropriés de *reporting* et d'incitations et, si nécessaire, l'examen d'une tierce partie.

Fonds de pension et mouvement syndical aux États-Unis : une expérience et ses enseignements

Jean-Claude DELAUNAY*

Dans la seconde moitié de la décennie 1990, on a beaucoup écrit et publié, en France, sur les fonds de pension américains[1]. L'intérêt suscité par ces fonds s'est affirmé au fur et à mesure que le gouvernement commençait à mettre en application, surtout à partir de 1993, les recommandations esquissées dans le *Livre blanc sur les retraites* paru en 1991. On suppose que les prises de position de la Banque mondiale, en 1994, pour que les régimes gérés selon le principe de la répartition basculent vers des systèmes de retraite où la capitalisation serait la règle, contribuant ainsi aux objectifs financiers des classes dirigeantes, ont influencé cet intérêt[2]. Il a vraisemblablement été stimulé par le projet, initié en 1995 par le ministre Alain Madelin, de développer plus vigoureusement en France le système des fonds de pension.

---

* Université de Marne-La-Vallée, directeur de l'Atelier de recherches théoriques François Perroux (ISMEA) et membre du laboratoire Organisation et efficacité de la production (OEP, Marne-la-Vallée). La présente recherche a été effectuée à l'initiative et avec le soutien de l'ISERES-CGT. Je remercie tout particulièrement Helen Ginsburg (Brooklyn College, City University of New York), Randy Barber (Center for Economic Organizing, Washington), Joel Rogers (University of Wisconsin, Madison), Mary O'Sullivan (INSEAD, Fontainebleau), pour l'aide que ces personnes m'ont apportée à l'occasion du présent article. Je remercie également Jack Sheinkman, vice-président de l'Almagated Bank of New York, Ronald Blackwell, directeur du Department of Corporate Affairs de l'AFL-CIO, Tim Smith, directeur de l'Interfaith Center on Corporate Responsability, Solidelle Wasser, économiste à l'US Department of Labor, pour l'aide qu'ils m'ont prodiguée et pour leur accueil aussi courtois qu'efficace. Il va de soi que les erreurs que contiendrait ce texte relèvent de ma seule responsabilité.

1. Cf. par exemple Antoine Mérieux et Christophe Marchand, *Les marchés financiers américains*, Paris, Le Monde Editions, 1995 ; François Charpentier, *Retraites et Fonds de pension, L'état de la question en France et à l'étranger*, Paris, Economica, 3e édition, 1997 ; Richard Farnetti, « Le rôle des fonds de pension et d'investissement collectifs anglo-saxons dans l'essor de la finance globalisée » *in* François Chesnais (sous la coordination de), *La mondialisation financière, Genèse, coûts et enjeux*, Paris, Syros, coll. « Alternatives économiques », 1996 ; Hélène Intrator, « L'expérience des fonds de pension américains », *Crédit Lyonnais International*, n° 169, mars 1997 reproduit dans *Problèmes économiques*, n° 2525, pp. 23-29 ; Geneviève Férone, *Le système de retraite américain. Les Fonds de pension*, Paris, Montchrestien, 1997.
2. Susanne S. Paul et James A. Paul, *Humanity Comes of Age, The New Context for Ministry with the Elderly*, Genève, World Council of Churches Publications, 1994.

Dans ce contexte, l'expérience des fonds de pension américains a été perçue par l'opinion contestataire comme le contre-exemple absolu du système français d'assurance vieillesse mis en place en 1945[3]. Tout en soulignant l'implication de ces fonds dans le mouvement de soumission des économies nationales aux exigences strictement financières du capital globalisé, cet examen a conclu à l'incompatibilité entre capitalisation et répartition. Exprimant la conviction qu'il convenait de préserver le régime français de répartition et son éthique de solidarité, les organisations syndicales ont, de manière très générale en France, manifesté leur hostilité ou leur réserve à l'égard du système américain des fonds de pension. À titre d'illustration, on pourra consulter le bref résumé que donne F. Charpentier[4] de la position des syndicats, celle notamment de la CGT, à ce propos. On peut en retrouver un exposé succinct dans la revue *Options*[5]. Au cours de cette période, cependant, aucune recherche approfondie n'a été engagée, à notre connaissance, concernant le comportement des syndicats américains à l'égard des fonds de pension.

On observe que, dans la période récente, les positions adoptées par les syndicats américains sur ce phénomène sont l'objet, en France, d'une plus grande attention. Cette approche peut être datée du voyage d'études aux États-Unis organisé à l'intention des syndicats français[6] par la Fondation franco-américaine (Washington D. C.) en février 1999. Une mission de même nature a été effectuée dans ce pays en septembre 1999 sous la responsabilité de l'Institut de recherches économiques et sociales (IRES). Il en avait été de même pour ce qui concerne l'Institut syndical d'études et de recherches économiques et sociales (ISERES-CGT), en avril 1999[7].

L'explication du caractère récent de cet intérêt est simple. C'est après l'arrivée de John Sweeney, en 1995, au secrétariat général de l'AFL-CIO et sur son initiative, que le syndicalisme américain a commencé à réfléchir aux fonds de pension, non seulement comme procédure de financement des retraites mais encore comme moyen de réalisation de la stratégie des unions. Il ne serait donc plus possible aujourd'hui, pour une centrale syndicale européenne, d'entretenir des relations sérieuses et suivies avec ses homologues américains sans en connaître l'activité dans

---

3. Jacques Nikonoff, *La Comédie des fonds de pension*, Paris, Arléa, 1999.
4. F. Charpentier, *op. cit.*, pp. 384-386.
5. Isabelle Avran, « Quelles solidarités ? », *Options*, n° 359, 7 décembre 1998, pp. 18-19.
6. Lucy apRoberts, « Les syndicats et la gestion des fonds de retraite », *Chronique internationale de l'IRES*, n° 59, juillet 1999, pp. 11-17.
7. J.-C. Delaunay, « Actionnariat et fonds de pension, le cas des États-Unis », *La Pensée*, juillet-août-septembre 1999, n° 319, pp. 33-48.

ce domaine. De plus, étant donné l'interdépendance financière croissante des affaires à l'échelle du monde et l'influence que les fonds de pension américains exercent au cours de leur expansion généralisée, les travailleurs de pays autres que les États-Unis peuvent être désormais confrontés à l'intervention de représentants de ces fonds dans la gestion de leur propre entreprise. Une réunion convoquée à l'initiative des syndicats britanniques et rassemblant des organisations syndicales américaines et européennes a déjà eu lieu sur ce thème à Londres, en février 1998. Une autre aurait été organisée à Stockholm, en novembre 1999. Sans disposer d'informations précises sur leur contenu (aucun syndicat français n'aurait été invité à participer à ces deux réunions), il semble que plusieurs thèmes aient été abordés, concernant notamment l'échange d'expériences entre syndicats, l'importance qu'il y aurait à mieux connaître les stratégies internationales des entreprises dont les fonds de pension détiennent des actions, la possibilité de promouvoir certains critères d'investissement et de placement auprès de leurs dirigeants. Le syndicalisme américain paraît conscient de cette situation nouvelle, et les éléments que l'on vient de mentionner indiquent l'importance, pour les diverses composantes du mouvement syndical dans le monde, d'une meilleure connaissance réciproque de la façon dont elles considèrent les fonds de pension et les intègrent dans leur stratégie ou, au contraire, les en écartent. Il est clair que la connaissance des positions syndicales américaines occupe une place prioritaire dans cette investigation.

L'objet du présent chapitre est d'apporter des informations à ce propos. Notre ambition, dans la première partie de ce texte, est de rendre compte à très grands traits de la conception que les syndicats américains ont aujourd'hui de leur intervention relativement aux fonds de pension et du bénéfice qu'ils espèrent en retirer pour atteindre leurs propres objectifs. On verra qu'il s'agit d'une expérience originale, en cours d'élaboration, dont l'efficacité, aussi limitée soit elle, ne peut être négligée.

Mais pour les raisons indiquées ci-dessus, une étude de ce genre ne peut plus être, aujourd'hui, reçue de manière exclusivement externe et passive. En effet, quand bien même les syndicats s'opposeraient avec succès, dans tel ou tel pays, à la mise en place de fonds de pension plus étendus que ceux existant aujourd'hui, ils n'en seraient pas moins directement confrontés à ce phénomène et à ses conséquences, en raison de leur expansion financière, actuelle et prévisible, qu'ils soient américains, japonais ou européens[8]. C'est pourquoi on se demande, dans la deuxième partie de ce chapitre, quelle est la nature du système économique dans lequel prennent désormais place les fonds de pension et s'il serait possible, dans ce contexte, d'utiliser leur énergie dans l'intérêt des salariés.

SYNDICALISME AMÉRICAIN ET FONDS DE PENSION : LIMITES ET POSSIBILITÉS D'ACTION

À en croire Peter F. Drucker[9], on assisterait aujourd'hui, aux États-Unis, grâce aux fonds de pension, à une révolution sociale invisible, résultant, par suite des achats d'actions effectués par ces fonds, du transfert aux salariés des droits de propriété et de décision attachés à ces titres.

Cette perception du pouvoir économique des salariés américains est inexacte. Son exagération peut même conduire à la considérer comme tendancieuse. On indique ci-après les principaux obstacles rencontrés par les unions dans l'utilisation subversive des fonds de pension. On montre ensuite que, malgré ces limites, les fonds peuvent être utilisés comme une arme syndicale parmi d'autres.

Limites de l'influence syndicale américaine sur et par les fonds de pension

Il faut savoir tout d'abord que les fonds de pension ne sont pas un mode de couverture des retraites salariales ayant reçu l'approbation du mouvement syndical américain, lequel lui a été plutôt hostile et continue de l'être dans sa généralité. La Sécurité sociale mise en place sous l'administration Roosevelt en 1935, et qui ne couvre pas le risque maladie comme en France mais seulement le risque vieillesse, continue d'être la composante la plus importante des retraites, surtout pour les salariés et les personnes les plus pauvres. C'est ce que montre le graphique ci-dessous, correspondant à la catégorie des revenus annuels compris entre 13 000 et 20 000 dollars, représentative de la richesse du plus grand nombre des « vieux » Américains.

8. Najat El Mekkaoui, « Comportements financiers des fonds de pension dans les pays de l'OCDE », *Économie internationale*, n° 70, 2e trimestre 1997, pp. 35-53.

9. P. F. Drucker, *The Pension Fund Revolution*, New Brunswick/London, Transaction Publishers, 1996 (1ère édition en 1976).

Sources de revenus des retraités américains ayant un revenu annuel compris entre 13 000 et 20 000 dollars

En %

Sécurité sociale	64
Fonds de pension	15
Épargne individuelle	10
Revenus salariaux	7
Autres	4

Source : *Income of the Population 55 and older, 1996,* Social Security Administration Office of Research, Evaluation and Statistics, avril 1998.

En ne s'intéressant qu'aux ordres de grandeur, il apparaît que 60 % des salariés américains participent à un fonds de pension, mais que, pour des raisons diverses, les deux tiers seulement de ces 60 % (soit environ 40 % du total des salariés) bénéficient du complément de retraite apporté par les fonds de pension, avec des montants très variés d'un salarié à l'autre. En même temps, cependant, que l'on insiste sur le caractère limité, aux États-Unis, de l'apport des fonds de pension à la retraite, on doit rappeler que dans ce pays de la taille d'un continent (120 millions de salariés, soit 5,5 fois le nombre de salariés en France), l'histoire, la culture, le rapport à l'argent et à la bourse, les pratiques économiques, les modes d'intervention des États et de l'État fédéral, les rapports entre catégories sociales, diffèrent parfois profondément de ce qu'ils sont en Europe continentale. C'est dans cet ensemble que les fonds de pension ont pris place.

On relève trois restrictions majeures à l'influence des unions sur ces fonds.

1. Les fonds de pension dans lesquels les salariés américains sont représentés et peuvent réellement influencer les décisions forment une proportion très minoritaire de l'ensemble des fonds. Encore faut-il préciser que les décisions relatives aux investissements financiers échappent à leur compétence dans de très nombreux cas, surtout dans le privé. Cela dit, il existe d'autres domaines dans lesquels ils peuvent intervenir. Il est évidemment difficile de quantifier cette influence, dont une estimation des effets nécessiterait de prendre en compte non seulement les personnes directement concernées (les syndiqués) mais également leur famille et leurs proches. On s'en tient donc ci-après à de grossières approximations, étant entendu par ailleurs que les évaluations sur les fonds de pension eux-mêmes diffèrent souvent d'un auteur à

l'autre. D'après Melissa Moye et Randy Barber[10], le montant total, en 1998, des actifs centralisés par les fonds de pension de toutes sortes se serait élevé à 9 161 milliards de dollars, ce que l'on peut comparer au PIB brut de l'année, soit 8 510 milliards de dollars. Or ceux des fonds dans les organismes de gestion desquels les salariés américains sont le plus représentés (fonds *Taft-Hartley,* où les unions se partagent les sièges à égalité avec les employeurs) centralisent, selon les estimations, entre 250 et 350 milliards de dollars en actifs. En y ajoutant le total des fonds les plus influencés par les associations religieuses (environ 90 milliards de dollars, selon des informations orales), on peut dire que le mouvement social américain détient « un certain pouvoir économique », à la fois délimité et dans cette limite partagé à égalité avec les représentants patronaux, sur 5 % environ des actifs des fonds de pension. Une autre catégorie est celle des fonds de pension publics (par exemple « État de New York »), dans lesquels les unions figurent bien qu'étant toujours minoritaires. Ils représentent 32 %, du total des fonds de pension (2 400 milliards de dollars d'actifs en 1998[11] et 2 800 milliards[12]). Ensuite, il existe des fonds privés dans lesquels les syndicats ont une certaine représentation, tout en étant minoritaires. Une étude statistique récente permettrait d'en estimer le montant à 15 % environ du total[13]. En sorte que les salariés américains ne disposeraient d'aucune représentation dans la moitié environ des fonds considérés. Leur position la plus forte au plan légal (avec les limites que l'on a dites concernant l'orientation des investissements financiers) est donc celle de la parité de la représentation, pour environ 5 % des actifs et certains fonds publics.

2. Divers phénomènes, énumérés ci-après, contribuent aussi à atténuer fortement l'influence syndicale susceptible d'être exercée par l'intermédiaire des fonds de pension. Il s'agit tout d'abord de la baisse du taux de syndicalisation (24 % à la fin des années 1970 et 14 % aujourd'hui). Il s'agit ensuite des limites de la législation, des limites des procédures contentieuses relativement aux droits des salariés sur le management des fonds de pension, sur la conservation et l'utilisation de

---

10. M. Moye et R. Barber, « Institutional Power in Corporate Transactions », contribution présentée à Industrial Relations Research Association, 52e réunion annuelle, Boston, 6-9 janvier 2000.

11. Jayne E. Zanglein, « Overcoming Institutional Barriers on the ETI Superhighway », contribution présentée à The Second National Heartland Labor Capital Conference, 29-30 avril 1999, p. 2.

12. M. Moye and R. Barber, *op. cit.*

13. Teresa Ghilarducci, « Who controls Labor's Capital and Why it Matters », contribution présentée à The Second National Heartland Labor Capital Conference, 29-30 avril 1999, p. 19.

l'épargne longue qu'ils centralisent. Malgré l'existence d'un encadrement législatif des fonds de pension privés, amélioré pour la protection des droits monétaires des salariés depuis la loi ERISA (1974), les employeurs détiennent toujours, par l'intermédiaire notamment des dispositions fiscales, de pouvoirs très étendus en matière de création de fonds, de mise en œuvre ou de réorganisation de leur fonctionnement. Les gestionnaires financiers de ces fonds sont enclins à suivre en priorité les souhaits des entreprises ayant constitué ces fonds, car ces dernières forment leur clientèle. Dans ce faisceau de raisons tendant à minorer l'influence déjà réduite des syndicats à l'égard des fonds de pension, on note aussi, aujourd'hui, l'essor des contrats dits à contribution définie.

Dans ces contrats, le salarié sait ce que l'entrepreneur met en réserve sur son compte et ce que, éventuellement, il ajoute, mais, supportant seul les risques financiers encourus par son épargne, il ne sait pas ce qu'il percevra au moment de la retraite. Or ce type de contrat, qui s'oppose aux contrats à prestations définies, est favorablement accueilli, pour l'heure, par un grand nombre de salariés américains dans la mesure où il a été adapté à la volatilité et à la précarité des emplois d'aujourd'hui. Lorsqu'un salarié bénéficiant d'un tel contrat quitte son entreprise ou est licencié, il perçoit son pécule (l'épargne qu'il a lui-même accumulée) et en fait ce qu'il veut. Enfin, dans les contrats à contribution définie de type 401 k, les salariés peuvent même orienter directement leurs investissements boursiers. Les contrats à contribution définie sont encore minoritaires (25 % du total des contrats de fonds de pension) mais en croissance plus rapide que ceux à prestations définies. Ce type de contrat favorise donc *« l'individualisation négative »* des comportements, au sens de Robert Castel[14], ce qui déprécie, affaiblit d'autant l'activité syndicale.

3. Une troisième raison de minoration du pouvoir exercé par les syndicats sur les entreprises dont les fonds de pension possèdent les actions a trait au *régime de propriété et d'utilisation* des titres accumulés par les salariés grâce à leur épargne longue. Ces derniers ne sont pas propriétaires des actions achetées avec l'argent mis de côté pour leur retraite. Le propriétaire légal de ces fonds est le *trustee* (ou fiduciaire), qui peut être un comité, une banque, une compagnie d'assurances. Si le fonds de pension achète des actions d'IBM, ce ne sont pas les ouvriers ou les employés qui en sont propriétaires mais le *trustee*. Les salariés sont seulement propriétaires d'un droit à tirage ultérieur, sous réserve que le fonds n'ait pas subi de banqueroute ou de manipulations diverses.

---

14. R. Castel, *Métamorphose de la question sociale : une chronique du salariat*, Paris, Fayard, 1995.

L'épargne longue, de type « fonds de pension », constituée pour la retraite des salariés américains, donne lieu à un emboîtement de fonctions dont on peut isoler les niveaux suivants : la propriété juridique des titres ; la gestion des titres et du risque ; l'affectation des gains (et des pertes) dégagés grâce à cette gestion ; l'attribution finale des retraites. Les agents économiquement dominants relativement à ces fonds sont ceux qui centralisent le plus grand nombre de ces opérations. C'est pourquoi, même si certains fonds occupent dans le secteur une position de premier plan, ils sont trop nombreux (environ 450 000) pour ne pas être regroupés, l'argent qu'ils recueillent étant confié à des gestionnaires professionnels (banques, assurances, *money managers*, fonds mutuels de placement). Ces agents intermédiaires centralisent les capitaux d'un grand nombre de fonds de pension et en assurent le placement sur les marchés financiers. Ils ne sont pas motivés à critiquer, pour les licenciements massifs auxquels elles auraient pu procéder, les directions des entreprises dont ils gèrent une partie des actions en tant qu'agents de fonds de pension. Ce qui les concerne est le rendement immédiat des titres financiers. Or les suppressions d'emplois sont généralement suivies de la hausse de la valeur des actions des entreprises concernées. Ces hausses satisfont leurs intérêts gestionnaires même si elles mettent en opposition les retraités d'une entreprise et les syndiqués d'une autre entreprise.

Globalement considérés, les fonds de pension sont donc une source de préoccupations importantes pour les syndicats, relativement à leur mission de défense des salariés. Lorsqu'il est impliqué dans le système des fonds de pension, le mouvement syndical américain se trouve à la croisée de contradictions dont la considération d'ensemble éloigne de l'approche idyllique défendue par P. F. Drucker[15]. Pour rendre compte de ces difficultés, T. Ghilarducci[16] a représenté, à l'aide d'un schéma, cinq « fuites » dans l'efficacité et le rendement du système des fonds de pension. De manière complémentaire, on peut décrire le système des « contradictions » propres au système des fonds de pension. On en distingue quatre niveaux, représentés dans le tableau ci-après, entre :

- les agents (bénéficiaires des fonds/autres agents) ;
- les fonds (économie privée) et le budget (économie publique) ;
- les fonds considérés isolément (point de vue micro-économique) et l'environnement macro-économique, national et extérieur ;
- les deux pôles constitutifs des fonds (pôle réel et pôle financier).

---

15. P. F. Drucker, *op. cit.*
16. T. Ghilarducci, *op. cit.*, p. 25.

Il faudrait y ajouter le fait que les marchés financiers sont l'objet de crises parfois très sévères. Même s'il était indiscutable que ces marchés fussent animés par un mouvement ascendant de long terme[17], il resterait que leur fonctionnement peut être l'objet de pertes de ressources momentanément graves pour les retraités qui en subissent les effets dans l'instant.

Les contradictions économiques des fonds américains

Salariés bénéficiaires des fonds	- Employeurs - Gestionnaires des fonds - Salariés dont l'entreprise est propriété du fonds (actions) - Salariés pauvres, sans syndicat, chômeurs
Économie privée	Économie publique (pertes de recettes fiscales, achat d'actions et non d'obligations)
Intérêts micro-économiques des fonds	Environnement macro-économique national et extérieur (inflation, croissance)
Rentabilité financière (CT), marchés efficients (bornés à certains niveaux d'efficience), accidents de parcours dans la valeur des titres	Rentabilité réelle (LT), besoin de sécurité constante dans les rendements, adéquation large avec des besoins réels des retraités (santé, logements)

Mais malgré ces aspects contraires, il demeure que, dans son état de relatif affaiblissement et dans l'environnement particulier que définit la mentalité anglo-américaine, le mouvement syndical américain a choisi d'adopter depuis quelques années une attitude de retournement offensif à l'égard des fonds de pension.

Les fonds de pension comme arme syndicale

À l'initiative et sur l'impulsion récente de J. Sweeney, l'AFL-CIO s'est en effet engagée, à propos des fonds de pension, dans une voie complémentaire de la voie traditionnelle. Cet engagement fut certainement préparé et facilité par les interventions ponctuelles de telle ou telle union. Mais il est aujourd'hui plus global et plus organisé au plan institutionnel qu'il ne le fut par le passé.

17. Jeremy J. Siegel, *Stocks for the Long Run*, New York, McGraw-Hill, 1998, 2e édition.

Les quatre principaux domaines dans lesquels on repère ces initiatives sont les suivants :

- le contrôle de la gestion des entreprises dans lesquelles des fonds sont investis ;
- l'affectation de l'épargne collectée à des entreprises ne contrevenant pas à certains principes ou à certaines valeurs sociales ;
- l'affectation de cette épargne longue à des investissements sociaux « ciblés » ;
- la réflexion syndicale proprement dite en liaison avec des universitaires et chercheurs, que ce soit pour l'étude théorique des fonds de pension ou pour l'examen des problèmes à prendre en considération et à résoudre.

L'activisme actionnarial du monde du travail

On observe qu'aux États-Unis les détenteurs d'actions (70 millions d'individus en 1995, d'après les statistiques du New York Stock Exchange), ont été de plus en plus actifs relativement aux gestionnaires des entreprises, depuis le début des années 1980. Dans ce pays dont les habitants, bien au-delà des classes aisées, sont traditionnellement motivés par le gain monétaire, il est compréhensible que l'évolution à la hausse du cours des actions ainsi que la croissance du nombre des fusions et des acquisitions aient conduit la population possédant ces titres à être encore plus attentive à la gestion des entreprises et à leurs résultats. Que le montant des actions gérées par les fonds de pension atteigne 30 % des actifs financiers américains[18], et, notamment, près de la moitié du capital des 25 premières grandes entreprises américaines[19], explique pour une part (car d'autres facteurs interviennent), l'attention portée par le mouvement syndical au levier que ces titres, même si la propriété juridique en est organisée de manière complexe, peuvent représenter pour la défense des intérêts salariaux.

Jayne E. Zanglein[20] et Marleen O'Connor[21] ont décrit le déroulement récent et les premières évaluations de l'efficacité de l'activisme actionnarial des syndicats américains.

---

18. M. Moye et R. Barber, *op. cit.*, p. 12.
19. Michel Lafitte, « Les fonds de pension aux États-Unis », *Revue d'économie financière*, n° 23, hiver 1992, pp. 249-271, p. 266.
20. J. E. Zanglein, « From Wall Street Walk to Wall Street Talk : The Changing Face of Corporate Governance », *DePaul Business Law Journal*, vol. 11, n° 1, automnel/hiver 1998, pp. 43-122.
21. M. O'Connor, « Union Pension Power and the Shareholder Revolution », contribution présentée à The second national Heartland Labor Capital conference, 29-30 avril 1999.

Dans un cadre législatif et réglementaire très surveillé, ces interventions ont concerné les points suivants :

- La publication, en 1997, d'une sorte de « guide des votes », l'*AFL-CIO Guidelines*, étant la reprise et la mise à jour d'un document datant de 1991. Dans ce guide sont énoncés les principes et les critères auxquels la direction syndicale recommande de se rattacher dans six catégories de décisions. En particulier, la prise en compte des intérêts de long terme des salariés est soulignée et détaillée dans ses applications ;
- La présentation, en 1998, d'une centaine de propositions destinées à être soumises aux assemblées générales des actionnaires de façon à influencer le management courant des entreprises concernées. Ces propositions, largement diffusées avant leur examen par les assemblées et dont nombre d'entre elles, il est vrai, ont un caractère technique, sont un moyen, pour leur partie non-technique en tout cas, de stimuler le débat social quand bien même elles ne recueilleraient pas la majorité des suffrages ou, même, ne seraient pas acceptées par les institutions chargées de les filtrer et d'en examiner la recevabilité. Les mouvements d'inspiration religieuse sont une partie prenante importante de ces interventions, susceptibles de faire prévaloir aussi bien des décisions ponctuelles très concrètes (le rejet de telle ou telle disposition de rémunération outrancière des managers) que de grands principes de la vie sociale (lutte contre la discrimination raciale, préservation de l'environnement) ;
- Les unions commencent à se préoccuper de savoir dans quelle mesure les managers des fonds de pension suivent les indications de vote, générales et ponctuelles, qu'elles diffusent. Elle rendent public le résultat de leurs enquêtes, les *key vote surveys*. La mise au clair des « comportements d'agence » apparaît, en effet, comme l'un des moyens de faire évoluer l'ensemble du système dans un sens différent de son orientation spontanée, qui est celle du soutien aveugle apporté aux volontés managériales ;
- Dans ce contexte activiste, la rémunération des managers et les multiples dispositions que ces « salariés spécifiques » tendent à inclure, pour défendre leurs intérêts matériels immédiats, dans le règlement des sociétés qu'ils gèrent, apparaît comme l'une des cibles concrètes du moment. On peut penser que ce type de préoccupation est démagogique dans ses intentions, étroit dans ses résultats. Mais il faut aussi tenir compte de ce que la croissance exponentielle de l'inégalité des conditions de vie, aujourd'hui aux États-Unis, passe

notamment par ce genre de pratique. En outre, on peut se demander si la diffusion, en cours dans le monde, du modèle de gestion américain des entreprises n'est pas corrélée à ces modalités de rémunération, très attrayantes pour leurs bénéficiaires[22]. Le mouvement syndical situé dans l'outremer de l'Amérique pourrait avoir ici une motivation complémentaire de celle des unions des États-Unis à surveiller ces avantages matériels. Le statut de salarié n'est plus aujourd'hui ce qu'il était au XIXe siècle. Il tend à recouvrir des situations économiques et sociales sans commune mesure entre elles. La situation des salariés « managers » a très peu de points communs avec celle des salariés d'exécution. Cela dit, il existe, aux États-Unis, un débat sur ce point. Certains soulignent, en effet, que la transparence relative au montant de la rémunération des managers ne doit pas faire oublier l'examen des résultats par eux obtenus et pas davantage celui de leurs objectifs de moyen/long terme pour l'entreprise.

Affectation de l'épargne et principes éthiques

L'une des dimensions importantes de l'intervention syndicale par le biais du capital de titres dont elle peut influencer l'affectation concerne le respect par les entreprises de certains principes éthiques[23]. Ce terrain n'est cependant pas réservé aux unions, loin de là. Les groupes religieux y sont les plus actifs et des groupements dont l'idéologie générale est plutôt conservatrice interviennent de cette manière. C'est cependant le terrain sur lequel les unions sont le plus en mesure, pour ce qui concerne l'orientation de l'usage des fonds de pension, de sortir d'une simple alliance avec les actionnaires et de joindre leurs efforts à ceux des associations et groupements d'inspiration religieuse ou civique, contribuant de la sorte à former un « mouvement social » sur telle ou telle question jugée cruciale. Ainsi en a-t-il été de la lutte menée aux États-Unis contre l'apartheid institutionnel de l'Afrique du Sud et la complicité d'un trop grand nombre de grandes entreprises américaines à l'égard de ce système odieux. D'autres objectifs (avec des compositions et des pondérations variables d'une association à l'autre) sont aujourd'hui assignés à cette branche d'intervention. En totalisant ces objectifs, on trouve le souci de ne pas affecter d'épargne aux entreprises dont l'activité serait dépendante des « péchés » (alcool, tabac, jeu, pornographie et

22. *Ibid.*, p. 27.
23. Eric Becker et Patrick McVeigh, « Social Funds in the United States : Their History, Financial Performance and Social Impacts », contribution présentée à The Second National Heartland Labor Capital Conference, 29-30 avril 1999.

prostitution), des armements, du travail de très jeunes enfants des pays pauvres et/ou des activités qui mettraient en cause : l'égalité de sexe et de race entre les hommes ; l'environnement ; la sécurité des consommateurs et usagers ; les droits syndicaux des travailleurs, celui notamment de former un syndicat.

Les aspects intéressants de ces interventions sont que d'une part, elles tendent à gagner en audience et que d'autre part, sur leur fondement, se mettent en place des procédures de *« rating* social *»*, que, malgré leur nature subjective et leur manque potentiel de rigueur, le mouvement syndical américain peut verser au crédit de l'expérience générale des luttes. Pour ce qui concerne la France, par exemple, il en ressort que la réflexion sur les « critères de gestion », de nature économique, pourrait être prolongée par une investigation, d'ambition également opérationnelle, sur « l'évaluation sociale » des entreprises.

Affectation de l'épargne et investissements ciblés

Cet autre aspect de l'intervention syndicale pour l'affectation de l'épargne longue des salariés a trait à des investissements que les acteurs des marchés financiers hésitent à prendre en considération, ou dont, plus simplement encore, ils ne perçoivent pas l'intérêt. Il peut s'agir d'investissements susceptibles de satisfaire certains besoins des retraités (par exemple logements adaptés au troisième âge, santé). Mais ces opérations peuvent aussi couvrir le financement d'investissements à risques effectués dans des entreprises innovantes, ou des investissements de développement régional et local. Ils affectent positivement la situation présente des salariés, et pas seulement, de manière abstraite, celle des retraités à venir. En liaison avec la critique de la théorie des marchés efficients[24] et l'explicitation de ses limites (car pourquoi l'efficience s'apprécierait-elle selon les seuls critères financiers ?), une littérature fournie a été écrite sur ces investissements ciblés[25].

---

24. Murray Glickman, « The Concept of Information, Intractable Uncertainty, and the Current State of the « Efficient Markets » Theory : a Post Keynesian View », *Journal of Post Keynesian Economics*, vol. 16, n° 3, printemps 1994, pp. 325-349 ; Patrick Raines et Charles G. Leathers, « Veblenian Stock Markets and the Efficient Markets Hypothesis », *Journal of Post Keynesian Economics*, vol. 19, n° 1, automne 1996, pp. 137-151 ; Mary O'Sullivan, « Shareholder value, Financial Theory, and Economic Performance », contribution présentée à The Second National Heartland Labor Capital Conference, 29-30 avril 1999 ;

25. Lire en particulier : R. Barber et T. Ghilarducci, « Pension Funds, Long Term Investments and the Economic Future » *in* Gary Dymski, Gerald Epstein et Robert Pollin, *Transforming the U.S. Financial System*, Armonk, New York, M.E. Sharpe, 1993 ; Tessa Hebb, « Canadian Labour Sponsored Investment Funds : A

Pour conclure momentanément sur l'expérience syndicale américaine relativement aux fonds de pension, on insiste encore sur son caractère mesuré et sa nature expérimentale. Trois aspects, cependant, semblent particulièrement intéressants à prendre en considération.

Le premier a trait au fait que l'AFL-CIO a intégré des chercheurs créatifs, susceptibles de tenir le rôle d'un interface actif entre les syndiqués et le milieu de la recherche, pour analyser la réalité des fonds de pension. Cette organisation a su trouver et susciter, au sein de l'université ou dans le milieu des consultants et conseils, un élan de recherche pour recueillir des faits et réfléchir à ces questions complexes. Ainsi le mouvement syndical évite-t-il de se cantonner aux seuls domaines explorés par l'activisme des actionnaires. L'examen entre économie réelle et financière est conduit et poussé de manière critique. Des mécanismes d'investissements, nouveaux par rapport à ceux indiqués spontanément par le marché, sont étudiés. L'éducation et la formation sont intégrées dans le raisonnement économique concernant les investissements financiers des fonds de pension.

Le deuxième est l'évolution qui se produirait dans la nature de l'intervention des fonds de pension (de certains d'entre eux, en tout cas) dans la gestion des entreprises. Le texte de M. Moye et R. Barber, déjà cité, est fort intéressant à ce propos. Selon ces auteurs[26], les fonds de pension seraient en train de passer de modalités d'intervention externes, calquées sur les schémas institutionnels existants (un activisme actionnarial) à des modalités de type interne, représentant une sorte de « dirigisme » capitaliste dont la gouvernance d'entreprise serait une forme d'existence.

Le troisième aspect tient à ce que *le Capital du Travail*, pour reprendre l'expression de T. Ghilarducci[27], n'est pas uniquement utilisé pour la défense des intérêts des futurs retraités. Il sert également, dans le moment présent, à la défense de tous les salariés, quels qu'ils soient. Sans la considérer comme l'équivalent de l'arme absolue, les unions s'en servent, et certaines plus que d'autres, pour faire aboutir des revendications de portée générale, comme par exemple le droit des travailleurs de telle ou telle société à former un syndicat. Ce qui compte de manière ordinaire, et plus encore dans le contexte américain actuel.

---

model for U.S. Economically Targeted Investments », contribution présentée à The Second National Heartland Labor Capital Conference, 29-30 avril 1999.

26. M. Moye et R. Barber, *op. cit.*, p. 9.
27. T. Ghilarducci, *Labor's Capital, The Economics and Politics of Private Pensions*, Cambridge MA, The MIT Press, 1992.

Fonds de pension et capitalisme contemporain

On ne peut abstraire la réflexion sur les fonds de pension d'une interrogation plus fondamentale, concernant la nature du système socio-économique contemporain. La façon dont se déroule le débat sur les fonds de pension vérifie d'ailleurs ce propos. La discussion est, en effet, menée selon deux directions, celle du régime des retraites proprement dit et celle du financement de la dette des entreprises et des États. Ces deux directions sont évidemment complémentaires. Sans doute convient-il, cependant, qu'elles soient prises en compte de manière explicite et distincte. Car on peut imaginer que le système des retraites prévalant en France dans les années à venir puisse être le prolongement exact bien qu'aménagé du système actuel de répartition, mais que son environnement socio-économique diffère profondément de celui ayant caractérisé les années d'après la seconde guerre mondiale. Or dans ces conditions extrêmes, il serait encore approprié de s'interroger sur la nature de cet environnement pour comprendre les influences directes et les pressions qu'il pourrait exercer sur le système des retraites ainsi préservé.

Ensuite, on ne peut négliger le fait que certaines catégories sociales, en France notamment, sont favorables à ce que les fonds de leur retraite s'accumulent sous forme patrimoniale et prennent place dans le grand courant de la circulation financière.

À cela s'ajoute enfin que, dans d'autres pays, des fonds de pension de très grande taille sont en place et tendent à intervenir dans le monde entier. Ils deviennent une composante intime du capitalisme contemporain.

C'est pourquoi on présente à grands traits, dans une première sous-partie, l'analyse de ce dernier, de façon à voir comment les fonds de pension y prennent place. On examine ensuite quelques conséquences de ce nouveau système pour les salariés et leurs retraites.

Capitalisme financier et fonds de pension

Le fait de qualifier le capitalisme contemporain de « financier » n'est pas original. C'est une dimension à propos de laquelle l'accord entre les chercheurs est pratiquement établi.

Il est aujourd'hui clair que le capitalisme est un capitalisme financier. Cependant, les difficultés commencent lorsqu'il s'agit d'aller au-delà de ce point de départ empirique, en cherchant à rendre compte des traits essentiels de la structure et du fonctionnement de ce système.

L'approche sommaire que l'on en fait ci-après prend appui sur les trois aspects suivants :

Les origines

Le capitalisme contemporain porte la trace du système l'ayant précédé, c'est-à-dire, selon notre interprétation, celle du *capitalisme monopoliste d'État*. Il est vrai que ce concept paraît aujourd'hui étrange, n'ayant plus cours dans le débat des idées. Mais sa dévalorisation momentanée a principalement relevé de motivations largement situées en dehors du champ scientifique, même s'il faut aussi prendre en considération ce type de causes pour expliquer sa vulnérabilité passée. Quoi qu'il en soit, sans entrer plus avant dans cette autre discussion, on retient que la mémoire du capitalisme monopoliste d'État influence le capitalisme financier contemporain de deux manières au moins :

- en transmettant au nouveau système son expérience en matière d'intervention publique dans l'économie. Sans doute le capitalisme financier n'est-il pas à l'abri de crises importantes. Mais l'histoire ne se répète pas et l'on ne peut attendre que les crises à venir soient la reproduction de celles du passé. Le capitalisme financier contemporain est certainement à la recherche d'espaces géographiques pour lesquels il lui faut créer des institutions étatiques et des règles adaptées. On fait alors référence au mouvement actuel de *régionalisation*[28]. Le système en son entier est d'autant plus vulnérable que ces niveaux du fonctionnement courant n'ont pas été délimités et coordonnés entre eux. En même temps, cependant, on doit observer que depuis une dizaine d'années, plusieurs crises ont été traversées par les économies occidentales sans que la structure capitaliste n'ait été touchée en profondeur, que ce soit économiquement ou politiquement ;
- en lui léguant un certain niveau de richesse et la formation de catégories sociales adéquates. Le capitalisme monopoliste d'État, que l'on peut considérer comme la phase d'achèvement du capitalisme industriel, centré sur la production massive d'objets multiples, a connu un développement économique rapide en même temps que la généralisation du statut salarial. Cette enveloppe juridique commune a commencé de recouvrir des situations de plus en plus différenciées socialement. Le capitalisme financier a repris cet héritage. Se développant selon des rythmes ralentis mais

28. Bernard Gerbier, « L'impérialisme géoéconomique, stade actuel du capitalisme » *in* Gérard Duménil et Dominique Lévy (éditeurs), *Le triangle infernal. Crise, mondialisation, financiarisation*, Paris, PUF, 1999.

néanmoins positifs depuis le début des années 1980, il connaît l'intensification des inégalités dans la distribution des revenus, notamment salariaux. Les salariés, gestionnaires de haut niveau (les « managers ») tant des entreprises privées que de la fonction publique, sont au coeur de ces catégories sur lesquelles le capitalisme financier cherche à prendre appui pour s'installer dans la durée. Mais il élargit aussi son héritage sociologique. En stimulant un mouvement général d'extension du système industriel et marchand dans le monde, le capitalisme financier, engendre le développement de catégories capitalistes et rentières nouvelles qui lui sont acquises.

Les fonctions assurées

Les fonctions assurées par le capitalisme financier contemporain sont principalement au nombre de trois :

- La première est une *fonction curative*. En effet, les pays développés de la sphère occidentale ont connu après la deuxième guerre mondiale une période d'essor tenue pour remarquable. Le fonctionnement des économies nationales était alors axé, au plan interne, sur le plein emploi de la main-d'œuvre, et au plan externe sur des rapports de change favorables au développement économique de l'ensemble. Or ce système a révélé ses limites structurelles tant au plan social, technique, financier que spatial pendant les années 1970. Dans une situation de ce genre, les variables monétaires et financières deviennent les plus actives. Car l'argent est la forme absolue, « épurée », du capital. Lorsque ce dernier est remis en cause en profondeur (comme rapport fondamental), c'est l'argent lui-même, tout ce qu'il condense et résume de société, qui l'est également et le plus visiblement. Dans l'histoire du capitalisme, les mutations que l'on y a observées ont toujours contenu, en premier plan, des mutations financières ayant pour finalité de résorber la crise structurelle antérieure et de préparer le terrain du développement nouveau, sous l'angle technique et social. La nouvelle réglementation des marchés financiers (décisions de 1975 et surtout de 1980-1986), puis la forte montée des taux d'intérêt aux États-Unis, en 1979, ont été les points de départ visibles de cette mutation. C'est dans ce contexte que l'on observe la tendance à l'abandon par les États capitalistes de leurs missions antérieures d'« équilibrage social » et leur retrait de l'activité économique directe au bénéfice des secteurs privés ;

- La deuxième fonction du système est une *fonction financière innovante*. Elle a trait aux modalités du financement du capital productif, commercial et scientifique dans des conditions techniques, sociales et spatiales nouvelles. Les frontières dessinées depuis le siècle dernier sont aujourd'hui des corsets trop étroits pour l'expansion du capitalisme et des entreprises géantes. Les techniques en plein essor (information, transports), la connaissance scientifique, n'ont pas non plus le souci des frontières. Le capitalisme financier favorise donc, bien au-delà des nations existantes, l'extension productive et commerciale, à la fois régionale et mondiale, des entreprises. Il vise à en satisfaire les besoins financiers en donnant la priorité à d'autres procédés que le crédit. Ce dernier ne disparaît pas, évidemment. Mais il ne peut prendre appui aujourd'hui sur une banque centrale mondiale, sur une monnaie mondiale, sur un droit bancaire mondial, puisque ces éléments n'existent pas et ne peuvent être le produit spontané du capitalisme. *L'épargne (valeur réalisée) est donc appelée à la rescousse, en substitut du crédit (valeur anticipée)*. Sa mobilisation au bénéfice des groupes les plus puissants, la possibilité pour ces derniers d'y accéder aisément et au moindre coût, définissent le contenu de cette fonction majeure du capitalisme contemporain ;
- Enfin, le système est conduit à assurer une *fonction de coordination* des économies par les marchés et par les rapports politiques. En effet, si l'épargne est mondialement globalisée, en revanche les économies réelles et les monnaies se maintiennent sur des espaces régionaux restreints. C'est donc dans le tâtonnement et le conflit que s'opèrent la recherche et la mise en place hésitantes de règles de change entre les monnaies (dollar, euro, yen), d'échanges entre les produits, d'institutions monétaires et financières susceptibles de donner, malgré des tendances centrifuges vigoureuses, de la cohérence à la formation structurelle d'ensemble.

Les axes majeurs de son fonctionnement

On en repère trois :

- Le premier concerne l'obtention macro-économique de taux d'inflation très faibles. Ce qui est la conséquence logique, interne à chaque pays, du financement généralisé et mondial par l'épargne. Pour disposer massivement et avec continuité de cette source de financement, le capital doit en préserver la valeur dans le temps et lui accorder une rémunération positive ;

- Le deuxième a trait à l'existence de nouvelles marchandises et à la mise en place de marchés adaptés pour leur circulation et leur échange. Ce sont des *marchandises financières*, dont l'ampleur justifie que l'on désigne le capitalisme contemporain comme capitalisme financier. En effet, pour s'étendre mondialement, les différentes fractions du capital ont besoin d'accroître le degré de leur mobilité interne, de financer leur expansion, de préserver et même accroître la valeur des profits qu'elles ont réalisés. Les États ont également des besoins financiers à satisfaire. L'émission, la vente, l'achat massifs de titres de propriété du capital et de la dette apparaissent comme les principaux moyens de réaliser ces objectifs. Or il existe une demande réelle croissante de ces titres, en contrepartie de l'offre qu'en font les entreprises et les États. Les terres agricoles, l'or et les objets industriels tendant à perdre le pouvoir de matérialiser la richesse économique en raison notamment des progrès de la productivité du travail et des équipements, ce sont désormais les informations[29], au premier rang desquelles les informations financières, qui jouent ce rôle. Le capitalisme financier se développe donc aujourd'hui comme capitalisme de *détenteurs privés de ces informations* particulières que sont les titres financiers de toutes sortes. La monnaie, un habit dont les titres sont inévitablement revêtus, devient également une marchandise de premier plan. Les forces sociales qui assurent la direction et le contrôle de tout le système sont conduites à élaborer l'organisation originale de nouveaux marchés, ainsi que des règles d'échange, des garanties et des procédures adaptées pour la formation et la circulation des marchandises financières. Au marché des titres portant sur la propriété et l'endettement du capital privé s'ajoutent ceux concernant l'endettement des États, sans oublier cette marchandise financière originale que sont les risques (marchés des produits dérivés) ;
- Le troisième axe majeur de fonctionnement du capitalisme financier contemporain est de nature sociologique. Pour s'installer dans la durée, ce système a aussi besoin d'une base sociale élargie, très différente de celle engendrée par le capitalisme monopoliste d'État.

29. Robert W. McChesney, Ellen Meiksins Wood et John Bellamy Foster, *Capitalism and the Information Age, The Political economy of the Global Communication revolution*, New York, Monthly Review Press, 1998 ; Michel Volle, *Économie des nouvelles technologies*, Paris, Economica, 1999.

Au total, le capitalisme financier contemporain repose sur une double structure de relations :

- une structure de relations économiques à dimension spatiale, conduisant à distinguer les trois termes de mondialisation, régionalisation, globalisation. Le capitalisme financier engendre la mondialisation du capitalisme comme *résultat* observable de son fonctionnement, la *régionalisation* de ce dernier en étant la forme dominante au plan de l'exploitation de la main d'œuvre et des rapports politiques. Mais la globalisation en est le mécanisme majeur au plan financier ;
- une structure de relations macro-économiques et macro-sociales concrètes dont l'image, que l'on commence à percevoir ici et là[30] avec d'inévitables variantes et propos discutables d'un auteur à l'autre, semble très différente de celle du capitalisme monopoliste d'État. Aux éléments constitutifs de la trilogie classique (revenu produit, revenu distribué, revenu dépensé), accompagnée de rapports spécifiques avec l'État et le système bancaire, s'ajouterait désormais le *revenu patrimonial*, avec recomposition complète des rapports entre les diverses catégories de revenu ainsi que du rôle du système bancaire et de l'État. Le cycle boursier deviendrait déterminant du mouvement de l'ensemble et l'on assisterait notamment *« à la socialisation boursière de la rémunération du travail »*[31].

Il est compréhensible que, dans le contexte que l'on vient d'évoquer à très grands traits, les fonds collectés pour la retraite soient de plus en plus sollicités pour alimenter le besoin de financement ou de mobilité du capital des entreprises tout en transitant par les marchés financiers. On rappelle ici le chiffre mentionné précédemment à savoir qu'aux États-Unis, les fonds de pension détiennent environ 30 % de toutes les valeurs mobilières américaines. Or cette proportion a toutes les chances de se développer. C'est ainsi que l'on peut aborder aujourd'hui les problèmes soulevés par le fonctionnement des fonds de pension. Ces institutions ne sont pas nouvelles et datent aux États-Unis, pour les plus anciennes, de la fin du XIXe siècle. Mais depuis une à deux décennies, eu égard au

30. Michel Aglietta, « Problèmes des tendances actuelles de la finance », *Issues*, n° 51-52, 1er-2e trimestre 1998, pp. 115-143 ; « Le Capitalisme de demain », *Notes de la Fondation Saint-Simon*, n° 101, novembre 1998 ; Thierry Dissaux, « La place des marchés boursiers dans l'économie américaine », *Le Bulletin de l'Agence financière de New York*, n° 20, septembre 1998, pp. 2-8 ; Frédéric Lordon, « Le nouvel agenda de la politique économique en régime d'accumulation financiarisée » *in* G. Duménil et D. Lévy, *op. cit.*
31. F. Lordon, *op. cit.*, p. 234.

développement du capitalisme financier, se pose la question de leur immersion progressive dans le marché des titres privés. Dans la phase précédente de leur histoire, ces institutions, ainsi d'ailleurs que toutes celles agissant comme collectrices d'épargne à finalité sociale, plaçaient majoritairement leurs fonds en bons du Trésor et en obligations d'État. Mais cette époque était celle du capitalisme monopoliste d'État et d'un certain rapport entre dépenses publiques et dépenses privées, aujourd'hui modifié en faveur des secondes. On comprend donc la liaison actuelle entre le développement du capital financier et l'achat croissant de titres privés par les fonds de pension, principalement sous forme d'actions. On comprend également que les fonds tendent à internationaliser leurs investissements de manière croissante. Il est donc justifié, ce que l'on essayait de montrer, de ne pas isoler l'étude des fonds de pension de celle du système économique. Il reste à examiner les principales conséquences de cette insertion, en particulier pour les salariés d'exécution et leurs retraites.

CAPITALISME FINANCIER, SALARIÉS ET RETRAITÉS : REMARQUES TERMINALES

Les conclusions que l'on tire de la présente étude sur la possibilité et sur l'intérêt pour les unions en général de faire que les fonds de pension deviennent une arme syndicale, ne sont ici envisagées que comme des conclusions limitées, de contenu provisoire. Elles ont seulement une valeur de recherche et de questionnement. Elles sont formulées uniquement en rapport direct avec les fonds de pension américains, qui sont le sujet de ce texte. Pour bien en indiquer le caractère hypothétique, transitoire et restreint, on les exprime ci-après sous formes de trois remarques.

La Sécurité sociale et le système de la répartition toujours à défendre

L'expérience américaine ne dément aucunement que la préservation du système de répartition soit nécessaire au maintien des retraites d'une large partie de la population. D'une part, en effet, nombre d'entreprises ne financent pas de fonds de pension. D'autre part, dans les entreprises où il en existe un, les droits des salariés comme ceux de leurs proches, ne sont pas établis, protégés, suivis et garantis aussi uniformément et fortement que dans le système de la répartition. Cette expérience indique également combien les unions doivent être attentives à ce que l'idéologie et la pratique boursières, potentiellement portées par les fonds de pension, ne perturbent pas et ne polluent pas le système de la répartition. Aussi est-ce selon nous de manière justifiée que, par exemple, un grand nombre de syndicalistes américains ont été opposés au placement des excédents actuels de la « Sécurité sociale » sur le marché des actions.

Situer les positions syndicales à l'égard des fonds de pension dans un pays donné par rapport à l'ampleur et l'histoire de ces fonds

Les positions adoptées par le mouvement syndical français, par exemple, peuvent être d'autant plus radicalement opposées aux principes directeurs des fonds que leur degré d'implantation est faible et récent. Il n'en est pas de même pour le mouvement syndical américain, pour lequel les fonds de pension font partie de l'héritage avec lequel il faut composer. Le dialogue entre branches du mouvement syndical à propos des fonds de pension devrait pouvoir être engagé entre elles sans *a priori*, indépendamment du degré de pénétration de ces fonds. Il est peut-être dommage pour tous que les syndicats français n'aient pas été invités aux réunions ci-dessus indiquées de Londres et de Stockholm.

Approfondir la connaissance du système économique

La réflexion sur les fonds de pension mérite d'être située dans le contexte du capitalisme financier, même si la connaissance de ce contexte en est encore à ses débuts. Une première indication en découle relativement aux programmes de recherche concernant les fonds de pension. Dans l'intérêt et pour l'enrichissement du mouvement syndical dans son ensemble, il paraît utile que ces fonds continuent d'être observés et analysés par les chercheurs et les représentants des salariés des différents pays en cause selon les points de vue de la démocratie des actionnaires et des orientations éthiques de leurs investissements. Mais au fur et à mesure que les fonds tendent à intervenir de manière de plus en plus interne à la vie des entreprises qu'ils possèdent juridiquement dans le monde entier, s'ouvre un nouveau domaine d'investigation pour toutes les forces syndicales : celui de l'élaboration de stratégies de gestion des entreprises dans le cadre du système existant.

De ce fait, les interrogations soulevées par l'existence et le développement des fonds de pension débouchent sur le besoin de la compréhension en profondeur et de la critique radicale du système ambiant. Elles pourraient déboucher sur des propositions qui, sans viser l'abolition du capitalisme, pourraient néanmoins aboutir à la transformation des relations économiques entre les acteurs dominants du monde (les entreprises géantes, les grands États et les organisations mondiales para-étatiques, commerciales et financières). En effet, puisque le capitalisme financier découle, selon notre analyse, des chemins spécifiquement suivis par le capitalisme pour se mondialiser (en particulier la multiplication de la vente et de l'achat de titres pour faire circuler et capter l'épargne), la question est posée non seulement de la critique de cette voie mais encore de l'existence d'autres voies de mondialisation. Le mouvement syndical, tout en maintenant les bases nationales de sa capacité défensive, toujours nécessaire à préserver, ne peut être opposé à la mondialisation en elle-même, mais aux cheminements capitalistes (les stratégies des multinationales géantes) et financiers (la globalisation) de son accomplissement actuel. L'inspiration mondiale des propositions que Keynes avait élaborées pour les négociations préparatoires de Bretton Woods, est peut-être à nouveau à l'ordre du jour, dans leur principe, même si les problèmes à régler aujourd'hui ne concernent plus seulement l'équilibre des balances commerciales.

La reprise adaptée de cette inspiration toujours féconde, pour combattre à la racine les perturbations engendrées par la circulation massive du capital argent, et pour prendre en charge les préoccupations du développement et de l'environnement planétaires, serait une manière *théoriquement et idéologiquement offensive* de contribuer à situer le mouvement syndical relativement aux problèmes généraux engendrés par la gestion *capitaliste financière* des fonds de pension. Il est peut-être temps, notamment au plan syndical, d'intégrer la « taxe Tobin » et le contrôle de la gouvernance d'entreprise dans une démarche plus ambitieuse.

Fonds de pension
Modalités de collecte et d'allocation de l'épargne
Une approche par les évolutions de financement

Jean-Marie GIANNO*

Les transformations à l'œuvre ces dix dernières années dans le monde révèlent la force de l'épargne financière dans la régulation et l'allocation des ressources économiques. Engendrée par le mouvement mondial de dérégulation des systèmes financiers, cette évolution a initié un changement profond dans les conditions d'affectation et de valorisation, en fonction des besoins des économies et des populations, des capitaux. Que ce soit pour les groupes multinationaux, les fonds d'investissement ou encore les organismes de gestion de fortunes, la tendance est à la financiarisation. C'est là une mutation majeure qui marque le passage de capitaux investis dans l'économie sous forme de prêts et de financements obligataires, à des placements effectués pour l'essentiel en actifs financiers valorisés sur les marchés boursiers.

Les capitaux investis sur les marchés boursiers ont trouvé une source sans précédent de valorisation et de placement dans les privatisations engagées en cette fin de siècle dans la quasi totalité des pays. Cela recouvre la forme de « fonds de pension » dans les pays anglo-saxons, telle par exemple la Hollande. Cela recouvre les sociétés d'investissement à capital variable (SICAV) et autres fonds communs de placement (FCP) en France. C'est aussi les fonds d'investissement placés en actions gérées dans les entreprises en Allemagne.

ÉLÉMENTS D'APPRÉCIATION SUR LA SITUATION BANCAIRE

Les banques ont perdu dans la phase de désintermédiation initiée dans les années 1985/88 l'essentiel de leurs ressources générées par les crédits aux grands entreprises. Leurs marges se sont contractées sous l'effet d'une concurrence toujours plus vive. Ayant désormais accès aux marchés internationaux de capitaux, les grands groupes ont en effet mis en opposition les banques internationales et les autres intervenants des marchés financiers, faisant ainsi perdre aux établissements bancaires une source récurrente de revenus d'intérêts. D'autre part, les meilleurs

* Membre du bureau de la Fédération nationale des personnels des secteurs financiers CGT et du Conseil national du crédit et du titre (CNCT).

« signatures » sont ainsi devenues plus difficiles à conserver, les prêts à certains secteurs plus risqués (PME fragilisées par l'endettement excessif et la faiblesse des fonds propres, secteur immobilier mal « maîtrisé » par les banques, etc.). Enfin, le taux d'autofinancement a considérablement progressé dans un temps où les exigences de développement étaient étroitement liées au retour sur capitaux de la part des actionnaires.

L'essor considérable de la gestion collective, ces dernières années, a été favorisé par plusieurs facteurs, et en tout premier lieu, la déréglementation mondiale qui, en balayant les obstacles qui freinaient depuis longtemps la concurrence, a donné une impulsion sans précédent aux forces du marché.

Face aux réalités du marché et conscients que les régimes de retraite par répartition seraient vite soumis à de sérieuses tensions liées notamment aux évolutions démographiques, les gouvernements de nombreux pays ont mis en place des incitations juridiques et fiscales pour promouvoir des systèmes de retraite par capitalisation.

La période prolongée de hausse des prix des actifs a également joué un rôle, à l'exception de quelques brefs épisodes de correction. Elle a permis durant 15 ans des rendements de portefeuille élevés et a attiré de nouveaux fonds en quête de profits durables.

Financer la croissance d'un groupe, ses investissements ou ses prises de contrôle, s'est ainsi, de plus en plus, fait par l'intermédiaire des marchés de capitaux eux-mêmes considérablement « gonflés » par les flux d'épargne provenant des fonds d'investissement et autres FCP. L'importance des investisseurs institutionnels dans le système financier mondial ressort clairement du volume des actifs gérés qui dépasse le PIB global des pays industrialisés concernés (cf. tableaux *infra*).

Les banques sont elles-mêmes devenues par leurs SICAV et autres FCP, des acteurs essentiels du financement des groupes. Aux États-Unis, compte tenu de la loi sur la séparation (entre autres) entre banques d'affaires et banques de détail (Glas Seagall Act), d'autres acteurs ont massivement investi le marché. Tel fût en particulier le cas des fonds de pension (caisses de retraite de grands groupes, de collectivités voire de certaines catégories de fonctionnaires, etc.)

Investisseurs institutionnels : situation en 1995

	Fonds de pension	Compagnies d'assurance			Sociétés d'investissement à capital			Chiffres agrégés	
		vie	non vie	ens.	variable	fixe	ens.		US milliards
	Actifs financiers, en % du total du secteur								
États-Unis	62	33	44	35	63	57	57	50	10 501
Canada	3	2	2	2	2		2	2	493
Europe dont :	**24**	**36**	**37**	**37**	**34**	**41**	**33**	**32**	**6 6666**
Allemagne	1	7	12	8	7	-	6	5	1 113
Angleterre	11	11	6	10	3	29	4	9	1 790
France	0	7	8	7	11	-	9	6	1 159
Pays-Bas	5	3	1	3		-	1	3	626
Suède	1	1	2	2	1	10	1	1	267
Suisse	3	3	2	2	1	-	1	2	452
Japon	**9**	**27**	**16**	**24**	**-**	**-**	**8**	**14**	**3 035**
TOTAL	**100**	**100**	**100**	**100**	**100**	**100**	**100**	**100**	**20 949**

Source : BRI, *op. cit.*, tableau V.3, p. 90

Le Moder Act récemment adopté par le Sénat et ratifié par Bill Clinton, va entraîner un profond mouvement de reconfiguration du paysage bancaire nord-américain. Cette réforme à l'échelle des États-Unis va sans doute accélérer le processus de rapprochement entre le *retail* et l'*investment banking*, c'est-à-dire entre la banque de proximité et la banque d'affaire. Cette situation nouvelle est potentiellement porteuse de risques majeurs compte tenu de la puissance des groupes financiers américains. Elle va modifier le rapport des forces à l'échelle planétaire. Il ne fait aucun doute que cette évolution entraînera des mouvements de rapprochements massifs dans le monde, comme on le constate déjà en Europe et au Japon.

Dès le départ, les fonds de pension ont opté pour l'investissement en actions, investissement générateur de revenus récurrents importants sur le long terme. Leur puissance s'est avérée sur le long terme du fait de la confiance des ménages américains dans les placements en actions de grandes entreprises américaines mais aussi par la constante et forte progression de la Bourse (Dow Jones, NASDAQ pour les valeurs technologiques, etc.). La rente servie aux retraités américains les ont confortés dans « l'efficacité » du système.

Evolution des actifs financiers des fonds de pension

En milliards de dollars

	1980	1985	1990	1993	1996
États-Unis	701	1 606	2 492	3 449	4 752
Canada	42	75	165	187	241
Allemagne	15	22	52	47	65
Angleterre	116	224	537	682	897
Pays-Bas	77	105	230	262	363
Suède	-	-	79	71	93
Suisse	-	107	138	148	189
Japon	-	-	343	460	442

Source : BRI, *op. cit.*, tableau V.5, p. 93

Expansion des sociétés d'investissement

	Total des actifs nets							
	1987	1990	1993	1996	par fonds, en 1996 (en % du total)			
	en milliards de dollars				Monnaie	Obligations	Actions	Diversifiés
États-Unis	770	1 069	2 075	3 539	25	22	49	3
Canada	16	21	86	155	15	9	52	14
Allemagne	42	72	79	134	16	56	25	3
Angleterre	68	89	131	188	0	5	88	6
France	204	379	484	529	45	29	11	14
Pays-Bas	16	24	46	67	10	30	54	6
Japon	305	336	455	420	29	45	24	2

Source : BRI, *op. cit.*, tableau V.4, p. 91

En France, la puissance des organismes de placement collectifs (SICAV, FCP, etc.), l'équivalent des *mutual funds* américains, n'a fait qu'augmenter jusqu'au début des années 1995. Rappelons que, eu égard au volume des capitaux investis, la France est, après les États-Unis, le second pays pour ce qui concerne la gestion collective. Mais bien sûr, la différence majeure est la forme de diversification des portefeuilles des organismes de placement. L'essentiel des capitaux des souscripteurs français est placé non pas en actions mais en obligations d'État. Cette situation se comprend aisément. Les placements des ménages en SICAV ne s'apparentent pas, pour l'essentiel, à une épargne effectuée à long terme en vue de la retraite. Les souscriptions des années 1990 tiennent d'ailleurs pour beaucoup au rendement offert par les obligations d'État, compte tenu du niveau des taux d'intérêt, de la forte liquidité du marché, de l'ampleur des émissions faites alors par le Trésor en France. Elles s'expliquent aussi par les facilités fiscales qui sont faites dès le départ aux investissements en SICAV. Ces différents facteurs justificatifs se « doublent » en France d'une aversion prononcée pour le risque et d'une « culture anti-boursière » forte (la Bourse ce sont les capitalistes, la spéculation détruit le travail, etc.).

Cela dit, il est indéniable que les SICAV et les organismes de placement ont grandement contribué à l'essor du marché boursier en France.

OÙ EN SOMMES-NOUS AUJOURD'HUI DANS L'ÉVOLUTION DU MARCHÉ ?

Quels objectifs pour le financement des entreprises ?

Tout le monde financier le reconnaît, la question cruciale est moins celle du volume des capitaux qu'il faudrait drainer vers les placements boursiers (le taux d'épargne financière est élevé en France), que celle de leur affectation.

Si les gestionnaires de SICAV n'ont pas la possibilité de diversifier davantage leurs portefeuilles en achetant des actions notamment du second marché et/ou des entreprises innovantes, alors quels que soient les mécanismes incitatifs nous retomberons dans le même dilemme.

Le recul prévisible, compte tenu des politiques budgétaires poursuivies, des émissions d'obligations d'État, en France et en Europe, et les problèmes liés au financement des retraites devraient pousser à des investissements en actions. Mais même là la question mérite d'être posée. Si les capitaux collectés servent au financement, par le marché, des grands groupes français et/ou européens, certes on résout la question de la détention d'une part de leur capital par des « nationaux », et ce n'est pas une question secondaire, vu les mouvements de restructuration en cours, mais on ne résout pas la question des fonds propres des PME et celle des placements à long terme nécessaires à leur développement.

S'agissant des grands groupes, la détention de volumes d'actions significatifs par des institutionnels français (FCP entre autres) ne revêtira, sans doute, pas avant longtemps la forme de fonds de pension. Mais *in fine* qu'importe au fond la forme du fonds d'investissement, l'essentiel réside dans la *finalité* des capitaux investis sous forme de titres. D'autant plus que, quels que soient les capitaux investis dans des actions de groupes multinationaux, la part du capital détenue dans ces groupes sera insignifiante pour peser sur les gestions et les stratégies.

Toute la problématique des contrats « DSK » dont l'objectif est d'orienter les financements vers les PME innovantes, vise donc à déplacer les flux de placements des « véhicules » de gestion collective que sont en France les FCP, vers les entreprises « à risque ». Mais le chemin sera encore long pour parvenir à un effet significatif sur les capitaux propres de ces entreprises.

Il ne faut pas se leurrer, les besoins en capitaux propres des PME dépendent de formes de financement qui en France ne peuvent s'assimiler à des fonds de pension de type anglo-saxon. Car un des travers singuliers de la financiarisation en France, c'est de correspondre à un mouvement puissant de déréglementation, certainement plus fort que chez nos voisins européens, mais dont les objectifs ont longtemps été une gestion des outils de collecte de l'épargne sur les marchés (organismes collectifs de placement de l'épargne essentiellement) vers le financement du déficit de l'État.

Les mutations des politiques européennes des financements

La création de l'Euro élargit considérablement la base de la liquidité et la profondeur des marchés de capitaux intraeuropéens. La politique monétaire de la Banque centrale européenne bien moins « orthodoxe » que celle de la Bundesbank, crée des opportunités nouvelles de réorientation des politiques économiques en Europe.

Cet ensemble de facteurs devrait amener les États à mener une politique économique mieux orientée vers la croissance et l'emploi favorisant ainsi une baisse, sur le continent, des taux d'intérêts réels. La baisse relative des financements par le marché obligataire (essentiellement les emprunts d'État) due à cette nouvelle orientation pourrait favoriser les marchés boursiers. C'est un des moyens essentiels pour réorienter vers les actions, les capitaux collectés par les SICAV et autres FCP. Cela prendra à n'en pas douter du temps et pas mal de changements dans les mentalités, celles des gestionnaires ne représentant pas l'un des moindres obstacles. Cela suppose aussi des changements dans la réglementation des organismes collectifs de placement (normes de répartition des risques, de garantie des revenus, etc.).

Il faut évidemment une évolution du statut des SICAV ; des nombreuses structures de placement tels les Plans d'épargne d'entreprise (PEE), les fonds d'épargne collective salariale, etc. Le Plan d'épargne en actions (PEA) a pu orienter une masse significative de capitaux vers les actions de société cotées, donc là encore pas vers les PME. La « Bourse en direct » favorise également les grands groupes et leurs opérations de restructuration.

Gestion des fonds de placement et réallocation d'actifs

La création de fonds de pension en France (ou leur équivalent en fonds dit de prévoyance) pose, par-delà le problème de complémentarité aux retraites par répartition, la question de l'affectation des fonds collectés. Les gestionnaires des fonds ne pourront investir en actions qu'une partie de leurs encours. Leurs portefeuilles comporteront une part majoritaire d'obligations afin de garantir une « sécurité » de rendement et « caler » la durée de vie des contrats sur l'âge à courir des souscripteurs.

Seules les évolutions à venir sur la structure d'âges des souscripteurs (les plus jeunes devant prendre la majorité sur les plus vieux) permettraient d'orientation les investissements vers les actions. Cependant, au regard des statistiques et des projections effectuées pour les 40 ans à venir par le Commissariat général au Plan, on peut douter d'un possible « rééquilibrage » intergénérationnel des fonds qui soit suffisant pour permettre à ceux-ci d'investir massivement en actions. En effet, si les souscripteurs demeurent massivement les plus de 50 ans, les fonds de pension non seulement n'investiront pas notablement en actions, mais encore moins en actions d'entreprises du second marché ou de PME innovantes, actions trop de risquées à court terme.

Le défi est donc ailleurs. Il se situe notamment, dans la recomposition des portefeuilles des fonds existants. Il n'y a pas d'illusion à avoir. On en fera pas demain des épargnants français des investisseurs dans le capital de *start-up* ou même de PME innovantes.

Les institutions elles-mêmes doivent évoluer vers le risque.

Les faits sont là. Les banques elles-mêmes ont beaucoup de mal à réagir à contre cycle dès qu'une crise comme celle qui a atteint l'Asie en 1997 et en 1998, après le moratoire sur la dette russe, vient aggraver l'état de leurs engagements.

Les restructurations bancaires de par le monde illustrent l'ampleur des défis auxquels sont confrontées les institutions bancaires. Savoir être à nouveaux des interfaces efficaces entre les besoins de financement des économies, des entreprises et l'évolution du comportement des ménages en matière notamment de placements, relève d'une nouvelle mutation.

La prise de risques dans l'économie réelle suppose de rétablir des conditions d'exploitation des réseaux bancaires ainsi qu'une maîtrise renouvelée des activités sur les marchés financiers internationaux. C'est pour cela que les phénomènes de fusion, de rapprochements sont devenus si puissants dans le monde bancaire. Ce sont les conditions d'exercice sur les marchés domestiques qui ont poussé à des évolutions vers une intégration plus forte des acteurs. Cela s'explique à la fois par l'évolution des systèmes économiques (par exemple la constitution de la zone Euro), et par la nécessité d'avoir une taille conséquente au regard des mutations des marchés mondiaux de capitaux.

Les grandes banques d'investissement s'adossent aux banques universelles afin de stabiliser leurs activités très « cycliques » sur les marchés financiers et disposer de moyens financiers nécessaires à leurs activités. La clientèle de ces banques (i.e. les grands groupes multinationaux) notamment du monde industriel est confrontée elle aussi à de vastes mouvements de fusion-restructuration.

C'est aussi par la réhabilitation d'une saine activité concurrentielle que pourront se rétablir les conditions d'une activité interbancaire soutenue. On ne le dit pas souvent mais la crise financière internationale a aussi pour vecteur les réductions des lignes d'engagement interbancaire des grandes institutions financières internationales.

Crise financière et attitude des fonds

Les *hedge funds* et les *mutual funds* ont joué un rôle d'amplificateur de la crise. Ce sont les fonds de pension qui détiennent la part la plus élevée des actifs étrangers, les compagnies d'assurances étant les moins diversifiées géographiquement (cf. tableau *infra*).

Diversification internationale des portefeuilles institutionnels en 1996

	Fonds de pension		Compagnies d'assurances		Sociétés d'investissement		Capitalisation boursière en % du montant mondial
	Total	Actions	Total	Actions	Total	Actions	
	en % de la catégorie d'actifs						
États-Unis	11	16	7	4	7	10	45
Canada	17	37	26	30	37	40	3
Allemagne	4	21	-	-	-	-	4
Angleterre	28	28	18	19	15	16	9
France	-	-	1	1	-	-	3
Pays-Bas	30	58	18	21	7	9	2
Suède	6	27	16	36	20	23	1
Suisse	16	33	-	-	49	51	2
Japon	23	35	13	10	-	-	16

Source : BRI, *op. cit.*, tableau V.7, p. 95

Les gérants de portefeuille de ces fonds se sont trouvés confrontés à une double contrainte ; à la fois préserver les rendements offerts à leurs souscripteurs (rendements d'autant plus élevés que les perspectives de valorisation boursière étaient considérables dans les pays émergents) et diversifier les sources potentielles de risque pour éviter une trop forte exposition.

La réalité a dépassé les craintes. L'insolvabilité de grandes banques a accentué les risques systémiques. Pour éviter des pertes trop grandes, les fonds ont massivement vendu les titres des entreprises européennes, entreprises pourtant saines mais qui présentaient de forts potentiels de valorisation et pouvaient donc palier, au moins temporairement, l'effondrement des marchés du Sud-est asiatique.

Une crise plus aiguë encore s'est produite à partir de la mi-98 avec le moratoire sur la dette russe. C'est à une contraction généralisée de l'offre de capitaux sur les emplois à risque à laquelle ont été confrontés les acteurs. Comme le souligne le rapport 1999 de la BRI[1], cet événement « *a joué un rôle de catalyseur et provoqué un réexamen fondamental de l'équilibre risque/rendement* ». Ce qui est grave c'est que la dégradation marquée des conditions de crédit a tout autant affecté les obligations de qualité que les titres spéculatifs : « *La frénésie des investisseurs dans la recherche de rendements élevés peut fort bien se transformer en « frayeurs » qui les pousse à brader leurs obligations en cas de crise* »[2].

L'enseignement immédiat et forcément partiel que l'on peut tirer de cette crise est que l'allocation optimale de l'épargne au plan mondial ne peut être arbitrée uniquement en fonction des intérêts immédiats des gestionnaires de fonds. Une régulation s'impose pour que, dans une phase de crise aiguë, une autorité de régulation impose des limites dans la cession et la réallocation d'actifs financiers. Plus fondamentalement, il revient aux centres de recherche de modéliser des outils de gestion de l'épargne en faisant appel à d'autres critères que la seule valorisation des capitaux investis à court terme dans les entreprises voire dans les États.

A la différence de la période entourant la crise du peso mexicain et du second trimestre 1997 en Asie où les banques avaient partiellement compensées le tarissement des obligations internationales, elles n'ont apparemment pas contribuées à palier les sorties de capitaux consécutives au moratoire russe. Ce changement de comportement témoigne de la dépendance croissante des banques envers les conditions mondiales de marché.

---

1. BRI, *69e Rapport annuel*, Bâle, 1999.
2. *Ibid.*

Pour les banques, alors que la crise aggrave les déséquilibres, alors que les pertes sur les marchés mondiaux les ont fragilisées ; les questions fondamentales reviennent avec insistance : Quelle capacité ont-elles d'amortir les chocs provoqués par les déplacements erratiques des capitaux ? ; Comment peuvent-elles encore constituer des outils efficaces d'intermédiation entre les ressources et les financements ?

La faiblesse des marges dégagées sur les crédits, la très vive concurrence entre banques pour les « meilleures signatures », les ont poussées dans une sorte de fuite en avant vers l'activité de service générant de substantielles commissions. Les réglementations doivent cependant évoluer vers plus de responsabilité des banques dans la crise nécessaire afin d'avoir pour objectif une prise de risque plus grande et un financement de l'économie tournée vers la croissance et l'emploi. Nous en sommes encore loin.

L'affectation optimale des capitaux collectés ne peut dépendre uniquement des jugements « moutonniers » des fonds sur les marchés de capitaux.

COMMENT RÉORIENTER LES FONDS VERS LES PLACEMENTS « RISQUÉS » ?

Le constat sur les difficultés des banques à prendre des risques se retrouve dans les gestions des SICAV, FCP et autres PEA ou assurance-vie, placements qu'elles contrôlent pour l'essentiel.

La croissance spectaculaire ces dernières années des contrats d'assurance-vie a surtout eu pour effet de déplacer l'épargne stable investie sur les livrets à taux réglementés (Livret A, etc.) vers des placements sans risque garantis par l'État et stable sur le long terme.

Les contrats d'assurance-vie se sont surtout faits sur les « têtes » des ménages âgés de plus de 50 ans. Les besoins de compléments de retraite dans les années à venir devraient évidemment nourrir ces contrats et réorienter les investissements vers la détention d'actifs en actions.

Il est un fait que le marché boursier à Paris est massivement investi par des fonds anglo-saxons. Malgré un recul, pendant la crise de l'automne 1998, les fonds demeurent dans le capital des plus grands groupes français. Ils cherchent une rentabilité élevée des capitaux investis. Et pour cela, ils exigent des gestions drastiques favorisant le capital au détriment du travail.

Le facteur déstabilisant de la présence des fonds dans le capital des grandes entreprises françaises tient moins au risque de désengagement ou aux exigences de rentabilité qu'ils imposent, qu'au peu d'empressement des fonds de placement français à entrer massivement dans le capital des groupes.

Nous sommes passés d'un capital de grandes entreprises entre les mains de l'État à une situation de faiblesse des capitaux domestiques dans le capital des groupes. Il serait illusoire de penser voir la situation se modifier fondamentalement dans les années à venir tant les cultures sont imprégnées par la sécurisation des placements et l'aversion marquée des gestionnaires pour le risque.

Cela tient, nous l'avons vu, aux niveaux de rendement offerts par les Bons du Trésor dans les années 1980/90, mais aussi aux tendances lourdes en France vis-à-vis des titres cotés et de l'actionnariat en général. Cela étant, l'appel aux capitaux par les groupes n'est pas en soit un facteur de progrès dans l'investissement générateur de richesses et d'emplois.

Les opérations de fusions et/ou rapprochement entre grands groupes industriels ou bancaires de l'été 1999 ont mis en lumière, la puissance des investisseurs anglo-saxons sur les marchés financiers internationaux. On a dit que ces fonds ont grandement influé sur les stratégies des groupes engagés dans ces opérations. C'est à la fois vrai et faux : vrai car leur puissance conjointe dans les participations qu'ils détenaient a joué un rôle d'« entraînement » sur les décisions des autres investisseurs ; faux car les gestionnaires de fonds s'appuient beaucoup sur des « représentations » qui dominent les marchés, elles-mêmes s'auto-entretenant par le jeux des convictions réciproques, lesquelles, en définitive, ne valident ou n'invalident les choix stratégiques des groupes qu'*a posteriori*.

Ce n'est donc pas en soit l'existence de fonds de pension, fussent-ils anglo-saxons, qui constitue un problème, ce sont les objectifs finaux des stratégies industrielles et/ou financières des groupes qui déterminent les choix d'investissement. Là sont portés les vrais défis.

En dernière analyse les jeux sont ouverts et le « retour sur fonds propres », la rentabilité des placements ne peuvent s'imposer en lieu et place d'un choix de croissance et de développement générateur de « plus-value économique et sociale ».

Dans tous les cas, si l'on donnait la possibilité demain aux fonds gérés dans les contrats d'assurance-vie ou de FCP, de s'investir fortement dans l'actionnariat des grands groupes, il n'y aurait pas la même présence des fonds anglo-saxons.

Certes, mais est-on assurer que la conception de ces fonds ne rejoindrait pas à peu de chose près les « normes » anglo-saxonnes à l'œuvre dans la gestion des portefeuilles de ces structures ?

On objectera que compte tenu de la durée des contrats souscrits en assurance-vie, il ne peut y avoir que des investissements en obligations de la part des gestionnaires. Mais comme nous l'avons vu, la tendance à venir va pousser ces derniers vers les investissements en actions. Le nouveau marché domestique européen va considérablement élargir les possibilités de placements. Les investisseurs vont disposer en Europe d'une gamme de produits d'épargne et d'investissement d'une efficacité supérieure sur un marché d'une taille comparable au marché américain.

Efficacité supérieure car l'extrême concurrence du marché bancaire européen a sensiblement accru les efforts de création de produits des banques. Et la productivité des banques notamment françaises se révèle comme une opportunité.

Avec l'acquis dans la gestion de l'épargne collective qui marque les fonds français, les opportunités seront supérieures aux risques de concurrence. La puissance des fonds investis dans les SICAV et autres FCP, devrait être favorable aux gestionnaires français. C'est sans doute là que se trouvent les plus grandes opportunités pour l'investissement dans les grands groupes européens des fonds de placement français.

Le risque est évidemment que ne se reproduise à l'échelle européenne ce que l'on a constaté pour la France, c'est-à-dire la tendance aux placements sans risque. La faiblesse des fonds propres des PME en Europe appelle à une réorientation des capitaux des fonds investis en obligations vers l'investissement dans le capital des PME, et notamment des entreprises innovantes. C'est un défi mais aussi et surtout une opportunité pour les fonds de gestion collective français.

Quelques propositions pour une réallocation de l'épargne vers les financements à risque

Nous reprenons ici les propositions sur le financement des entreprises contenues dans le rapport de janvier 1999 du Conseil national du crédit et du titre :

1. Améliorer l'accès des PME aux financements en fonds propres, en permettant leur cotation sur les marchés dits de croissance (type EASQUAD en Europe) ;

2. La constitution de fonds régionaux et nationaux d'amorçage. Des expertises pourraient aider à l'appréciation de la qualité des projets des PME. Les partenariats entre grandes entreprises et PME sur des projets d'intérêt commun devraient être favorisés ;
3. Rapprocher l'épargne locale des projets d'entrepreneurs via la souscription d'actions de PME dont la fiscalité serait alignée sur la souscription de parts de fonds communs de placement immobiliers (FCPI). La mesure fiscale devrait être définie sur un horizon assez long de cinq ans au minimum. L'adhésion des « très petites entreprises » à un groupement de prévention agréé pourrait être rendue obligatoire, ce qui permettrait une sécurisation des placements effectués dans ces entreprises ;
4. Mettre en place des fonds d'investissement à long terme et réorienter plus fortement l'épargne vers le financement des entreprises en favorisant un allongement de la durée des placements, l'objectif visé étant d'élargir la base de l'actionnariat, de procéder à des émissions de titres à long terme et de lever des fonds propres auprès de ménages en permettant un rééquilibrage vis-à-vis des non-résidents. La création de fonds de pension ne pourrait pas financer les besoins des entreprises dans une période de moyen terme. L'adaptation des véhicules de placement actuels de moyen terme sur un horizon de long terme semble être une des voies les plus prometteuses ;
5. En matière d'assurance-vie, les contrats « DSK » visant à réorienter les placements vers les entreprises pourraient être renforcés en accentuant les incitations fiscales consenties pour des placements à long terme, conduisant ainsi les compagnies d'assurances à accroître la part de leur portefeuille investie en actions ;
6. Un nouveau PEE pourrait être constitué à côté de l'ancien. Il pourrait être rendu obligatoire dans toutes les entreprises d'une certaine taille pour réduire les disparités existantes entre salariés. Sa durée d'immobilisation pourrait être portée soit à 10-15 ans (au lieu de 5), soit jusqu'à l'âge du départ en retraite. Pour rendre possible cette immobilisation longue, les plans seraient rendus transférables entre entreprises et leurs nantissements seraient autorisés, par exemple pour obtenir un crédit en période d'inactivité. Des seuils minima d'emplois en actions et en titres non-côtés pourraient être fixés. En ce qui concerne les titres non cotés un quota d'investissement de 5 % imposé dans les placements des PEE permettrait à la fois le renforcement dans les fonds propres des PME et une sécurité dans la diversification des portefeuilles ;

7. Pour les salariés des PME - excepté celles appartenant à un groupe car pour elles les dispositions indiquées ci-dessus s'appliquent - il conviendrait plus particulièrement de sécuriser les placements (en partie sur l'entreprise qui emploie le salarié mais aussi sur le secteur ou la zone géographique). Dans ce but pour ne pas trop alourdir la gestion du fonds, il serait bon d'extérioriser celle-ci. Dans le cas des salariés des PME, la transférabilité des plans d'épargne devrait être obligatoire dès leur constitution. Pour ce qui concerne les investissements des salariés des PME dans leur propre entreprise - cas des cadres notamment -, il serait nécessaire de créer, sous l'égide par exemple de la Caisse des dépôts et consignations, un fonds public de garantie. Le plafond des PEA pourrait par ailleurs être relevé à 1 million de francs pour une personne à condition que la période d'immobilisation aille au-delà de 5 ans. Cela inciterait les gestionnaires à investir en actions ;

8. La création d'un fonds de réserve au sein des régimes de répartition ouvre, par-delà les besoins liés aux évolutions démographiques et aux nécessités de sécurisation des placements, la possibilité de comporter dans le portefeuille du fonds une partie d'investissements en actions. Un cahier des charges devrait fixer les modalités de cette répartition ;

9. Aménager la fiscalité de l'épargne, l'objectif n'étant pas d'alléger globalement le poids de la fiscalité de l'épargne financière des ménages mais de la rééquilibrer au profit des placements en fonds propres des PME ;

   Taxer plus sélectivement le capital productif avec l'objectif d'assurer la pérennité des entreprises, la prise de risque ;

   Assurer la continuité et la stabilité du cadre juridique et fiscal des arbitrages financiers ;

   Revoir la fiscalité entre épargne individuelle, collective, directe ou intermédiée (type OPCVM). Un des défis majeurs est bien dans ce domaine la convergence des dispositifs fiscaux en Europe ;

   Favoriser fiscalement l'allongement de la durée des placements financiers auprès des gestionnaires dans la mesure où l'allocation de cette épargne se ferait à destination des fonds propres des entreprises.

10. Pour les fonds CODEVI, compte tenu d'une période de taux d'intérêts « historiquement » bas , les prêts à taux CODEVI sont, de fait, moins attractifs. Pour éviter que ces prêts ne soient utilisés vers des entreprises ayant accès facilement aux prêts bancaires une mécanique devrait être instituée. En périodes de taux « faibles » ou de ralentissement économique, périodes caractérisées par une faible

demande de prêts de la part des PME, une structure de « capitalisation des droits aux prêts » devrait être instituée pour être utilisée dès que les besoins s'en feraient sentir.

11. Inciter les banques à mieux évaluer et tarifer leurs risques. Avec la vive concurrence entre établissements bancaires, la tendance est à l'uniformisation des conditions de crédit des banques et à des attitudes de repli (*credit crunch*) face aux risques globaux dans des périodes de « fragilité conjoncturelle », les PME ayant d'autant plus besoin dans ces phases d'un soutien financier. Dans ce cadre la constitution d'un provisionnement bancaire *ex ante* du risque, permettant dès l'octroi du prêt un provisionnement jouant le rôle d'anticipateur de phases conjoncturelles de récession, pourrait atténuer l'impact pro-cyclique des provisions sur l'offre de crédit. Il permettrait de mieux appréhender le risque de crédit, de « lisser » dans le temps les provisions et donc d'éviter les risques d'exclusion bancaire sur les PME.

L'ensemble de ces préconisations vise à inciter les acteurs à des placements favorisant la prise de risque. Le véritable défi passe cependant, par un investissement important des fonds de placement français, dans le capital des PME et des entreprises innovantes. Le débat ne fait que commencer sur cette importante question.

Améliorer la gestion de l'épargne en général et de l'épargne salariale en particulier

Bertrand BICKART

Le dossier ouvert depuis quelques années sur le financement futur de la retraite ne relève pas de solutions techniques. Il s'agit d'adapter un système qui obéit encore largement aux règles de l'économie administrée, aux besoins de financement de l'économie selon son mode de fonctionnement dit libéral, c'est-à-dire de poursuivre le mouvement de désintermédiation-réintermédiation qui touche la sphère financière dans laquelle le financement de la retraite est resté pour partie à l'écart. Cette adaptation constitue sans nul doute un acte politique dont les conséquences sociales ne sauraient être sous-estimées.

Cependant, la problématique telle qu'elle s'opère désormais, largement réduite dans son contenu, ne tourne-t-elle pas autour d'un choix entre la conservation d'un système de retraite par répartition soumis aux exigences de la « globalisation financière », et la mise en place d'un système par capitalisation, peu ou prou administré, sachant que la rupture se trouve dans les faits, insidieusement mais déjà partiellement consommée ?

Cette problématique ainsi posée ne vise en aucun cas à ignorer ou clore un débat devant déboucher sur des positions et des actions concernant un sujet pour lequel aucune fatalité de solutions ne préexiste.

Mais elle introduit aussi un autre débat qui, quels que soient les aménagements qui seront apportés aux modes de financement de la retraite, devra lui aussi être ouvert.

Ce débat porte sur l'attitude du mouvement social face aux responsabilités nouvelles qui sont les siennes, relativement à l'importance prise par la sphère financière et plus particulièrement l'importance prise peu à peu par l'épargne salariale dont les modes de gestion aujourd'hui encore largement délégués vont devoir répondre à une plus grande transparence, alliant qualité et utilité de placements s'adressant tout à la fois à des actionnaires, des salariés et des citoyens.

L'ÉPARGNE SALARIALE : FAITS ET CHIFFRES

Le Plan d'épargne d'entreprise (PEE) constitue depuis 1986 le cadre privilégié de l'épargne salariale.

Institué sur l'initiative de l'employeur ou sur les bases d'un accord négocié, le plan permet aux salariés d'une entreprise de se constituer pendant cinq ans une épargne personnelle assortie d'un régime fiscal avantageux. Il est alimenté par des versements volontaires des employés et par un abondement de l'employeur. Les sommes ainsi versées dans le cadre de la participation et/ou de l'intéressement, servent principalement à l'acquisition d'actions de l'entreprise ou de parts de sociétés d'investissement à capital variable (SICAV) ou de fonds commun de placement (FCP).

La gestion du plan, très schématiquement, fait intervenir un conseil de surveillance paritaire qui a la charge de définir et de surveiller la politique d'emploi des fonds, un gestionnaire d'actifs, un dépositaire et un teneur de compte. Les métiers liés à la gestion au dépôt et à la tenue de compte, se trouvent très souvent en France, concentrés au sein du même groupe financier.

Parmi les différentes formules d'épargne salariale, les plus « diffusées » sont sans aucun doute l'intéressement et la participation. Dans le premier cas, le nombre d'accords conclus est passé de plus de 8 800 en 1991 à près de 11 600 en 1996. Les accords concernent environ 2 400 000 salariés. Sur la même période, le nombre d'accords de participation est passé, quant à lui, de plus de 11 200 à plus de 15 500. Les accords concernent 4 700 000 salariés et près de 18 000 entreprises. Fin 1995, 5 300 000 salariés employés dans 24 430 entreprises étaient ainsi couverts par au moins l'un des deux dispositifs[1].

En 1995, 7 100 entreprises ont mis en place un plan d'épargne. La même année, plus d'un million de salariés ont abondé un PEE pour un montant de près de 10,5 milliards de francs.

Contrairement à d'autres pays européens, l'épargne salariale demeure en France relativement faible. En 1996, le total des sommes épargnées sur les plans d'entreprise était ainsi évalué à 200 milliards, soit moins de 1 % du total des agrégats de placements financiers français. Par extrapolation, il est possible de considérer que sur ce montant global, environ 25 milliards étaient placés sur le marché des actions par l'intermédiaire de SICAV ou de FCP.

---

1. 4 800 entreprises ont signé les deux types d'accord.

Si l'on suppose que la totalité de ces 25 milliards est investie en actions françaises, les actifs de l'épargne salariale ne représentaient donc en 1996 que 1 % de la capitalisation boursière et moins de 2 % des actifs détenus par les résidents. Par comparaison, on estime[2] à 500 milliards la valeur des actifs détenus en 1998 par les *mutual funds* publics et privés américains à la Bourse de Paris.

En France, l'épargne salariale représente donc encore une faible part des actifs placés sur les marchés financiers. Elle est de plus, excessivement « émiettée ». Cette double « faiblesse » est d'ailleurs souvent invoquée pour accélérer la mise en place de fonds de pension « à la française » qui constitueraient une sorte de ligne Maginot pour la protection du capital des entreprises nationales. A contrario, les fonds communs de placement qui drainent l'épargne individuelle française sont parmi les plus importants au monde.

Deux phénomènes participent directement de cette évolution de l'épargne salariale au cours des dix dernières années.

Le premier tient aux modifications qui peu à peu s'imposent dans les éléments constitutifs de la rémunération salariée. L'indexation des salaires sur l'inflation est remplacée peu à peu par leur indexation sur les bénéfices. La part flexible de la rémunération liée aux résultats de l'entreprise, prend plus d'importance tant quantitativement que qualitativement. Ainsi la question de l'extension de la distribution de stock-options au personnel de certaines grandes entreprises est désormais posée au grand jour.

Le second phénomène tient aux prévisions pessimistes quant aux capacités des régimes de retraite par répartition à faire face à leurs engagements à partir des années 2015. Les discussions sur la création de fonds de pension à la française sont d'ores et déjà engagées où il est question d'utiliser les PEE comme socle fondateur.

UN CONTEXTE MARQUÉ PAR UNE DIVERSIFICATION ET UNE INTERNATIONALISATION DES PLACEMENTS

L'offensive libérale lancée dès les années 1970 par le président américain Richard Nixon, illustrée d'abord, particulièrement par la dénonciation des accords de Bretton Woods, puis ensuite par la déréglementation financière, aidée par les étonnantes avancées des technologies du traitement de l'information, a mis un terme avec une rapidité, pour ne pas dire une violence, au système d'économie administrée appliqué dans les

2. Estimation personnelle

pays occidentaux et issu des compromis politiques de l'après-guerre. Désormais, la limitation du pouvoir étatique et la conciliation, grâce aux mécanismes des marchés, entre les égoïsmes individuels et le bien de tous, qui sont les caractéristiques du libéralisme, deviennent la règle.

En France, depuis la fin des années 1980, la gestion de l'épargne, tant individuelle que collective, s'en est trouvée considérablement modifiée. Elle participe dorénavant à une véritable industrie mondiale de la transformation financière. La matière première (entreprises, monnaies, emprunts, contrats financiers, etc.), sert de base à la création de lignes de produits adaptées à chaque segment d'une clientèle d'autant plus consommatrice de rendement financier, qu'elle est pressée par la surenchère de l'offre concurrentielle. Le marché de l'épargne salariale n'échappe pas à cette règle.

La multiplicité de l'offre ne brille pas par la transparence de son contenu. Les termes du contrat entre mandataires et mandants se réduisent généralement à la seule sur-performance de l'indice du marché.

Deux raisons principales qui mériteraient un plus long développement nourrissent l'opacité de la gestion.

La première dont une des conséquence a été évoquée ci-dessus, tient à l'organisation même du système financier qui, du fait de l'actionnariat majoritaire de l'État a toujours inspiré confiance. On ne regarde pas ce qui s'y fait, puisque l'État veille sur la délégation qui lui a été confiée.

La seconde raison tient aux techniques de gestion des risques et aux systèmes de couverture qui les sous-tendent. Les FCP sont moins constitués par des actifs directement détenus que par des parts d'autres fonds dont certains sont purement indiciels ou notionnels.

On est loin dans ce contexte des théories sur l'efficience des marchés, efficience basée sur leur transparence en matière d'information. Le placement devient virtuel au sens où l'objectif recherché, vise à accroître la valeur globale du marché financier.

UNE DEMANDE D'AMÉLIORATION QUALITATIVE ENCORE MARGINALE

La distanciation constatée avec l'utilité initiale du marché, qui voudrait que ces placements viennent satisfaire les besoins de développement des économies, a des conséquences néfastes quelquefois désastreuses. Ces dérives étant connues, la demande a évolué et l'offre de produits s'est adaptée.

Des placements sociaux-éthiques…

Aux États-Unis, depuis longtemps déjà, bien que marginalement, se sont développés des types de placements à long terme plus attentifs au respect de principes sociaux ou éthiques qu'à la seule performance financière.

D'abord exclusives, au sens où le portefeuille ne peut détenir d'actifs d'entreprises agissant sur des secteurs déterminés (nucléaire, armement, tabac, etc.) ou spécialisés en fonction du respect de certaines valeurs éthiques déterminées (travail des enfants, etc.), ces formes de placements en ont fait naître d'autres socialement utiles : fonds d'aide à la création d'entreprises, fonds d'aide au développement de pays du tiers-monde, etc. Ces derniers types de fonds sont désormais aussi montés et commercialisés en France. Le groupe de la Caisse des dépôts et consignations a ainsi récemment lancé un fonds éthique « insertion-emploi ».

…à la cotation sociale, environnementale et sociétale des entreprises

Toujours aux États-Unis, ont été constituées, il y a plusieurs dizaines d'années, des agences de notations sociales. Celles-ci analysent les entreprises cotées, non pas sous l'angle de la performance financière, rôle réservé aux agences de notation financière, mais sous l'angle du respect des critères globaux suivants :

- social : les ressources humaines considérées comme facteur de richesse de l'entreprise ;
- environnemental : contribution à la préservation des ressources ;
- qualité : la valeur de la démarche qualité utilisée par l'entreprise ;
- sociétal : la pérennisation de place de l'entreprise dans la société civile, son influence ;
- actionnarial : la transparence et le respect des règles de gouvernement d'entreprise.

Si leur influence reste faible puisque seulement 10 % des placements prennent en compte ces critères sociaux-éthiques, le Dow Jones analyse désormais certains de ces critères pour intégrer ou non les entreprises dans sa cotation et ses indices.

Les fonds de développement durable

Le concept de développement durable est apparu plus récemment. Il qualifie dans l'éventail de l'offre des placements financiers, les produits d'actifs dont la performance financière est analysée relativement aux conditions sociales, environnementales, sociétales qui l'ont permise. Le concept repose sur une étude faite aux États-Unis auprès de 500 entreprises. Il s'avère que les entreprises prenant en compte dans leur stratégie de développement et dans une optique de long terme, des initiatives économiques, sociales, industrielles et financières, dégagent régulièrement dans le temps des bénéfices supérieurs à celles qui privilégient le court terme. Autrement dit, il existerait bien une corrélation forte entre les critères sociaux-éthiques et financiers. Ce constat est à l'origine de la création de modèles d'analyses d'entreprises utilisées par des gestionnaires de capitaux, particulièrement ceux des fonds de pension américains.

La même démarche est aujourd'hui peu à peu reprise en Europe. Mais ce qui outre-Atlantique peut apparaître comme une évidence n'est pas forcément applicable en France. Nul n'est prophète en son pays. Les entreprises qui pendant les sept dernières années ont fait les meilleures performances financières et les plus régulières ne brillent pas toutes au « hit-parade » social et environnemental.

La démarche a cependant le gros mérite d'introduire de nouvelles données informationnelles qui ont trop longtemps fait défaut. Il ressort de cela qu'un gestionnaire de capitaux doit, pour sécuriser ses placements à long terme, être attentif non seulement aux performances financières des entreprises dont il détient des actions ou des obligations, mais aussi aux politiques sociales et environnementales qui y sont appliquées.

En cela la démarche constitue une offre de placement de produits financiers correspondant à une demande qui tout en restant marginale est partagée dans beaucoup de pays développés. Elle introduit des pistes de réflexion quant aux formes futures que peut prendre la gestion de l'épargne salariale.

QUELLE GESTION POUR L'ÉPARGNE SALARIALE ?

De l'opacité actuelle…

L'épargne salariale trouve aujourd'hui une offre de produits adaptée à sa demande. Mais, tenant compte du caractère particulier de cette épargne, il s'agit de savoir si elle doit se contenter d'être consommatrice d'une offre diversifiée ou actrice de ses choix.

Pour répondre à cette question, il y a lieu d'abord de rappeler succinctement la manière dont l'épargne est gérée.

Un conseil de surveillance paritaire, dans lequel siègent des représentants de la direction et des représentants élus des salariés, sur proposition du gestionnaire du fond, se réunit généralement une fois l'an et décide de l'affectation des fonds ou de leur abondement, en tout cas pour la part non immobilisée en actions de l'entreprise et modifie, si besoin, l'allocation des actifs.

A l'heure actuelle, trois grandes catégories de placements sont ou peuvent être offertes, qui se différencient par le niveau de leur « sensibilité ». Les possibilités vont ainsi du portefeuille composé à près de 90 % de titres obligataires et monétaires au portefeuille comportant des parts de capital risque.

En fait, il est rare, même dans les grandes entreprises où l'épargne salariale est relativement abondante, que les supports de placements soient connus pour ce qu'ils sont réellement. Les grands véhicules de placements, SICAV et FCP, qui portent l'essentiel de l'épargne collective ou individuelle, s'ils ont l'avantage d'apporter une certaine sécurité grâce à la très grande dispersion des actifs qui les composent, ont l'inconvénient d'une forte opacité déresponsabilisante. La sophistication est telle, que le placement devient virtuel pour les raisons que nous avons rappelées. La réalité veut que l'épargnant détienne une part de capital du fond et non la part du capital, des emprunts ou des monnaies sur lesquels le véhicule de placement n'est qu'adossé.

Il ressort également, même en cas de détention d'actions de l'entreprise, que le droit de l'actionnaire pouvant aller jusqu'à la représentation aux structures de décision n'est pas possible. Si le capitalisme patrimonial se développe, on est encore loin aujourd'hui d'un patrimoine de capital.

...à l'intervention responsable

L'exemple des bouleversements sociaux que peuvent générer les « raids » des fonds de pension américains, auxquels s'apparentent les FCP français, est là pour rappeler à la fois qu'un placement financier n'est par nature jamais neutre. Est-ce la raison pour laquelle les principales organisations représentatives des salariés ont toujours eu scrupule à s'investir réellement dans les conseils de surveillance ? Si on peut le comprendre *a priori*, il semble cependant dorénavant difficile de l'admettre.

On peut le comprendre, parce que la tradition du mouvement syndical français a toujours et légitimement opposé le monde du travail et les intérêts financiers.

On peut difficilement l'admettre aujourd'hui. D'abord parce que les marchés financiers occupent une position centrale dans le développement économique et que l'épargne salariale si modeste soit-elle, y participe. Deux autres raisons peuvent aussi être avancées. La première touche à la protection de l'épargne des salariés, la seconde à la protection des intérêts des salariés eux-mêmes. Il est vrai que les deux raisons sont pour le moins contradictoires. L'une renvoie immédiatement à la demande de rendement des capitaux placés, qui malmène, de fait, les conditions de travail et l'emploi que l'autre doit défendre.

L'efficacité de cette intervention peut utilement reposer sur deux bases, la cotation ou l'analyse sociale, la représentation de l'actionnariat.

La cotation sociale et environnementale, l'analyse sociale

La cotation sociale et environnementale n'en est qu'à ses débuts, quand bien même elle existe déjà dans divers pays européens. Elle est depuis peu expérimentée en France par quelques FCP.

La méthode utilisée repose sur l'appréciation, à travers l'analyse des cinq critères principaux déjà cités, de la position d'une entreprise considérée relativement aux entreprises cotées de son secteur d'activités et des grands indices internationaux. Il en est déduit une note pour chacun des critères qui peut déterminer une note globale de l'entreprise. Il dépend alors de l'instance dirigeante de la société de placement, de déterminer, selon les orientations fixées, son choix, c'est-à-dire d'acheter, de conserver ou de vendre.

Si les critères sur lesquels la méthode s'appuie, viennent utilement compléter les analyses financières et sectorielles, offrent une meilleure appréciation globale de la qualité des entreprises examinées et une visibilité accrue de leurs capacités de développement, trois critiques peuvent être cependant formulées.

La première concerne la validité des critères en ce qu'ils ont souvent été déterminés *a priori*, sans concertation réelle avec les différents acteurs, selon les modèles élaborés outre-Atlantique, modèles qui ne correspondent pas forcément à ceux qui pourraient être pertinents pour l'Europe.

La seconde critique concerne la fiabilité de la cotation en ce que les données qui alimentent les critères ne sont pas encore suffisamment homogènes pour permettre une comparaison rendant les cotations totalement « efficientes ». Ainsi certains des critères, notamment ceux dits « sociétaux » n'ont pas un caractère objectif suffisant, quand bien même ils sont renseignés. Ils relèvent même d'un contenu idéologie affirmé. Ainsi le concept d'« entreprise citoyenne » apparu au début des années 1990, n'a pas de contenu tangible, hors celui de ces idées qui visent à institutionnaliser une citoyenneté collective - exprimée et conduite par le conseil d'administration d'une entreprise à travers le volume financier et la diversité de participations sociales, culturelles humanitaires, etc. - au détriment de la citoyenneté du salarié.

La troisième critique concerne la méthode elle-même, largement empreinte des placements éthiques américains qui l'inspirent, elle aboutit à des résultats identiques, c'est-à-dire exclusifs ou ségrégatifs (prendre, garder ou sortir), selon que l'actif considéré atteint ou non, respecte le « *rating* » défini dans les orientations des fonds.

En ce sens, elle agit en supplément d'âme, venant soulager quelque peu la conscience ébranlée de l'actionnaire. En ce sens aussi elle n'est pas assez satisfaisante pour la gestion de l'épargne salariale dont les besoins vont au-delà.

LA RECHERCHE D'UNE GESTION PERTINENTE DE L'ÉPARGNE SALARIALE

Selon nous, quatre domaines sont à privilégier dans la recherche d'une gestion pertinente de l'épargne salariale : la constitution de véritables fonds dédiés, la capacité à court terme d'assurer l'expression de l'actionnariat, l'indépendance du gestionnaire, la recherche de critères pertinents pour l'analyse et les choix d'actifs.

La constitution de véritables fonds dédiés

La constitution de fonds dédiés a pour but d'éviter la dilution de l'actionnariat non pas du fonds lui-même, mais des actifs qu'il contient. Le fonds reste l'actionnaire de l'entreprise pour la part du capital qu'il acquiert. Le salarié rappelons-le, n'est qu'actionnaire du fonds auquel il participe. La capacité de constituer un FCP dédié, par le capital minimum qu'il requiert, est à la portée de beaucoup d'entreprises, une mise initiale de 2,5 millions de francs est nécessaire. La constitution d'une SICAV est plus « lourde » financièrement (25 millions) et administrativement (création de la société, déclaration à la Commission des opérations de Bourse, etc.).

Cependant dans l'un ou l'autre cas, qui ne répondent pas aux mêmes exigences administratives et légales, le fonctionnement de la prise de décision peut être parfaitement identique.

Il n'en reste pas moins qu'une réflexion doit s'engager pour pallier l'« émiettement » préjudiciable à une expression efficace et étudier les conditions à partir desquelles pourraient s'effectuer les regroupements des fonds d'épargne salariale tout en sauvegardant l'identité de chacun des participants.

Dans tous les cas, la manière de faire ne saurait s'identifier à celle qui a prévalu lors de l'« absorption » par l'AGIRC et l'ARRCO de caisses de retraite spécifiques.

L'expression de l'actionnariat

Il y a là une question fondamentale à traiter. Ceux qui financent pour une bonne part les besoins de l'économie aujourd'hui mondialisée, quand bien même s'appliqueraient les distortions d'accumulation de richesses, n'ont pas voix au chapitre. Il est vrai qu'il faudrait ici un long développement pour en analyser les causes profondes.

Qu'on le veuille ou non, la transparence et l'indépendance de la gestion de certains fonds de pension américains et le dynamisme de l'expression de l'actionnariat mériteraient une attention plus sérieuse ou plus rigoureuse que le « réflexe » anti-américain que nous avons souvent de balayer d'un revers de la main, de travestir, de rendre outrancier ce qui vient d'outre-Atlantique et qui porte, pour les deux domaines qui nous préoccupent ici transparence et expression, des éléments de progrès incontestables.

L'indépendance du gestionnaire et la recherche des critères pertinents

Dans le cas de l'épargne salariale, l'actionnariat est collectif. Son expression doit représenter les volontés des composantes pour le moins multiples qui la composent. La difficulté repose donc sur l'objet ou la matière sur lequel le consensus est possible.

Là encore deux conditions au moins doivent être remplies pour assurer le compromis minimum qui réponde aux besoins de protection de l'épargne et des intérêts des salariés.

L'indépendance du gestionnaire

La première concerne l'indispensable indépendance du gestionnaire et la séparation des métiers entre le dépositaire et le gestionnaire de comptes qui interviennent dans le process de gestion de cette forme d'épargne.

Trop souvent les trois métiers sont assurés par le même groupe financier. L'histoire peut expliquer cette situation qui malgré tout, constitue un dysfonctionnement majeur.

Si, pour des raisons de sécurité financière, le dépositaire doit être un groupe financier puissant, le teneur de compte peut être une caisse de retraite. Quant au gestionnaire d'actifs, le choix principal porte sur sa disponibilité et la qualité de son *reporting*. Les critères de performance financière n'étant pas, loin s'en faut, parfaitement normalisés, il y a lieu de comparer les performances sur des durées identiques et de préférence sur le moyen terme.

L'indépendance dans la gestion financière est déterminante en ce que les opérations de *trading* doivent complètement obéir à la volonté du conseil de surveillance du fonds et non aux besoins d'arbitrage global, besoins guidés par des intérêts extérieurs à la gestion propre du fonds.

Le choix des critères

La seconde condition repose sur le choix des critères qui vont présider au mode de gestion des actifs et par conséquent au contenu de l'expression de l'actionnariat. Les critères doivent être incontestables et les plus simples possible.

La corrélation entre la bonne performance financière à moyen terme et une bonne cotation sociale, environnementale et sociétale n'est pas évidente. On peut d'ailleurs considérer que cette corrélation revêt un contenu plus subjectif qu'objectif, voire un contenu idéologique.

Il est donc préférable de sortir de ce débat et de s'en tenir aux données les moins contestables, c'est-à-dire celles qui permettent la comparaison, la mesure, de chaque entreprise relativement aux autres, dans chacun des deux domaines considérés, financier et social.

L'analyse financière a pour base de travail les résultats publiés par les entreprises qui, s'ils font l'objet dorénavant de campagnes de communication « *marketing* » participent dans une certaine mesure à l'amélioration de la transparence financière. La marge de progression est encore importante.

L'analyse sociale se heurte au contraire à l'absence de données publiques et reconnues sur le plan international. Comme le faisait remarquer un journaliste du journal *Le Monde* dès qu'il s'agit d'entrer dans le détail ou dans le qualitatif, le casse-tête commence. Autrement dit : Quels critères retenir ?

La France possède grâce à ses acquis sociaux un important « gisement » de données tant quantitatives que qualitatives, exploitables et grâce auxquelles les traits caractéristiques de la politique sociale des entreprises peuvent être analysés et comparés dans le temps pour servir de base aux critères de choix de l'allocation des actifs. Ces données liées aux exigences d'une performance financière qui auront été précédemment évaluées, constituent le contenu de la représentation d'un actionnariat, contenu qui porte sur le respect, par les entreprises dans lesquels les fonds sont investis, de la permanence des critères qui ont prévalu à leurs choix.

*
* *

L'épargne salariale est appelée à se développer. Son importance créée des responsabilités nouvelles et contradictoires, donc difficiles à assumer par les représentants des salariés qui dépassent largement le monde de leur entreprise. Dans leur entreprise, ces représentants sont ou seront confrontés à l'exigence de rendement des fonds dont ils assurent ou assureront paritairement la gestion. Ils savent combien cette exigence de rendement des capitaux investis peut être dangereuse, pour les conditions du travail comme pour l'emploi et combien elle participe à la pérennisation d'un monde à deux vitesses.

Cette problématique n'est pas nouvelle. Elle s'exerce dans une économie de plus en plus libéralisée, désintermédiée tant au niveau économique qu'au niveau social. En cela de nouveaux champs d'intervention, plus larges, plus difficiles à appréhender sont en train de s'ouvrir qui contribuent paradoxalement à tisser des liens nouveaux au sein du mouvement social.

La cotation sociale qui doit s'imposer et être traitée à l'égal de la cotation financière, est un indicateur supplémentaire participant aux progrès nécessaires de la transparence dans la gestion des entreprises. Dès lors que l'épargne du public est sollicitée pour participer au développement économique, il est normal de rendre compte de son utilisation dans ses causes comme dans ses conséquences.

Pour terminer, afin d'éviter les faux débats, deux précisions méritent d'être apportées.

Sans réduire la portée d'une reconnaissance par l'ensemble des acteurs des marchés financiers, de la cotation sociale, elle ne saurait ni ne pourrait jouer un rôle dans la « régulation » des marchés si tant est qu'une telle régulation existe. Ce rôle appartient au mouvement social lui-même, pris dans sa globalité, c'est-à-dire dans sa capacité à créer les rapports de force qui lui sont favorables.

Enfin, si la constitution des grands groupes internationaux se réclamant du seul gouvernement d'entreprise s'opère grâce à un formidable mouvement d'élargissement de l'actionnariat, notamment de l'actionnariat populaire, celui-ci, atomisé, reste soumis à l'exercice d'un pouvoir censitaire, puisque, faut-il le rappeler, 30 % des actionnaires possèdent 80 % du capital des entreprises.

Faut-il patrimonialiser les droits sociaux ?

Jean-Christophe LE DUIGOU*

Les syndicats sont aujourd'hui sommés de répondre à deux questions : Comment va être assuré l'avenir des droits sociaux, notamment des retraites ? Comment peut-on rééquilibrer les rapports entre travail et capital dans l'entreprise et empêcher les grandes entreprises françaises d'être les jouets des investisseurs institutionnels étrangers ? Deux interrogations légitimes auxquelles il n'est pas possible d'échapper. Mais, faut-il les fondre en une seule préoccupation, ce qui conduit à travers les fonds de pension et l'actionnariat salarié à la recherche de l'outil miracle qui n'existe sans doute pas ? Ou, au contraire, faut-il les distinguer pour mieux prendre en compte les rapports qu'elles doivent nouer ?

Répartition, capitalisation, fonds de pension, actionnariat salarié, épargne salariale, les angles d'attaques ne manquent pas. Le défi est grand pour les organisations syndicales qui doivent aujourd'hui concrètement réinscrire leurs objectifs sociaux dans les nouvelles réalités économiques. La leçon de l'histoire est en effet claire : il n'y a pas de droits sociaux réels sans création de richesse correspondante. La pérennité des droits sociaux est donc gagée sur la capacité de développement de notre économie. Faut-il pour autant patrimonialiser l'essentiel de ces droits sociaux ?

D'une manière assez générale, le débat reste très idéologique et consiste à confronter deux modèles « purs ». L'un où n'existeraient qu'un financement de l'économie intermédié[1] et l'organisation des droits sociaux sur le modèle de solidarité et de la répartition, l'autre constitué d'un financement par les marchés financiers et d'un système de droits sociaux fondés sur l'épargne et le patrimoine accumulé. Il s'agirait d'évaluer leur capacité supposée à faire face aux problèmes posés par les nouveaux développements économiques et la transition démographique dans laquelle les pays développés sont engagés.

---

* Secrétaire confédéral de la CGT, membre de la Commission économique de la Nation.

1. C'est-à-dire par opposition au financement direct par le marché, des financements qui sont assurés par des institutions bancaires et financières, notamment avec une grande place occupée par le crédit.

Une approche complexe

Cette approche est cependant loin de refléter toute la réalité et la véritable nature des choix qui nous sont posés aujourd'hui.

La réalité de gestion des systèmes est beaucoup plus complexe et mêle, même si c'est dans des proportions très différentes, les deux dimensions. Épargne et crédit ne s'opposent pas terme à terme. Assurances et solidarité s'interpénètrent. De nouveaux « risques » apparaissent alors que d'anciens se transforment. La retraite n'est plus un aléa mais devient une phase prévisible de la vie de presque tous les salariés.

En matière de financement, le crédit est aujourd'hui détourné vers l'achat de titres boursiers et participe de l'inflation des marchés financiers. À l'inverse l'épargne, comme c'est le cas pour le Livret A, peut être affectée à des besoins de développement social. En matière de retraite, la situation est la même. La frontière entre capitalisation et répartition est parfois moins nette qu'il n'y paraît. Nombre de régimes par répartition, y compris en France, ont provisionné une partie de leurs engagements ou ont constitué des réserves, générant des sommes importantes placées dans une logique financière dépassant la simple préoccupation de lissage des ressources et des dépenses. La gestion par point des régimes complémentaires en renforçant une démarche assurantielle, dénature largement la logique plus socialisée de la répartition.

A l'inverse, certains des fonds de capitalisation, notamment aux États-Unis, ont été jusqu'à la dernière période gérés, au moins partiellement, sur le mode de la répartition. Les souscriptions nouvelles servaient à payer quasi directement les droits ouverts au prix d'une sous-capitalisation des fonds correspondants.

Aussi, mettre exclusivement l'accent sur telle ou elle caractéristique technique de financement ou de gestion, réelle ou supposée, peut dissimuler la nature importante et complexe des options sociales, politiques et culturelles que nous avons à trancher. Nous sommes en fait confrontés à des choix de société qui justifient une approche sérieuse et un large débat n'escamotant aucune dimension des problèmes à résoudre. Le choix du crédit en matière de financement et de la répartition en matière de retraite n'est pas seulement un héritage conjoncturel de l'histoire comme le laisse entendre un ancien ministre de l'Économie et des Finances[2]. Il ne va cependant pas de soi. Des problèmes nouveaux se

2. Jean Arthuis, « Après la seconde guerre mondiale, à l'heure de la reconstruction, seul le partage immédiat était possible… », *Le Figaro*, 13 janvier 2000.

posent sur lesquels il faut revenir. La Banque n'est plus celle d'hier. La répartition doit refaire ses preuves. La place de l'épargne salariale doit être précisée. Une vision cohérente du financement des besoins économiques et sociaux doit être élaborée, alors que le cadre national ne peut plus être la seule référence.

En matière de financement de l'économie, en France, le tournant a été symbolisé en 1986 par la publication du Livre blanc sur le financement de l'économie qui a organisé la fin des crédits bonifiés, la promotion des marchés monétaires et financiers, la transformation de la gestion de la dette publique[3]. La finance de marché était consacrée au détriment du crédit et de l'intermédiation. Au nom d'une critique sans doute justifiée, d'un système rigide, administré, peu efficace, on tranchait dans la précipitation et sous la pression des déficits budgétaires le débat indispensable sur la place du crédit, son articulation à l'épargne et la possibilité de faire émerger de nouveaux modes de relation.

En matière de droits sociaux, c'est à la même époque que s'engage la réflexion. En matière de retraites, dès 1980, le Commissariat général au Plan (CGP) fait ses premières propositions d'allongement de la durée de cotisation. Rapports et projets qui entretiennent l'inquiétude se succèdent. Aucun ne réussit à déchirer le voile de la technicité pour déboucher sur le véritable débat politique indispensable. Le gouvernement aujourd'hui affiche sa volonté de « sauvegarder le système de retraite par répartition » mais n'écarte pas la possibilité de développer sur une plus large échelle « une épargne retraite à la française »[4]. Une nouvelle phrase de concertation sur l'avenir des retraites par répartition s'est engagée sur la base des orientations arrêtées par le gouvernement. Parallèlement, une mission sur l'épargne salariale confiée à Jean-Pierre Balligand et Jean-Baptiste de Foucault a remis ses conclusions au début de l'année 2000. Dans ses conclusions, elle sépare nettement sa réflexion de celle sur les retraites[5]. Il n'en reste pas moins que la mise en place d'un produit collectif d'épargne prévu par la loi sur la régulation économique soulève, elle, toujours des interrogations alors que la droite parlementaire entend promouvoir de véritables produits d'épargne retraite.

La loi de Jean-Pierre Thomas qui avait suscité l'hostilité des cinq grandes confédérations syndicales françaises, en 1997, et qui instituait un mécanisme très libéral de fonds de pension même si elle n'est pas

---

3. *Livre blanc sur la réforme du financement de l'économie*, préface de Pierre Bérégovoy, Paris, La Documentation française, 1986.
4. Dominique Strauss-Kahn devant le groupe socialiste de l'Assemblée nationale, propos rapportés par *Les Échos*, 25 juin 1999.
5. Lettre de mission de Lionel Jospin.

formellement abrogée, semble définitivement enterrée. L'Assemblée nationale avait, en contrepartie, été sollicitée au travers d'un rapport parlementaire désormais public demandé à Jérôme Cahuzac[6]. Le débat reste donc ouvert. L'épargne est-elle indispensable pour affronter les défis démographiques et économiques qui pointent ? Doit-elle financer le système de retraite ou indirectement le conforter en favorisant le développement économique ? Quelle forme peut-elle prendre ?

La relance du débat sur l'épargne est une affaire sérieuse pour au moins deux raisons : d'un côté, les arguments avancés par les tenants les plus conséquents de l'épargne retraite ne peuvent être ignorés : « *Les fonds de pension américains ont brutalement accentué leur présence en Europe. Faut-il laisser faire cette évolution en tout point conforme au credo libéral ou faut-il chercher à s'en protéger en stabilisant l'actionnariat ? D'où la pression actuelle en vue de la création de nouveaux fonds de pension...* »[7] De l'autre, cette option comporte de graves dangers pour les fondements du système français de solidarité : « *Ceux qui veulent nous rassurer... ont déjà trop menti pour qu'on leur accorde le moindre crédit.* »[8]

Peut-on lever cette contradiction ou faut-il récuser toute forme d'épargne retraite ? Pour répondre à cette question, il faut revenir sur plusieurs points du raisonnement.

LES ARGUMENTS JUSTIFICATIFS DE L'INSTAURATION DE FONDS DE PENSION

Trois arguments principaux sont avancés pour justifier la mise en place de ces fonds de pension.

L'argument d'un déséquilibre démographique

Tout d'abord l'argument d'un déséquilibre démographique qui mettrait en péril le système des retraites est sans cesse répété sans que ses conséquences soient réellement discutées. Quels sont les faits ? Il semble désormais qu'au-delà des fluctuations à court terme, nous sommes entrés dans un nouveau régime démographique marqué par un poids relatif plus grand de la population âgée. La part des plus de 60 ans dans la population totale passerait ainsi de 20 % aujourd'hui à 27 % en 2020, et à 30 à 36 %

6. Lettre de J. Cahuzac à Augustin Bonrepaux et Didier Migaud, Assemblée nationale, juillet 1998.
7. François Morin, « La finance européenne en ébullition », *Alternatives économiques*, n° 155, janvier 1998, p. 10.
8. René Passet, « Retraites. Les scénarios catastrophes », *Le Monde diplomatique*, juin 1999.

en 2040. Selon les estimations, le nombre des plus de 60 ans augmenterait de 10 millions de personnes. Nul ne peut ignorer ces données même si les variables essentielles du point de vue économique sont l'évolution du taux de productivité et le taux d'activité de la population. Par contre, il faut préciser que l'horizon 2040 correspond à un pic et non à une phase intermédiaire sur un trend de croissance qui se poursuivrait au-delà. Par un mécanisme tout à fait naturel, s'il n'y a pas de nouvelle baisse du taux de renouvellement des générations, la part des personnes âgées dans l'ensemble de la population devrait, au cours des trente années suivantes, se stabiliser puis baisser sensiblement.

L'idée est martelée, « *il faut inexorablement créer des fonds de pension pour, face à cette situation démographique, suppléer à l'inefficacité du système par répartition* »[9]. Elle est pourtant fausse, en tout cas d'un point de vue macro-économique. Ce qui compte, en terme global d'équilibre, c'est la partie du revenu national qui est consacrée au paiement des retraites. Qu'on adopte la capitalisation ou la répartition, cela ne change rien au problème. « *La seule question pertinente est de savoir ce que les futurs actifs accepteront que l'on prélève sur le revenu national chaque année pour distribuer aux futurs inactifs* »[10]. La seule interrogation fondée, quand le rapport entre nombre d'actifs et nombre d'inactifs change dans une société, est l'évolution du niveau de vie relatif des uns par rapport aux autres. Le « taux de remplacement » mesurant le niveau des retraites par rapport au dernier salaire d'activité représente le coefficient clé.

L'argument du choix individuel

En second lieu, l'argument du choix individuel est avancé pour justifier la capitalisation. L'organisation par chacun de sa vie impliquerait de pouvoir gérer la répartition de son pouvoir d'achat dans le temps de manière plus autonome. Il faut voir que ce mouvement est d'ores et déjà engagé. La possession d'un patrimoine de rapport par certaines catégories de ménages tend à prendre le pas sur l'acquisition d'un patrimoine d'usage. La possession de l'habitation principale recule alors que pour la première fois dans le patrimoine des ménages, la part des actifs financiers dépasse celle des biens immobiliers[11]. Plus d'un million de salariés

---

9. François Stasse, « Les fonds de pension sous condition », Forum du journal *La Croix*, 20 décembre 1997.
10. Patrick Artus, Fonds de pension, économie et emploi, colloque de la CNP, 21 septembre 1998, compte-rendu ronéoté.
11. INSEE, « Revenus et patrimoine des ménages. Édition 1998 », *Synthèses*, n° 19, octobre 1998, pp. 87-118.

bénéficient d'un Plan épargne d'entreprise (PEE), quatre autres millions de différentes autres formes d'épargne dans leur société. De même, un quart du revenu des retraités est d'ores et déjà composé de revenus de la propriété.

Taux de détention, selon la catégorie socioprofessionnelle, Des différents éléments de patrimoine financier

En %

CSP de la personne de référence	Actions, obligations	Assurance - vie	Épargne - retraite	Épargne d' entreprise	Aucun produit financier
Agriculteurs	30,4	44,8	24,8	1,3	4,5
Indépendants	35,4	48,1	23,6	5,0	7,4
Professions libérales	55,1	55,0	30,8	4,6	4,6
Cadres	37,6	46,8	19,7	25,2	2,8
Professions intermédiaires	24,6	40,7	14,9	27,3	4,7
Employés	13,0	33,2	8,6	15,0	10,6
Ouvriers qualifiés	9,8	31,9	8,2	20,9	9,9
Ouvriers non qualifiés	6,0	24,7	5,5	22,8	14,6
Agriculteurs retraités	23,1	27,6	4,5	0,6	8,0
Indépendants retraités	41,5	32,8	3,7	0,4	9,5
Salariés retraités	28,7	37,1	3,6	2,6	9,9
Autres inactifs	11,1	15,1	1,8	1,8	20,0

Source : INSEE, *op. cit.*, p. 115.

Mais là aussi, la nuance est de rigueur. Les placements demeurent un complément pour la majorité des ménages y compris les retraités mais ont moins vocation que par le passé à constituer une véritable rente pour remplacer la retraite. Les analyses réalisées dans le cadre de la commission du Plan sur les retraites le confirment. Les revenus du patrimoine compensent de moins eu moins la modicité des retraites qui se sont en moyenne améliorées mais complètent d'autant plus les retraites que celles-ci sont déjà élevées pour les catégories sociales les plus favorisées[12]. De plus, l'accroissement des revenus financiers a sans aucun doute été dopé par la forte croissance des Bourses ces dernières années. Un certain rééquilibrage des comportements n'est donc pas à exclure.

En tout état de cause, des souplesses plus grandes pourraient aussi être mises en œuvre dans le cadre des régimes collectifs par répartition. La répartition n'implique pas, par définition, l'uniformisation des comportements.

L'argument économique

Enfin, l'argument économique a pris beaucoup d'importance ces dernières années. Faute d'investisseurs institutionnels puissants, capables d'intervenir sur le marché des actions, la France serait en passe de perdre le contrôle de ses plus grandes entreprises. De même, justification complémentaire, il manquerait de ressources longues pour accompagner les PMI dans leur développement. Il y a un risque impossible à sous-estimer, que la prédominance du capital anglo-saxon dans les grands groupes français et dans les nouvelles filières technologiques fasse disparaître les équipes dirigeantes de culture française ou même pèse sur certains choix stratégiques de développement. La construction d'un système de contrôle et de pouvoir d'investisseurs nationaux capable de peser sur les principales décisions de gestion est un enjeu majeur. Mais cela doit-il passer par la généralisation des fonds de pension ou l'organisation d'autres canaux comme le suggèrent de nombreux experts ?[13]

La question est là, moins celle d'un besoin d'épargne supplémentaire que de la réorientation de celle qui existe. La politique de diversification des placements des fonds de pension américains a conduit à ce que ceux-ci investissent 10 à 15 % de leurs actifs à l'étranger. Comme ils privilégient les grandes valeurs boursières, ils représentent un peu plus d'un tiers environ des actifs boursiers des plus grandes sociétés françaises. Cela a été facilité par une fiscalité avantageuse pour les non-résidents et une diminution importante de la taxation des transactions financières. À l'inverse, bon ou mal an, 150 milliards de francs d'épargne française vont s'investir à l'étranger, le plus souvent il est vrai dans des titres de dette plutôt que dans des valeurs industrielles.

---

12. Jean-Michel Charpin (rapport au Premier ministre), *L'Avenir de nos retraites*, Paris, La Documentation française, avril 1999.
13. Jean-François Bigay (rapport du groupe de travail présidé par), *La nationalité des entreprises*, Paris, La Doucmentation française, octobre 1999.

Est-il souhaitable pour rééquilibrer ces flux, de bouleverser l'ensemble de notre système de protection sociale ? D'autres réformes plus limitées et qui ne rompent pas avec notre logique sociale ne sont-elles pas envisageables ?

ÉPARGNE CONTRE SALAIRES ?

Il faut cependant aller plus loin dans le raisonnement. En effet, à côté des arguments traditionnels est récemment apparue dans le débat une vision des fonds de retraite qui se veut à l'opposé de la démarche libérale : l'épargne salariée mise en commun déboucherait sur une propriété sociale du capital. Elle serait un facteur renouvelé d'intégration sociale des salariés à un projet de développement. Le salariat pourrait enfin sortir de sa schizophrénie. Les syndicats auraient un rôle majeur à jouer dans la promotion de cette « solution »[14]. En d'autres termes, l'objectif serait rien de moins que de viser une expropriation partielle du capital et un contrôle salarié sur la gestion.

La proposition d'une propriété sociale du capital

L'audace théorique est grande et ne peut que stimuler la réflexion. Mais les contradictions non explicitées de la proposition sont elles-mêmes majeures. Le débat peut cependant nous permettre de mesurer les limites de la solution que représente cette nouvelle version des fonds de pension et les contradictions fortes qui, en tout état de cause, se développeraient si l'épargne retraite devait avec une large diffusion en France faire reculer la place de la répartition.

Selon les tenants de cette « nouvelle régulation », le salaire ne serait plus dans une économie largement ouverte à la concurrence *« le moyen normal de distribuer les résultats des entreprises »*[15]. Nous serions déjà largement engagés dans cette nouvelle configuration. La moindre progression depuis quinze ans du salaire réel par tête, en tout cas inférieur aux gains de productivité, ne serait pas seulement liée à la volonté de faire remonter la profitabilité des entreprises. Elle traduirait un changement structurel. Elle serait la conséquence d'une économie très ouverte avec une concurrence internationale forte et un marché européen compétitif. Les salaires baisseraient et les inégalités s'accroîtraient. Il ne serait dès

---

14. Michel Aglietta, entretien accordé au journal *Le Monde*, 9 décembre 1997, et « Des mutations du capitalisme : une société salariale schizophrène ? », *La Revue de la CFDT*, n° 17, février 1999, pp. 14-23.

15. François Ewald, « Il faut maintenant imaginer le partage du risque indépendamment du salariat », cité par Jean-Michel Bezat, *Le Monde*, supplément épargne retraite, mars 1995.

lors plus question de revenir à la situation des années 1960 et 1970 où la progression du salaire réel était le principal vecteur de distribution des fruits de la croissance. Pour l'avenir, la moindre rémunération salariale devrait être complétée par la rémunération de l'épargne des ménages.

Voilà donc l'épargne vilipendée par John Maynard Keynes il y a plus de soixante ans, remise au centre de la réflexion économique. Ruse de l'histoire ou signe d'un problème nouveau ?

Il est aujourd'hui nécessaire de réfléchir au problème que représente la place de l'épargne dans une société salarisée à près de 90 %. Hier, l'épargne était l'apanage des couches non salariées qui l'accumulaient et l'utilisaient pour leurs besoins professionnels et leurs retraites. Elle pouvait donc être tenue comme non essentielle dans le circuit économique. Sa valeur s'ajustait en fonction des besoins d'investissement comme l'a démontré la théorie keynésienne. Il fallait pour cela « euthanasier » les rentiers[16].

Aujourd'hui, l'épargne a sans conteste changé de nature. Elle a massivement pour origine la rémunération salariale. En effet, aux 800 milliards collectés sur le Livret A, il faut ajouter entre autres les 1 400 milliards des divers plans d'épargne, les 2 500 milliards de l'assurance-vie… dont l'essentiel a été accumulé par des salariés. Si une partie va au financement des besoins sociaux de logement, la plus grande masse se place en rente publique classique : prêt à l'État, aux entreprises publiques, aux États étrangers. Seule une minorité de ces fonds revient au développement économique, scientifique et industriel national. La question d'une nouvelle maîtrise institutionnelle de ces ressources se trouve donc bien posée, avec ses corollaires, leur éventuelle « transformation »[17], la sécurité des opérations, l'organisation des pouvoirs de gestion et de contrôle. Continueront-ils à être administrés par les puissances financières ou seront-ils influencés par les salariés ?

Force est de constater que les diverses propositions de fonds de pension formulées jusqu'à présent non seulement ne répondent pas à ces objectifs mais présentaient en plus de graves dangers : concurrence avec la répartition, drainage de ressources supplémentaires vers le marché financier, accentuation des inégalités étaient autant de risques portés par les projets libéraux.

---

16. J.-M. Keynes, *Théorie générale de l'emploi, de l'intérêt et de la monnaie*, Paris, Petite bibliothèque Payot, n° 139, 1971.
17. Par « transformation », on entend l'opération consistant à déconnecter la durée de l'épargne (qui peut être courte) de l'échéance de l'investissement (qui peut être beaucoup plus longue).

Des critiques à formuler

La critique peut s'articuler autour de plusieurs points.

C'est tout d'abord l'attrait des placements financiers qui paraît largement surévalué dans une conjoncture démographique favorable avec un « excès d'épargne » qui provoque une hausse des cours boursiers. Une majorité des actifs se trouve dans la tranche d'âge 40-60 ans. Celle-ci épargne bien au-delà de ce qui est nécessaire pour l'investissement. Ce cycle dû à la démographie devrait se retourner progressivement à partir de 2005. Croissance et inflation pourraient reprendre dans un nouveau contexte de demande plus forte de jeunes travailleurs et d'une épargne elle plus basse, même insuffisante. La valeur des actifs financiers pourrait dès lors baisser fortement. Le rendement global des placements ne serait rétabli qu'à la suite de ce processus. Le passage à la capitalisation, même partielle, ne pourrait dans un premier temps soutenir les cours des marchés. En effet, l'accumulation d'épargne serait forte alors que les désinvestissements demeureraient faibles faute de droits acquis. Mais c'est un processus qui ferait peser une charge très lourde sur plusieurs générations qui devraient assurer à la fois une épargne supplémentaire et les droits liés à la répartition. Loin de faciliter le financement des retraites, le passage à la capitalisation pourrait l'aggraver. P. Artus, même s'il a semblé ensuite nuancer sa critique, a pu écrire que « *la capitalisation est le pire système de retraite en présence de cycles démographiques* »[18].

Le deuxième inconvénient et non le moindre serait la concurrence que les fonds de pension engageraient avec les régimes de retraite par répartition et notamment les régimes complémentaires. Le danger serait grand que les fonds d'épargne retraite ne viennent se substituer, au moins en partie, à la prévoyance complémentaire actuelle. Les exonérations fiscales et de cotisations dont ils seraient susceptibles de bénéficier en feraient des vecteurs du remplacement de la fraction supérieure du salaire par des abonnements patronaux massifs à ces nouveaux fonds. On assisterait à un désintérêt de la partie des actifs les mieux payés vis-à-vis des régimes par répartition et à une fragilisation de ceux-ci.

Un autre aspect de cette question touche la dimension institutionnelle. La création des fonds de pension telle qu'elle était envisagée par la loi Thomas[19] brisait la protection dont bénéficient encore les systèmes

---

18. P. Artus, « Les avantages de la répartition », *Le Figaro*, 24 avril 1998.
19. Loi votée par le Parlement au printemps 1997 et qui n'a pas été appliquée suite au changement ultérieur de majorité à l'occasion des élections législatives anticipées (cf. ci-dessus).

publics de retraite en permettant aux assurances de pénétrer sur le terrain de la couverture des risques sociaux liés à la personne. *Last but not least*, la gestion paritaire était évacuée tout comme le rôle des syndicats puisque le dispositif pouvait être mis en place même en l'absence d'accord d'entreprise.

Le troisième risque est le drainage de ces nouveaux fonds vers le marché financier. Comme l'épargne globale n'augmenterait sans doute pas sensiblement, les souscripteurs prélèveraient sur leur épargne financière actuelle, ce qui serait neutre. Mais ils pourraient aussi reconvertir leur épargne non financière, leurs livrets, leurs liquidités, ce qui accroîtrait la puissance des marchés et déstabiliserait les circuits spécifiques du type Livret A. Les emplois sociaux et de long terme se réduiraient sous la pression des règles de la rentabilité financière. Si l'on suit les théoriciens de la croissance endogène, cela porterait atteinte au rythme de croissance à long terme[20]. Loin de réduire les inégalités entre générations, une telle conséquence l'accroîtrait un peu plus tout en se cumulant à une plus forte inégalité intragénérationnelle.

Seule une gestion différente de ces fonds pourrait éviter de telles conséquences. Mais peut-elle être par nature différente des règles de la rentabilité financière qui prévaut sur ces marchés ? Certes, des marges de jeu existent comme le montre la directrice de l'AReSE dans un livre récent[21]. Critères sociaux, choix éthique, la gestion globale différenciée suivant que les sommes sont investies localement ou sur le marché national et international sont autant d'inflexions apportées à la règle de rentabilité maximale. Cependant, elles restent minces comme le suggère une analyse un peu attentive de la gestion globale des fonds existants[22]. La recherche de la rentabilité prime sur toute autre considération y compris la simple logique de gestion intertemporelle des fonds. Ainsi dans la plupart des fonds, il n'y a pas corrélation entre la maturité des actifs et le profil des droits, ce qui posera très rapidement des problèmes redoutables. Et ne parlons pas de la gestion des fonds japonais qui semble devoir déboucher sur des problèmes majeurs.

---

20. Florence Legros, *Les retraites. Genèse, acteurs, enjeux*, Paris, Armand Colin, 1995, pp. 155-163.
21. Geneviève Férone, *Le système américain. Les fonds de pension*, Éditions Montchrestien, 1997.
22. Najat El Mekkaoui, « Comportements financiers des fonds de pension dans les pays de l'OCDE », *Économie internationale*, n° 70, 2e trimestre 1997, pp. 35-53, et Jacques Nikonoff, *La Comédie des fonds de pension*, Paris, Arléa, 1999.

Le seul choix serait donc de se laisser imposer les critères capitalistes les plus sévères ou bien par des fonds étrangers ou bien par des fonds français.

La différence serait bien mince comme le suggérait F. Morin en conclusion de son article d'*Alternatives économiques* : « *Il faudrait préciser minutieusement les règles de gestion pour éviter que ces fonds se transforment à leur tour en grands prédateurs.* »[23]

Le quatrième risque a trait à la nature de la solidarité. Peut-on penser qu'elle sera régénérée sur la base d'inégalités plus importantes ? En effet, le lieu social reposera plus directement sur des droits de propriété[24]. Ceux-ci étant plus inégalement répartis que les revenus, l'inégalité finale des droits à retraite sera plus grande. Ne recoupera-t-elle pas de multiples clivages sociaux ? salariés qualifiés et autres ouvriers, salariés des groupes et salariés des PME notamment. De plus, serait-il acceptable que tous les salariés financent, par le biais d'avantages fiscaux qui seront indispensables à l'équilibre du nouveau système, les retraites de quelques-uns alors qu'ils seront eux-mêmes tenus à l'écart du système ?

En Grande-Bretagne, seule la moitié des salariés, 11 millions environ, est affiliée à un régime d'entreprise. Dans le privé, la proportion tombe à 40 % et a reculé en trente ans. Nous risquons de déboucher sur un mécanisme de solidarité « néo-corporatiste » attachant le salarié à son entreprise mais lui faisant supporter tous les risques et excluant une majeure partie de ses condisciples. On aurait dans ces conditions de très fortes inégalités entre retraités et une paupérisation probable d'une partie des retraités ayant eu des revenus d'activité faibles. La « nouvelle société salariale patrimoniale » serait dès lors une société foncièrement inégalitaire à l'image de la société américaine décrite par Anton Brender et Florence Pisani[25]. Son développement en Europe continentale se heurterait aux traditions de solidarité et d'égalité bien plus vivaces que dans les pays anglo-saxons. D'autres voies sont à envisager, d'autres choix sont à préparer.

---

23. F. Morin, *op. cit.*
24. La principale différence entre régime par répartition et régime par capitalisation est de reposer sur un mode de calcul spécifique des droits : l'un est proportionnel au salaire, l'autre à l'épargne. Laurence Lautrette, *Le droit de la retraite en France*, Paris, PUF, 1999.
25. A. Brender et F. Pisani, *Le Nouvel Âge de l'économie américaine*, Economica, 1999, pp. 69-83.

D'AUTRES CHOIX SONT POSSIBLES.

Le débat qui s'ouvre sur la retraite doit nécessairement prendre en compte d'autres dimensions et mieux sérier les questions. Trois problèmes articulés mais distincts se posent : celui d'une politique globale de croissance et de développement tout d'abord, celui d'une consolidation structurelle des régimes par répartition ensuite, celui de la gestion de l'épargne des salariés enfin.

Le développement des capacités humaines

Le premier enjeu est celui d'une politique de développement. En effet, qu'on se situe dans le cadre de régimes par répartition ou par capitalisation ne change rigoureusement rien aux problèmes soulevés par les modifications d'équilibre démographique. Dans un cas comme dans l'autre, la génération des actifs paie pour la génération correspondante des retraités. Ce qui change, c'est le mode de calcul des droits des salariés : une référence aux revenus salariaux, ce qu'assure la répartition ou encore l'épargne dans le cadre d'un régime par capitalisation. Sauf à considérer que l'économie souffre avant tout d'une insuffisance de capital justifiant un accroissement de l'épargne disponible, les fonds par capitalisation ne constituent pas vraiment une réponse aux problèmes de relance de l'activité économique. Leur mise en place aujourd'hui pèserait au contraire négativement sur l'économie. En effet, dans cette hypothèse, il faudrait à la fois continuer à financer les régimes par répartition tout en assurant la montée en puissance de la capitalisation, c'est-à-dire développer l'épargne complémentaire pour les vingt à vingt-cinq ans à venir. C'est un non-sens au moment où la génération nombreuse va arriver à l'âge de la retraite. Ce dont nous souffrons, économiquement, c'est sans doute d'une trop grande pression sur la consommation ces dix dernières années et surtout d'un insuffisant développement des capacités humaines des salariés : formation, qualifications, compétences sont des questions stratégiques alors que le travail va devenir la ressource rare dans quelques années. Il n'y a pas d'insuffisance globale d'épargne, au contraire. La vraie question, de ce point de vue, est davantage celle du rythme de croissance de l'économie et celle de son financement à des conditions permettant la promotion du travail.

Il est faux de dire que la croissance peut résoudre en elle-même le problème de financement des retraites. Mais une plus ou moins forte croissance change radicalement la donne du problème et les termes du choix.

L'écart de 1 point entre deux options moyennes de croissance à 40 ans représente à cette échéance plus ou moins 7 000 milliards de francs de richesses soit l'équivalent du PIB annuel au milieu des années 1980 et six fois le montant des retraites actuellement versées. De plus, si le taux de croissance de l'économie se relève durablement, la répartition se montrera plus efficace que la capitalisation qui suppose le maintien de taux d'intérêt réels élevés. Il y aura création de suffisamment de richesses pour consacrer une part accrue du PIB au paiement de la masse des retraites sans que cela ne crée un problème socialement insurmontable.

La consolidation de la retraite par répartition

Le second défi est donc celui de la consolidation de la structure des régimes par répartition. Une réforme du mode de calcul des cotisations dites patronales serait essentielle. Il serait dangereux, en effet, de mésestimer les problèmes, qui se posent à moyen terme. Leur origine mérite d'être discutée. La variable démographique joue bien sûr un rôle non négligeable, compte tenu en particulier de l'évolution du ratio actifs/retraités et de l'allongement de la durée de vie, et donc de la période de retraite. Mais deux autres causes apparaissent ainsi fondamentales. D'une part, il y a « mûrissement » des régimes de retraite. Durant près de quarante ans, on a connu une situation favorable dans laquelle le nombre des cotisants croissait plus vite que les retraités. La féminisation massive du salariat et la salarisation des couches agricoles augmentaient le nombre des actifs cotisants. Les retraites servies, elles, n'étaient souvent que partielles et ne concernaient en tout cas qu'une génération. On est aujourd'hui au-delà et il faut couvrir les besoins de deux générations de retraités. La chaîne de solidarité intergénérationnelle va donc s'allonger à quatre générations[26].

D'autre part, le changement des conditions de la croissance a abouti à une diminution de la part des salaires dans la valeur ajoutée. Ce déséquilibre déstabilise les régimes par répartition, compte tenu du chômage et d'un plus faible volume des rémunérations sur lesquelles reposent les cotisations. Les solutions sont de deux ordres et on ne peut pas se résigner à un tel partage de la valeur ajoutée et d'autre part, il est indispensable d'augmenter les taux de cotisation. Pour cela, il faut modifier les modalités de contribution des entreprises, de manière à tenir compte à la fois de l'évolution de la masse salariale et de la richesse produite par le salarié. Cela aurait l'avantage de favoriser les entreprises

---

26. Jean-Christophe Le Duigou et Jean-Marie Toulisse, avec la collaboration de Michel Gairaud, *L'avenir des retraites*, Paris, Éditions de l'Atelier, 1999.

créatrices d'emplois et qui mènent une politique salariale plus satisfaisante[27]. Une concertation entre les pays européens où dominent les systèmes par répartition pourrait consolider cette démarche.

Cela étant, les préoccupations des salariés quant à leur retraite doivent être pleinement mesurées. Ces derniers se demandent d'abord si le niveau de leur retraite pourra être préservé, ce qui risque de les amener à rechercher des produits de substitution sur le marché. Face à ce problème, la simple affirmation, aussi satisfaisante intellectuellement soit-elle, de la viabilité de la retraite par répartition et de sa supériorité sur la capitalisation risque de ne pas suffire. Il ne faut pas en effet se voiler la face devant la réalité. Tant que le taux de remplacement du salaire par la retraite restera inférieur à 100 %, les salariés qui ont les moyens d'épargner rechercheront des produits d'épargne, par définition par capitalisation, leur apportant un complément de retraite. C'est ce qu'on observe aujourd'hui, à la fois dans le cadre de la prévoyance collective dans les entreprises ou à travers des mutuelles, ou de manière individuelle par la souscription de contrats d'assurance, des produits d'épargne financière à long terme, voire, on l'a vu, à travers les PEE. Ainsi un certain nombre d'entreprises, de banques et assurances, grandes sociétés de services offrent à leurs salariés des « fonds chapeau » permettant parfois de garantir un taux de remplacement de 100 %. D'autre part, le boom que connaît l'assurance-vie depuis 10 ans s'explique largement par la volonté de se constituer une épargne en vue de la retraite. L'essentiel des souscriptions provient d'assurances « en cas de vie » visant à bénéficier d'une rente ou d'un capital au bout d'un certain nombre d'années, et non une assurance-décès.

Il y a donc deux interrogations impliquant deux types de réponses :

- D'une part, il est vital de construire une muraille entre la retraite par répartition et l'épargne salariale. Cela consiste à assurer via la répartition une retraite se montant à 75 % du salaire d'activité. Il faut pour cela empêcher notamment la « cannibalisation » des régimes complémentaires par répartition par des formes de capitalisation. Il faut bien sûr totalement proscrire toute forme d'exonération de cotisations sociales pour les souscriptions à ces fonds comme le prévoyait la loi Thomas, toujours non abrogée à ce jour. Mais ces dispositifs ne doivent en outre bénéficier d'aucun régime dérogatoire par rapport à leur fiscalité ;

---

27. « La réforme du calcul des cotisations patronales », *Note économique du CCEES-CGT*, n° 28, juin 1999.

- D'autre part, il faut revenir à la finalité d'origine de la prévoyance. Celle-ci ne doit pas être réservée aux salariés ayant les moyens de se payer un complément de retraite. Elle doit pouvoir bénéficier de manière équitable à tous en revenant à une philosophie mutualiste dans laquelle, contrairement à l'assurance, ce ne sont pas ceux qui gagnent le plus et constituent le meilleur risque qui bénéficient des meilleures prestations et cotisent le moins. Il faut au contraire mettre en place des dispositifs solidaires entre tous les salariés, non seulement dans une même entreprise, mais entre les entreprises de la branche et entre les branches. Dans un livre publié en 1992 par la Mutualité française[28], l'auteur rappelait déjà opportunément que la prévoyance collective des salariés, instituée par accords collectifs dans le cadre de la branche ou de l'entreprise, fait partie intégrante du système français de protection sociale dont elle constitue la troisième composante, aux côtés du régime général et des régimes complémentaires, très différente du « troisième pilier » en honneur à l'OCDE et à Bruxelles et qui vise une épargne individuelle tout à l'opposé de mécanismes de solidarité. L'élément essentiel est que dans cette troisième dimension nous sommes en présence d'un droit lié au travail salarié. La logique de ce système s'oppose donc fondamentalement à celle de l'épargne salariale patrimoniale.

L'affectation des fonds à des emplois d'intérêt général

En lien avec la question de la consolidation de la répartition se pose celle de l'utilisation des fonds collectés. L'idée générale consisterait à affecter les fonds collectés par la prévoyance collective à des emplois d'intérêt général et tout particulièrement à des utilisations en faveur du développement économique et de l'emploi. Il s'agit donc d'une approche beaucoup plus ambitieuse que celle des fonds socialement responsables et autres fonds éthiques.

Contrairement aux « fonds socialement responsables », la Bourse jouerait un rôle secondaire dans ce dispositif. Si une part plus ou moins importante des fonds placés serait investie en obligations d'État ou dans les marchés boursiers pour assurer la sécurité et la liquidité du dispositif, l'essentiel serait des investissements réalisés en faveur de leur intérêt pour le développement économique et l'emploi. En tant que garant de cette logique des établissements publics comme la Caisse des dépôts ou des mutuelles pourraient être des acteurs majeurs de ce dispositif qui pourrait

28. Gérard Amieux, *La Mutualité à la croisée des chemins. Le droit à la prévoyance collective*, Éditions de la Mutualité française, coll. « Racines mutualistes », 1992.

être rendu obligatoire et géré dans le cadre d'un contrat collectif. Toute la question est en définitive de savoir quelle doit être la part de « la contrainte » dans le mécanisme et la forme qu'elle doit prendre[29]. Cette question recouvre largement celle des critères de gestion des fonds et du poids des marchés financiers. Trouver l'équilibre entre le pôle sécurité pour les salariés, le pôle intérêt pour l'employeur, et le pôle intérêt général est sans doute une gageure. Quitte à innover, c'est sur ce terrain qu'il faut être le plus audacieux. Bien sûr, la déconnexion des marchés financiers principaux ne peut pas être totale, ne serait-ce que pour des raisons de liquidité. Mais l'on peut imaginer des critères différents prenant en compte des objectifs de création de richesses, de développement des compétences des salariés, d'investissements d'intérêt général pour tout ou partie des sommes collectées. Une garantie spécifique de prestations ultérieures pourrait y être attachée en fonction de ces engagements. L'articulation avec une démarche de prospective concertée nationale serait envisageable pour ces « nouveaux fonds de prévoyance et de développement » qui deviendraient un outil d'épargne polyvalent pour le long terme. Ce serait une nouvelle façon de préparer l'avenir.

Une telle démarche, parce qu'elle contribuerait à organiser via l'épargne investie dans le développement un transfert de ressources utiles entre générations au profit des plus jeunes, viendrait justifier la solidarité ultérieure des nouvelles générations au travers du système de retraite par répartition. Non seulement les deux systèmes ne seraient plus concurrents, mais ils pourraient se conforter, à condition que l'épargne soit effectivement mobilisée pour des usages utiles et efficaces et non pour produire de la rente. Un fort contrôle et un pouvoir d'orientation des salariés, s'appuyant sur des institutions solides, sont dès lors une des conditions indispensables. Il faut aujourd'hui aller au fond du débat sur ces questions en dépassant les approches partielles, les réformes biaisées et les solutions inefficaces. Cela est d'autant plus important que c'est l'avenir de la solidarité nationale, interprofessionnelle et intergénérationnelle, que nous jouons pour le prochain siècle avec celle de la stratégie de développement économique et d'insertion de la France et de l'Europe dans l'économie mondiale. C'est pourquoi un rayonnement sur l'épargne, sa gestion, son orientation doit d'emblée intégrer la dimension internationale qui la conditionne, cela par rapport à des systèmes de droits sociaux qui demeureront quant à eux dans le cadre national.

29. Emmanuel Reynaud, « Les fonds de pension : exemples allemand et britannique », *Futuribles*, n° 188, juin 1994, pp. 3-32.

Bibliographie

AGLIETTA Michel, « Des mutations du capitalisme : une société salariale schizophrène ? », *La Revue de la CFDT*, n° 17, février 1999, pp. 14-23.

AGLIETTA Michel, « Le capitalisme de demain », *Notes de la Fondation Saint-Simon*, n° 101, novembre 1998.

AGLIETTA Michel, « Problèmes des tendances actuelles de la finance », *Issues*, n° 51-52, 1er-2e trimestre 1998, pp. 115-143.

AGLIETTA Michel, *Régulation et crises du capitalisme*, Paris, Éditions Odile Jacob, 1997.

ALTERNATIVES ÉCONOMIQUES, *Les placements éthiques. L'épargne alternative et solidaire en 65 fiches*, 1999, 2e édition.

AMERICAN LAW INSTITUTE, *Principles of Corporate Governance : Analysis and Recommendations*, Philadelphie, 1992.

AMIEUX Gérard, *La Mutualité à la croisée des chemins. Le droit à la prévoyance collective*, Editions de la Mutualité française, coll. « Racines mutualistes », 1992.

apROBERTS Lucy, « Les syndicats et la gestion des fonds de retraite », *Chronique internationale de l'IRES*, n° 59, juillet 1999, pp. 11-17.

AOKI Masahito, *L'économie japonaise. Information, motivations et marchandage*, Paris, Economica, 1991.

d'ARCIMOLES Charles-Henri, « Les investisseurs face à la performance sociale de l'entreprise », *Revue française de gestion*, n° 122, janvier-février 1999, pp. 122-134.

ARNAULT Jacques, *Le « modèle suédois » revisité*, Paris, L'Harmattan, 1991.

ARTUS Patrick et LEGROS Florence, *Le choix du système de retraite : analyser les mécanismes pertinents*, Paris, Economica, 1999.

AZIÈRES Olivier et SIMMONDS Andy, *L'Odyssée comptable européenne : 1993 ou 2001*, Touch Ross Europe, 1989.

BABEAU André, *La fin des retraites ?*, Paris, Hachette, 1985.

BALLIGAND Jean-Pierre et de FOUCAULD Jean-Baptiste (rapport au Premier ministre de), *L'épargne salariale au cœur du contrat social*, Paris, La Documentation française, janvier 2000.

BARBER Randy et GHILARDUCCI Teresa, « Pension Funds, Long Term Investments and the Economic Future » *in* Gary DYMSKI, Gerald EPSTEIN et Robert POLLIN, *Transforming the U.S. Financial System*, Armonk, New York, M.E. Sharpe, 1993.

BAUDRU Daniel et KECHIDI Med, « Les investisseurs institutionnels étrangers : vers la fin du capitalisme à la française ? », *Revue d'économie financière*, n° 48, juillet 1998, pp. 93-105.

BERLE Adolf A., « Corporate Powers as Powers in Trust », *Harvard Law Review*, vol. 44, mai 1931, pp. 1049-1074.

BEVERIDGE William H., *Full Employment in a Free Society*, George Allen & Unwin, Londres, 1944.

BIGAY Jean-François (rapport du groupe de travail présidé par), *La nationalité des entreprises*, Paris, La Documentation française, octobre 1999.

BLACKBURN Robin, « Le retour du collectivisme : la nouvelle économie des fonds de pension », *Mouvements*, n° 5, septembre-octobre 1999, pp. 90-101.

BLACKBURN Robin, « The New Collectivism », *New Left Review*, n° 233, janvier-février 1999, pp. 3-65.

BOLTANSKI Luc et CHIAPELLO Ève, *Le nouvel esprit du capitalisme*, Éditions Gallimard, 1999.

BOURDELAIS Patrice, *L'âge de la vieillesse*, Paris, Odile Jacob, 1993.

BOYER Robert, *La flexibilité du travail en Europe*, Paris, La Découverte, 1986.

BRENDER Anton et PISANI Florence, *Le Nouvel Âge de l'économie américaine*, Economica, 1999, pp. 69-83.

BRIET Raoul (groupe de travail présidé par), *Perspectives à long terme des retraites*, Paris, La Documentation française, octobre 1995.

BRODIER Paul-Louis, « Entreprise et valeur ajoutée directe » in Henri JACOT et Jean-Pierre MICAELLI (coordonateurs), *La performance économique en entreprise*, Paris, Hermès, 1996, pp. 85-92.

CAHUC Pierre, *La nouvelle micro-économie*, Paris, La Découverte & Syros, coll. « Repères », n° 126, 1998.

CAIRE Guy, « Fonds de pension, enjeux et débats », *Économie appliquée*, n° 1, 1996, pp. 171-203.

CAPRON Michel et LACOMBE-SABOLY Michèle, *Introduction à la comptabilité d'entreprise*, Paris, La Découverte, coll. « Repères », n° 191, 1996.

CAPRON Michel, *La comptabilité en perspective*, Paris, La Découverte, coll. « Repères », n° 119, 1993.

CASTEL Robert, *Métamorphose de la question sociale : une chronique du salariat*, Paris, Fayard, 1995.

CCEES-CGT, *Les entreprises, leurs finances et les normes comptables*, Journées d'études 1998.

CHANU Pierre-Yves, « Le vieillissement démographique, une notion critiquable ? », *Analyses et documents économiques*, Cahiers du Centre confédéral des études économiques et sociales de la CGT (CCEES-CGT), n° 79, mai 1999, pp. 16-19.

CHARPENTIER François, *Retraites et fonds de pension. L'état de la question en France et à l'étranger*, Paris, Economica, 1997, 3e édition.

CHARPIN Jean-Michel (rapport au Premier ministre de), *L'avenir de nos retraites*, Paris, La Documentation française, avril 1999.

CHARPIN Jean-Michel, « Commentaire » *in* CONSEIL D'ANALYSE ÉCONOMIQUE, *Retraites et épargne*, Paris, La Documentation française, 1998, pp. 77-80.

CHARREAUX Gérard, *Le gouvernement des entreprises. Théorie et faits*, Paris, Economica, 1998.

CHEMINI Emmanuel, *L'évaluation des entreprises*, Economica, coll. « Gestion Poche », 1998, 2e édition.

CHESNAY François, *La mondialisation financière. Genèse, coût et enjeux*, Paris, Syros, coll. « Alternatives économiques », 1996.

CLERC Denis, « Le pouvoir aux actionnaires », *Alternatives économiques*, hors série, n° 43, 1er trimestre 2000.

COASE Ronald H., « The Problem of Social Cost », *Journal of Law and Economics*, 3, octobre 1960, pp. 1-44.

COLLOMB Bertrand, « La relation avec les actionnaires dans une multinationale française », *Management & Conjoncture sociale*, n° 476, 22 janvier 1996, pp. 21-30.

COMMISSARIAT GÉNÉRAL AU PLAN, *Entreprise et performance globale. Outils, évaluation, pilotage*, Paris, Economica, 1997.

CONCIALDI Pierre, « Retraites : les enjeux comptables, économiques et politiques », *L'économie politique*, n° 3, 3e trimestre 1999, pp. 6-20.

CONCIALDI Pierre, « Démographie, marché du travail et compétitivité » *in* Emmanuel REYNAUD (coordonné par), *Les retraites dans l'Union européenne. Adaptations aux évolutions économiques et sociales*, Paris, L'Harmattan, 1998, pp. 41-79.

CONSEIL D'ANALYSE ÉCONOMIQUE, *Retraites et épargne*, Paris, La Documentation française, 1998.

COTIS Jean-Philippe, MÉARY Renaud et SOBCZAK Nicolas, « Le chômage d'équilibre en France. Une évaluation », *Revue économique*, mai 1998, pp. 921-935.

DALY Herman et COBB John, *For the Common Good : Redirecting the Economy Toward Community, the Environment, and a Sustainable Future*, Boston : Beacon Press, 1989.

DAVANNE Olivier, « Éléments d'analyse sur le système de retraite français » *in* CONSEIL D'ANALYSE ECONOMIQUE, *Retraites et épargne*, Paris, La Documentation française, 1998, pp. 9-30.

DELAUNAY Jean-Claude, « Actionnariat et fonds de pension, le cas des États-Unis », *La Pensée*, juillet-août-septembre 1999, n° 319, pp. 33-48.

DENHAM Robert et PORTER Michael, *Lifting All Boats : Increasing the Payoff from Private Investment in the US Economy*, Report of the Capital Allocation Subcouncil to the Competitiveness Policy Council, Washington, DC, 1995.

DILLER Janelle, « Responsabilité sociale et mondialisation : qu'attendre des codes de conduite, des labels sociaux et des pratiques d'investissements ? », *Revue internationale du travail*, vol. 138, n° 2, 1999, pp. 107-139.

DI RUZZA Renato, *Histoires, savoirs et pouvoirs en économie politique*, Études et documents économiques, 1990.

DISSAUX Thierry, « La place des marchés boursiers dans l'économie américaine », *Le Bulletin de l'Agence financière de New York*, n° 20, septembre 1998, pp. 2-8.

DODD E. M., « For Whom are Corporate Managers Trustees », *Harvard Law Review*, vol. 45, mai 1932, pp. 1145-1163.

DONALDSON Thomas et PRESTON Lee E., « The Stakeholder Theory of Corporation : Concepts, Evidence, Implications », *Academy of Management Review*, vol. 20, n° 1, 1995, pp. 65-91.

DRUCKER Peter F., *The Pension Fund Revolution*, New Brunswick/London, Transaction Publishers, 1996.

DUMÉNIL Gérard et LÉVY Dominique (éditeurs), *Le triangle infernal. Crise, mondialisation, financiarisation*, Paris, PUF, 1999.

DYMSKI Gary, EPSTEIN Gerald et POLLIN Robert, *Transforming the U.S. Financial System*, Armonk, New York, M.E. Sharpe, 1993.

ELKINGTON John, *Cannibals with Forks : The Triple Bottom Line of 21st Century Business*, Capstone, 1997.

EL MEKKAOUI Najat, « Comportements financiers des fonds de pension dans les pays de l'OCDE », *Économie internationale*, n° 70, 2e trimestre 1997, pp. 35-53.

ESCUDIER Jean-Louis, « La dynamique de la protection sociale en France, de 1850 à 1940 » *in* Catherine MILLS (dirigé par), *Protection sociale : quelle réforme ?, Sociétés et représentations*, n° hors série, septembre 1999, CREDHESS.

FABRE GUILLEMANT Raphaëlle, *Les réformes administratives en France et en Grande-Bretagne*, Paris, L'Harmattan, coll. « Logiques juridiques », 1998.

FARNETTI Richard, « Le rôle des fonds de pension et d'investissement collectifs anglo-saxons dans l'essor de la finance globalisée » *in* François CHESNAIS (sous la coordination de), *La mondialisation financière. Genèse, coûts et enjeux*, Paris, Syros, coll. « Alternatives économiques », 1996.

FARNETTI Richard, *Le Royaume désuni*, Paris, Syros, 1995.

FASB, *International Accounting Standard Setting : A Vision for the Future*, Norwalk (Connecticut), 1998.

FELDSTEIN Martin, « Social Security, Induced Retirement and Aggregate Capital Accumulation », *Journal of Political Economy*, vol. 82, n° 5, pp. 905-926.

FÉRONE Geneviève, *Le système de retraite américain. Les Fonds de pension*, Paris, Montchrestien, 1997.

FREEMAN R. Edward, *Strategic Management : A Stakeholder Approach*, Boston : Pitman Publishing Company, 1984.

FRIEDMAN Milton, « The Social Responsability of Business is to Increase Its Profits », *The New York Times Magazine*, 13 septembre 1970.

FRIOT Bernard, *Et la cotisation sociale créera l'emploi*, Paris, La Dispute, 1999.

FRIOT Bernard, *Puissances du salariat. Emploi et protection sociale à la française*, Paris, La Dispute, 1998.

GAUTIÉ Jérôme, *Coût du travail et emploi*, Paris, La Découverte, coll. « Repères », n° 241, 1998.

GERBIER Bernard, « L'impérialisme géoéconomique, stade actuel du capitalisme » *in* Gérard DUMÉNIL et Dominique LÉVY (éditeurs), *Le triangle infernal. Crise, mondialisation, financiarisation*, Paris, PUF, 1999.

GERBIER Bernard, *L'organisation mondiale du commerce et la théorie de l'économie mondiale*, GRREC, Université Pierre Mendès France de Grenoble, septembre 1996.

GHILARDUCCI Teresa, *Labor's Capital, The Economics and Politics of Private Pensions*, Cambridge MA, The MIT Press, 1992.

GLICKMAN Murray, « The Concept of Information, intractable uncertainty, and the current state of the « efficient markets » theory : a Post Keynesian view », *Journal of Post Keynesian Economics*, vol. 16, n° 3, printemps 1994, pp. 325-349.

Von HAYEK Friedrich A., *Droit, législation et liberté. Une nouvelle formulation des principes libéraux de justice et d'économie politique*, 3 volumes, Paris, PUF, 1980, 1981, 1983.

HILL Charles W. L. et JONES Thomas M., « Stakeholder-Agency Theory », *Journal of Management Studies*, vol. 29, n° 2, 1992, pp. 131-154.

HIRSCHMANN Albert O., *Les passions et les intérêts. Justifications politiques du capitalisme avant son apogée*, Paris, PUF, 1980.

HUGUES Gerard, « Financement de l'économie par les retraites : financement des retraites, effet de substitution et épargne nationale » *in* Emmanuel REYNAUD (coordonné par), *Les retraites dans l'Union européenne. Adaptations aux évolutions économiques et sociales*, Paris, l'Harmattan, 1998, pp. 91-111.

IASC, *Shaping IASC for the Future*, 1998.

INSEE, « Accounting Standards, Business and Statistics », *INSEE Méthodes*, n° 74-75, 1998.

INTRATOR Hélène, « L'expérience des fonds de pension américains », *Crédit Lyonnais International*, n° 169, mars 1997.

JACKSON Tim, MARKS Nic, RALLS Jon et STYMNE Susanna, *An Index of Sustainable Economic Welfare for the UK 1950-1996*. Londres, Centre for Environmental Strategy/New Economics Foundation, 1997.

JACOT Henri, « Capitalisme gris, « nouveau collectivisme » et fonds de pension : un commentaire sur la contribution de Robin Blackburn », *Mouvements*, n° 5, septembre-octobre 1999, pp. 102-107.

JACOT Henri, « De la trilogie : productivité, compétitivité, rentabilité à l'évaluation sociale de la performance industrielle » *in* CGP, *Entreprise et performance globale. Outils, évaluation, pilotage*, Paris, Economica, 1997, pp. 29-38.

JACOT Henri et MICAELLI Jean-Pierre (coordonateurs), *La performance économique en entreprise*, Paris, Hermès, 1996.

JENSEN Michael C. et MECKLING William H., « Theory of the Firm : Managerial Behavior, Agency Costs and Ownership Structure », *Journal of Financial Economics*, n° 3, 1976, pp. 305-360.

JONAS Hans, *Le principe de responsabilité. Une éthique pour la civilisation technologique*, Flammarion, coll. « Champs », 1998.

KESSLER Denis et ULLMO Yves, « La comptabilisation en valeur de marché dans les banques et les sociétés d'assurances : les éléments du débat », *Revue d'économie financière*, n° 37, été 1996, pp. 157-169.

KEYNES John Maynard, *Théorie générale de l'emploi, de l'intérêt et de la monnaie*, Paris, Petite bibliothèque Payot, n° 139, 1971.

KHALFA Pierre et CHANU Pierre-Yves (coordonné par), *Les retraites au péril du libéralisme*, Éditions Syllepse, 1999.

LAFITTE Michel, « Les fonds de pension aux États-Unis », *Revue d'économie financière*, n° 23, hiver 1992, pp. 249-271.

LAUTRETTE Laurence, *Le droit de la retraite en France*, Paris, PUF, 1999.

LEBATARD Chantal, *Les perpectives socio-démographiques à l'horizon 2020-2040, Journal Officiel de la République Française*, Avis et rapport du CES, n° 16, 29 octobre 1999, Les éditions des Journaux officiels.

LECHEVALIER Arnaud, « Les retraites : idées fausses et vrais enjeux », *Mouvements*, n° 3, mars-avril 1999, pp. 84-91.

LE DUIGOU Jean-Christophe et TOULISSE Jean-Marie avec la collaboration de Michel GAIRAUD, *L'avenir des retraites*, Paris, Editions de l'Atelier, 1999.

LEGROS Florence, *Les retraites. Genèse, acteurs, enjeux*, Paris, Armand Colin, 1995.

LEPETIT Marcel, « Performance globale : vers la prise en compte des effets non marchands ? De l'usage des surplus de productivité à la responsabilité sociétale, ou les échanges monétaires ou non de l'entreprise avec l'environnement et la société » *in* CGP, *Entreprise et performance globale. Outils, évaluation, pilotage*, Paris, Economica, 1997, pp. 63-82.

LESEUL Gérard, « Pour un bilan sociétal des entreprises », *Alternatives économiques*, n° 153, novembre 1997, p. 58.

LEV Baruch et ZAROWIN Paul, *The Boundaries of Financial Reporting and How to Extend Them*, New York University, février 1999.

L'HÉLIAS Sophie, *Le retour de l'actionnaire, pratiques du corporate governance en France, aux États-Unis et en Grande-Bretagne*, Paris, Gualino éditeur, 1997.

LORIE James H. et HAMILTON Mary T., *The Stock Market. Theories and Evidence*, Londres : Richard D. Irwin Inc., 1973.

LORENZI Jean-Hervé, « Consolider la retraite en respectant un nouvel équilibre : rendement-efficacité économique-mutualisation des risques-équité sociale » *in* CONSEIL D'ANALYSE ÉCONOMIQUE, *Retraites et épargne*, Paris, La Documentation française, 1998, pp. 31-66.

LORDON Frédéric, « Le nouvel agenda de la politique économique en régime d'accumulation financiarisée » *in* Gérard DUMÉNIL et Dominique LÉVY (éditeurs), *Le triangle infernal. Crise, mondialisation, financiarisation*, Paris, PUF, 1999.

MACKENZIE George A., GERSON Philip et CUEVAS Alfredo, « Pension Regimes and Savings », *IMF Occasional Paper*, n° 153, 1997.

MAGNIADAS Jean, « La Sécurité sociale, l'économie et la crise » *in Sécurité sociale : 40e anniversaire. Avenir et enjeux*, Études et documents économiques, CCEO-CGT, décembre 1985.

MANIÈRE Philippe, *Marx à la corbeille. Quand les actionnaires font la révolution*, Paris, Stock, 1999.

MARINI Philippe, *La modernisation du droit des sociétés*, Paris, la Documentation française, coll. des rapports officiels, 1996.

MASSÉ Pierre et BERNARD Pierre, *Les dividendes du progrès*, Paris, Editions du Seuil, 1969.

MASSON André, *La comptabilité intergénérationnelle. Ses apports et ses limites. Équité ou solidarité intergénérationnelle*, ENS-Delta, 1996.

MAVRINAC Sarah et SIESFIELD Anthony G., « La délicate mesure de l'immatériel », *L'Expansion Management Review*, n° 91, décembre 1998.

MÉRIEUX Antoine et MARCHAND Christophe, *Les marchés financiers américains*, Paris, Le Monde Éditions, 1995.

McCHESNEY Robert W., MEIKSINS WOOD Ellen et BELLAMY FOSTER John, *Capitalism and the Information Age, The Political economy of the Global Communication revolution*, New York : Monthly Review Press, 1998.

McLEAN Brian J., « Evolution of Marketable Permits : The US Experience With Sulfur Dioxide Allowance Trading », *The International Journal of Environmental and Pollution*, vol. 8, n° 1/2, 1997, pp. 19-36.

MILLS Catherine (dirigé par), *Protection sociale : quelle réforme ?*, *Sociétés et représentations*, n° hors série, septembre 1999, CREDHESS.

MONTAGNE Sabine, « Formation du cours de bourse : les acteurs, leurs logiques, leurs interactions », *La Revue de l'IRES*, n° 29, hiver 1998-99, pp. 29-52.

MORIN François, *Le modèle français de détention et de gestion du capital : analyses, prospective et comparaisons internationales*, Paris, Les Éditions de Bercy, septembre 1998.

MORIN François, « La rupture du modèle français de détention et de gestion des capitaux », *Revue d'économie financière*, n° 50, novembre 1998, pp. 111-131.

MORIN François, « La finance européenne en ébullition », *Alternatives économiques*, n° 155, janvier 1998, p. 10.

NIKITIN Marc et RÉGENT Marie-Odile, *Introduction à la comptabilité*, Paris, Armand Collin, coll. « Cursus-Économie », 1999.

NIKONOFF Jacques, « Des fonds de pension sous habillage tricolore », *Le Monde diplomatique*, février 2000.

NIKONOFF Jacques, *La Comédie des fonds de pension*, Paris, Arléa, 1999.

OCDE, *Les Principes de l'OCDE relatifs au gouvernement d'entreprise*, SG/CG(99)5, Paris, avril 1999.

OCDE, *Maintening Prosperity in a Ageing Society*, 1998.

OCDE, « Préserver la prospérité dans une société vieillissante », *Synthèses de l'OCDE*, n° 5, 1998.

ORLÉAN André, *Le pouvoir de la finance*, Paris, Odile Jacob, octobre 1999.

PASSET René, « Retraites. Les scénarios catastrophes », *Le Monde diplomatique*, juin 1999.

PAUL Susanne S. et PAUL James A., *Humanity Comes of Age, The New Context for Ministry with the Elderly*, Genève, World Council of Churches Publications, 1994.

PERROUX François, *Le capitalisme*, Paris, PUF, 6e édition.

PIZZUTI Felice Roberto, « Les techniques de financement des retraites : note sur une approche fondée sur l'économie politique » *in* Emmanuel REYNAUD (coordonné par), *Les retraites dans l'Union européenne. Adaptations aux évolutions économiques et sociales*, Paris, L'Harmattan, 1998, pp. 145-166.

POLYANI Karl, *La Grande transformation. Aux origines politiques et économiques de notre temps*, Gallimard, 1983.

PORTRAIT Roland et NOUBEL Philippe, *Les décisions financières dans l'entreprise. Méthodes et applications*, Paris, PUF, 1996.

PRUVOST Fabrice « Le droit de la consommation : vecteur de lutte contre la pauvreté et l'exclusion sociale ? L'exemple du surendettement des ménages en Europe à travers une analyse des dernières évolutions législatives », *Droit ouvrier*, janvier 1997, pp. 1-20.

PRUZAN Peter, « From control to value-based management and accountability », *Journal of Business Ethics*, vol. 17, n° 13, octobre 1998, pp. 1379-1394.

RAINES Patrick et LEATHERS Charles G., « Veblenian Stock Markets and the Efficient Markets Hypothesis », *Journal of Post Keynesian Economics*, vol. 19, n° 1, automne 1996, pp. 137-151.

RAWLS John, *Théorie de la justice*, Paris, Editions du Seuil, 1987.

REYNAUD Emmanuel (coordonné par), *Les retraites dans l'Union européenne. Adaptations aux évolutions économiques et sociales*, Paris, L'Harmattan, 1998.

REYNAUD Emmanuel, « Les fonds de pension : exemples allemand et britannique », *Futuribles*, n° 188, juin 1994, pp. 3-32.

RICHARD Jacques, « La comptabilité française face à la mondialisation » *in* CCEES-CGT, *Les entreprises, leurs finances et les normes comptables*, Journées d'étude 1998, pp. 62-85.

RICOL René, « Grandes questions comptables : éléments incorporels et retraites », *Revue d'économie financière*, n° 41 juin 1997, pp. 77-94.

SADIGH Elie, *Principes de l'économie salariale : conditions d'un fonctionnement harmonieux dans une perspective économique et de justice sociale*, Paris, L'Harmattan, coll. « Logiques économiques », 1999.

SADIGH Elie, *La théorie économique dominante : un siècle d'imposture*, Paris, L'Harmattan, 1998.

SALAIS Robert, CHATEL Elisabeth et RIVAUD-DANSET Dorothée (sous la direction de), *Institutions et convention. La réflexivité de l'action économique*, Paris, EHESS, 1998.

SAMUELSON Paul A., « An Exact Consumption-Loan Model of Interest With or Without the Social Contrivance of Money », *Journal of Political Economy*, 1958.

SEN Amartya K., *L'économie est une science morale*, Paris, La Découverte, 1999.

SEN Amartya K., *Éthique et économie*, Paris, PUF, 1993.

SIEGEL Jeremy J., *Stocks for the Long Run*, New York, McGraw-Hill, 1998, 2e édition.

SMITH Gordon, « The Shareholder Primacy Norm », *The Journal of Corporation Law*, 277 (1998).

SVEIBY Karl Erik, *La nouvelle richesse des entreprises. Savoir tirer profit des actifs immatériels de sa société*, Paris, Maxima-Laurent du Mesnil Éditeur, 2000.

STERDYNIAK Henri, LE BIHAN Hervé, COUR Philippe et DELESSY Henri, « Le taux de chômage d'équilibre, anciennes et nouvelles approches », *Revue de l'OFCE*, n° 60, janvier 1997, pp. 147-186.

TEULADE René (avis présenté par), *L'avenir des systèmes de retraite*, *Journal officiel de la République française*, Avis et rapports du CES, n° 1, 17 janvier 2000, Les éditions des Journaux officiels.

TIMMINS Nicolas, *The Five Giants. A Biography of the Welfare State*, Fontana Press, 1996.

TREACY William F. et CAREY Mark S., « Credit Risk Rating at Large US Banks », *Federal Reserve Bulletin*, vol. 84, novembre 1998.

VANEIGEN Raoul, *Pour une internationale du genre humain*, Paris, le cherche midi éditeur, 1999.

VOLLE Michel, *Économie des nouvelles technologies*, Paris, Economica, 1999.

WALTON Peter, *La comptabilité anglo-saxonne*, Paris, La Découverte, coll. « Repères », n° 201, 1996.

WEBER Max, *L'éthique protestante et l'esprit du capitalisme*, Paris, Flammarion, coll. « Champs », 2000.

WHEELER David, SILLANPÄÄ Maria et RODDICK Anita, *The Stakeholder Corporation. A Blueprint for Maximising Stakeholder Value*, London : Pitman Publishing, 1997.

WORLD BANK, *Averting the Old Age Crisis : Policies to Protect the Old and Promote Growth*, New York : Oxford University Press, 1994.

ZANGLEIN Jayne E., « From Wall Street Walk to Wall Street Talk : The Changing Face of Corporate Governance », *DePaul Business Law Journal*, vol. 11, n° 1, automnel/hiver 1998, pp. 43-122.

ZUINDEAU Bertrand, « À propos du développement durable : quelques réflexions », *Société française*, n° 51, avril-mai-juin 1995, pp. 22-34.

Le conseil d'administration des sociétés cotées, rapport du groupe de travail AFEP/CNPF, juillet 1995.

Notre avenir à tous, Rapport de la Commission mondiale sur l'environnement et le développement, Montréal, Éditions du Fleuve, 1988.

Rapport sur la politique des revenus établi à la suite de la Conférence des revenus, *Recueils et monographies*, n° 47, La Documentation française, 1964.

Achevé d'imprimer sur les presses de l'Imprimerie BARNÉOUD
B.P. 44 - 53960 BONCHAMP-LÈS-LAVAL
Dépôt légal : juin 2000 – N° d'imprimeur : 11957